面向联合防空作战的大规模空袭目标威胁评估方法

卢盈齐 李 威 范成礼 著

西北工业大学出版社

西 安

【内容简介】 本书从大规模空袭的概念入手,分析了其兵力构成、作战特点以及对联合防空作战的影响和挑战。针对联合防空作战的战场态势评估具有决策群体规模大和战场信息兼具不确定性和随机性等特点,本书提出了一种基于直觉正态云的战场态势威胁评估模型;在对战场态势威胁评估的基础上,从战役层面提出了一种基于战场态势变权的空中集群威胁评估方法;进而在对空中集群威胁评估的基础上,从战术层面提出了一种考虑集群影响和时间偏好的目标动态威胁评估方法,通过多时刻信息的融合得到更加科学、合理的目标动态威胁评估结果。同时,进一步在所提威胁评估方法的基础上,将目标空情数据和目标威胁值作为样本数据库,训练并建立了基于改进正余弦优化支持向量回归的智能威胁评估框架。本书对提高联合防空作战的指挥效率和决策水平具有重要的理论研究价值和军事指导意义。

本书可供相关领域专业技术人员参考、阅读。

图书在版编目(CIP)数据

面向联合防空作战的大规模空袭目标威胁评估方法/
卢盈齐,李威,范成礼著. —西安:西北工业大学出版
社,2024.1
ISBN 978 - 7 - 5612 - 9155 - 9

Ⅰ.①面… Ⅱ.①卢… ②李… ③范… Ⅲ.①防空袭
-评估方法 Ⅳ.①E115

中国版本图书馆 CIP 数据核字(2024)第 033390 号

MIANXIANG LIANHE FANGKONG ZUOZHAN DE DAGUIMO KONGXI MUBIAO WEIXIE PINGGU FANGFA

面向联合防空作战的大规模空袭目标威胁评估方法
卢盈齐 李威 范成礼 著

责任编辑:朱晓娟		**策划编辑:**杨 军	
责任校对:曹 江		**装帧设计:**李 飞	

出版发行: 西北工业大学出版社
通信地址: 西安市友谊西路 127 号 邮编:710072
电 话: (029)88491757,88493844
网 址: www.nwpup.com
印 刷 者: 西安五星印刷有限公司
开 本: 710 mm×1 000 mm 1/16
印 张: 11.25
字 数: 208 千字
版 次: 2024 年 1 月第 1 版 2024 年 1 月第 1 次印刷
书 号: ISBN 978 - 7 - 5612 - 9155 - 9
定 价: 69.00 元

前　言

　　世界范围内的历次局部战争表明,空袭和反空袭作战已成为现代战争中的主要作战样式。随着科学技术的发展和军事领域的变革,现代战争中作战空间的维度逐步扩展,作战形态的非线性特征愈加明显,作战环境的不确定性不断增加,作战进程和作战节奏持续加快,大规模空袭作战在战争中的作用发挥得越来越明显。在海湾战争、科索沃战争、利比亚战争和俄乌战争等信息化局部战争中,空袭作战均发挥了巨大作用,并展示了良好的应用前景,尤其是大规模空袭作为现代战争的关键作战行动已经引起了广泛的关注。在信息化战争条件下,空防对抗的体系化特点愈加突出,联合防空作战呈现出战场态势复杂多变、敌情与我情动态发展的特点,这使得防空力量一体化、指挥决策精准化的需求日益突出。面对战场空间多数量、多类型、多批次的大规模空袭目标,如何准确研判联合防空作战应对大规模空袭的战场态势,融合处理战场多源信息,对大规模空袭目标进行准确、快速、高效和科学的威胁评估,辅助指挥员进行目标分配和火力运用等作战决策,是摆在联合防空作战面前亟待解决的现实问题。

　　本书以军事运筹学、智能优化理论以及不确定性理论方法为指导,按照"作战需求分析→战场态势评估→集群威胁评估→目标威胁评估→智能评估优化→体系全局评估"的基本思路,深入研究面向联合防空作战的大规模空袭目标威胁评估方法,既是创新联合防空作战理论,推动联合防空作战指挥决策不断向前发展的现实需要,也是促进联合防空作战指挥信息系统研发,提升联合防空作战能力的迫切需求,对提高联合防空作战的指挥效率和决策水平具有重要的理论研究价值和军事指导意义。

全书共 6 章。第 1 章研究大规模空袭的概念和内涵、体系组成和兵器构成以及作战特点等相关理论,对威胁评估需求和研究现状进行分析。第 2 章针对联合防空作战应对大规模空袭的特点,提出基于直觉正态云的战场态势评估方法。第 3 章在战场态势评估的基础上,针对大规模空袭的作战特点,提出一种基于战场态势变权的空中集群威胁评估方法。第 4 章针对威胁评估中现有空袭目标类型识别方法存在的不足,提出基于双层随机森林的空袭目标识别算法;在集群威胁评估的基础上,考虑集群与目标的相互作用以及目标的动态变化,提出一种考虑集群影响和时间偏好的目标动态威胁评估方法。第 5 章在所提威胁评估的方法的基础上,聚焦提高目标威胁评估的智能化水平,构建基于改进正余弦优化支持向量回归的目标智能威胁评估框架。第 6 章在目标威胁评估的基础上,综合考虑敌情、我情和战场环境等要素,提出基于体系全局要素的目标威胁评估方法。

本书的撰写和出版得到了国家社会科学基金项目(18BGJ070)、国家自然科学基金项目(72001214)和国防项目(JY2021××67、KJ2021×××0075)的支持,在此向有关项目团队、被引用文献的作者以及出版社表示衷心的感谢。

由于笔者的水平有限,书中的疏漏、不足之处在所难免,敬请广大读者批评指正。

著 者

2023 年 8 月

目　　录

第1章 绪 论

对大规模空袭相关理论及威胁评估需求进行分析是研究面向联合防空作战的大规模空袭目标威胁评估方法的理论基础和首要前提。本章首先对大规模空袭的概念和内涵进行界定；其次对大规模空袭的体系组成、兵器构成、作战特点和打击重点进行分析，研究大规模空袭对联合防空作战的影响；最后分析面向联合防空作战的大规模空袭目标威胁评估的作用需求和研究现状，并以此为基础构建面向联合防空作战的大规模空袭目标威胁评估的方法框架和仿真验证典型场景。

1.1 大规模空袭的概念和内涵

空袭指使用航空器、导弹等兵器从空中对地面、地下、水面、水下目标进行的袭击。大规模空袭作为现代空袭作战的主要作战样式和重要组成部分，在现代战争中得到了广泛应用并取得了显著的效果，因此大规模空袭已经成为强敌空袭时重点关注和选择运用的空袭作战样式，以期为其他作战任务的完成创造有利条件。目前大规模空袭还没有确切的定义，但基于对空袭概念的理解以及通过对相关战争中大规模空袭作战过程的分析，笔者认为大规模空袭是使用大量不同功能、不同作用和不同类型的航空器以及导弹，从空中对敌方战略、战役和战术目标进行多波次、多阶段、多方向、全天候、全时段的同时或连续打击，进而实现预期作战效果并达成既定作战目的的袭击。

相比于其他空袭作战，大规模空袭的显著特征是"规模大"，其内涵主要包括：①兵力数量规模大。大规模空袭中使用的兵力数量往往巨大，以便将数量优势转化为作战优势。②兵器种类规模大。大规模空袭通常使用大量不同类型、不同型号的兵器实施作战，通过不同种类兵器的协同作战提高空袭效果。③空袭密度规模大。一方面是空间密度大，大规模空袭的兵力编成通常包括多个集群,每个集群包含多个编队,每个编队包括多架飞机,从而形成了大密度的战场空间;另一方面是时间密度大,大规模空袭往往采用多波次、全时段、全天候的同时打击或连续打击的方式,提高了时间序列内的作战密度。

值得注意的是,大规模空袭中的"大规模"是模糊的、动态的、相对的,其程度会根据作战任务的不同、作战对手的不同、作战环境的不同和作战手段的不同而动态变化,因此难以使用固定的数字对其进行确切的量化。

1.2 大规模空袭的体系组成和兵器构成

1.2.1 大规模空袭的体系组成

大规模空袭中包含了大量相互联系、相互作用和相互协同的作战实体,更加注重发挥体系作战优势以提高综合作战效能,因此大规模空袭与联合防空作战是体系与体系之间的对抗。随着科学技术的发展,大规模空袭的体系组成较为多元化,主要由情报侦察、指控通信、火力打击、信息对抗和战场保障等5个方面的系统所组成。各系统相互组合和协同配合,有效提高了大规模空袭的体系作战能力。大规模空袭的体系组成如图1.1所示。

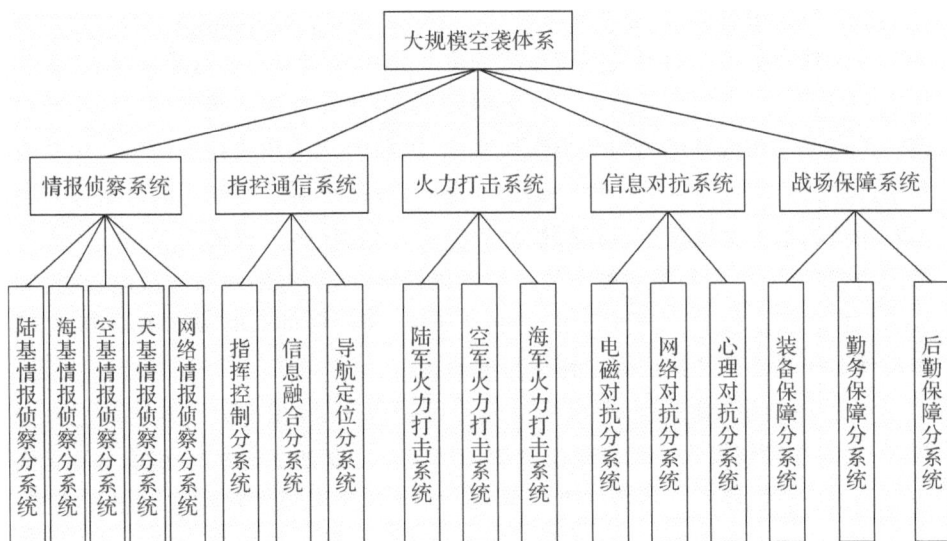

图 1.1 大规模空袭的体系组成

1. 情报侦察系统

大规模空袭体系的情报侦察系统由陆、海、空、天和网络等不同维度的情报侦察分系统所构成,共同为大规模空袭作战提供情报信息支援。陆基情报侦察分系统主要由地面的远程预警探测雷达、陆上无线电情报机构和陆上情报数据链构成。海基情报侦察分系统主要包括航母编队内的各类水面舰艇的雷达探测装备和其他侦察监视设备。空基情报侦察分系统主要由空中预警机、战场监视飞机和有人侦察机、无人侦察机等各种情报类和侦察类飞机构成。天基情报侦察分系统主要由大气层外的各类卫星、空间站和信息平台组成,主要通过太空侦察获取情报信息。网络情报侦察分系统主要是通过军内情报网络和地方互联网等获取空袭作战地域内相关的情报信息。

2. 指控通信系统

指控通信系统是实现大规模空袭作战精确化和体系化的重要保证,能够使空袭作战的各武器系统协同配合发挥出最大的作战效能,在大规模空袭中发挥"神经中枢"的作用。大规模空袭体系的指挥控制系统以高性能计算机为依托,在人工智能技术和辅助决策算法模型的支撑下,主要由指挥控制分系统、信息融合分系统和导航定位分系统等组成。指挥控制分系统主要由空中预警指挥飞机、地面控制中心、支援作战中心等组成,实现参战各军兵种系统和各类武器装备的指挥协调与协同配合,以及指挥控制战役、战术空袭作战行动的具体实施。信息融合分系统由各类通信装备设施和数据处理平台组成,是保证指挥控制顺畅实施的基础,也是连接各武器系统和军兵种部队的纽带,主要负责战场信息的处理和传输以及指控信息的分发。导航定位分系统主要由各类固定式、机动式和嵌入式的导航定位系统设备组成,主要负责为空中作战平台的引导定位和精导武器的导航制导提供保障,是空袭兵器实施高精度打击的重要保证。

3. 火力打击系统

大规模空袭体系的火力打击系统是大规模空袭中完成作战任务的最直接力量,主要由陆军火力打击分系统、空军火力打击分系统和海军火力打击分系统等组成。其主要任务是采用多军兵种的火力打击武器对敌防御纵深或某一地区内的核心目标实施多种形式的火力打击行动,最大限度地削弱敌方的战争潜力和作战能力。陆军火力打击分系统主要通过陆基巡航导弹、陆基弹道导弹和陆军航空兵的武装直升机、无人机实施对敌防空区内重要目标的火力突击和压制。空军火力打击分系统主要以轰炸机、攻击机等多种作战飞机为空中平台,使用精确制导弹药、空射巡航导弹、反辐射导弹、集束炸弹和空地炸弹等摧毁敌防空阵地、指挥所、雷达站等重要目标。海军火力打击分系统主要以各类海面舰艇或水下潜艇为作战平台：一方面通过舰载机从海上向敌方的空中、地面、水面和水下目标实施打击；另一方面通过发射巡航导弹、战术弹道导弹等远程打击武器对防区内武器系统和核心目标实施火力覆盖打击。

4.信息对抗系统

信息对抗系统是大规模空袭体系的重要组成部分，在实施大规模空袭时主要通过网电空间的对抗行动，从而实现"制信息权"的目的，主要由电磁对抗分系统、网络对抗分系统和心理对抗分系统组成。电磁对抗分系统主要通过电子干扰机和反雷达飞机对敌方电子设施进行干扰、削弱、阻断或破坏，使敌方的指挥控制失灵、武器系统瘫痪、通信联络中断、雷达网络失效。网络对抗分系统主要以网络为载体，通过植入计算机病毒或引爆逻辑炸弹对敌方网络设备实施操纵、攻击和破坏。心理对抗分系统主要通过网络舆论、视频宣传、心理干预和政治引导等方式，对敌方的军心士气和民众意志进行打击压制，从而实现对敌方心理的征服。

5.战场保障系统

大规模空袭体系的战场保障系统能够为空袭作战提供武器和弹药、装备和器材、物资和油料、技术支持以及卫生救援等方面的保障，主要由装备、勤务和后勤等三部分的保障分系统组成。装备保障分系统的主要任务是组织对大规模空袭作战中的各类武器装备进行性能检查、维护保养和故障抢修，保证各类武器装备能够始终处于良好的备战和作战状态，以确保大规模空袭作战的顺利实施。勤务保障分系统主要为大规模空袭作战提供战场情报、信息通信、导航定位、气象通报、航空管制和伪装防护等作战勤务和技术勤务的支持与保障。后勤保障分系统的主要任务是为大规模空袭作战提供物资和器材、卫生和救护、航空油料、弹药调配和供给等后勤方面的支援保障活动。

1.2.2 大规模空袭的兵器构成

大规模空袭的兵器构成较为多元化，不同类型和特性的空袭兵器在统一的指挥下承担不同的作战任务，按照不同的功能作用和任务分工，主要包括侦察、突击、干扰、掩护、指挥和保障等 6 类兵器，不同类型的兵器相互组合和协同配合，能够有效提高大规模空袭的体系作战能力，实现非线性空袭作战效果。

1.侦察类兵器

大规模空袭的侦察类兵器负责为空袭作战提供情报支援，主要分为有人侦察兵器和无人侦察兵器两大类。有人侦察兵器包括战场监视飞机、战略侦察机、战术侦察机等。战场监视飞机主要通过目标监视和截获设备实现对地面目标情报信息的侦察、监视和探测。战略侦察机具有飞行高度高和航程远的特点,主要通过航摄仪和相关电子侦察设施从高空对核设施、军事工业中心和导弹基地等战略目标进行侦察。战术侦察机具有机动性高和生存性强的特点,主要深入敌方纵深通过航摄仪和图像雷达等对兵力部署、关键火力和地形气象等战术目标和情况进行侦察探测。无人侦察兵器主要指无人侦察机,为大规模空袭作战提供情报信息支持。无人侦察机相比于有人侦察机具有昼夜持续侦察和无人驾驶的特点,同时在有人侦察机无法到达的严密防御的重要地区更具优越性。

2. 突击类兵器

大规模空袭的突击类兵器主要分为空气动力类突击兵器和导弹类突击兵器,主要用于摧毁敌方的防空阵地、指挥所、雷达站、铁路和机场等重要目标,最大限度地破坏敌战争潜力和作战能力,从而实现作战目的。

空气动力类突击兵器主要包括歼轰机、轰炸机、武装直升机和无人攻击机等。歼轰机作为一种战斗轰炸机,主要负责对敌方纵深区域的目标实施突防打击,具有速度快、精度高、机动性强和起飞要求低的特点。轰炸机主要包括战术、战役和战略轰炸机,是航空兵完成对敌突击任务的主要作战飞机,具有目标破坏力大、远距作战能力强和挂载武器多的特点,主要通过投掷各类炸弹和发射空地导弹等实施对地突击。武装直升机是一种装有武器、执行作战任务的直升机,具有速度快、飞行高度低、隐蔽性好和杀伤力大的特点,主要遂行反坦克作战、空降火力掩护、对地火力支援等对敌打击作战任务。无人攻击机作为用来突击地面目标和攻击空中目标的无人驾驶作战飞机,具有结构简单、造价低、机动性强和隐蔽性好的特点,主要通过自身战斗部或所携带的攻击武器对地面目标进行突击。

导弹类突击兵器包括战术弹道导弹、巡航导弹、空地导弹和航空炸弹等。战术弹道导弹主要用于突击面状掩护目标,具有再入速度大、射程远、爆炸范围广和破坏力强的特点,但弹道固定,具体落点容易被估计。巡航导弹通常沿地形包络飞行,具有体积小、重量轻、便于挂载和航线复杂的特点,主要用来突击被掩护目标及防空阵地的某一组成部分。空地导弹是航空兵从空中平台发射遂行对地攻击任务的主要兵器,具有毁伤概率大、机动性强、命中精度高和防区外发射的特点,主要通过战斗部摧毁目标。航空炸弹是空中作战飞机向地面投掷的一种爆炸性武器,其类别广泛,具有成本低、易于保存和破坏力强的特点,主要用于直接杀伤人员、破坏武器和摧毁目标。

3.干扰类兵器

大规模空袭的干扰类兵器主要包括有人/无人电子干扰机和反雷达飞机,主要针对敌方的雷达系统、通信系统和指控系统实施信息干扰或物理摧毁,进而使敌方的指挥控制失灵、武器系统瘫痪、通信联络中断、雷达网络失效,从而实现"制信息权"的目标。有人/无人电子干扰机通常装备高性能雷达、通信干扰设施、光电干扰和红外干扰设备,主要用于对敌武器系统进行干扰,压制敌防空系统,进而掩护作战飞机实施突击,根据干扰方式的不同可分为远距支援干扰、伴随支援干扰和自卫干扰等。反雷达飞机主要通过硬杀伤武器对防空火力进行压制,常通过反辐射导弹对预警探测和目标制导雷达进行破坏,同时还通过有源干扰吊舱和无源干扰器材进一步提高干扰效果。

4.掩护类兵器

大规模空袭的掩护类兵器主要以歼击机为主,具有飞行速度快、机动能力强、作战效率高的特点。其主要负责与敌方作战飞机进行空中作战,通过毁伤或击落敌机形成制空作战优势,进而实现对歼轰机、轰炸机和预警指挥机等完成空袭任务提供空中掩护,防止其被敌方毁伤或击落。

5.指挥类兵器

大规模空袭的指挥类兵器是大规模空袭作战中完成作战任务的中枢,主要以预警指挥机作为空中指挥平台,具有可用空间大、电子设备类型全面和能够将预警、监视、指挥、控制、引导和通信等多项功能融为一体的特点。其主要通过雷达探测系统、侦察通信系统、导航定位系统、数据分发系统等对敌方进行搜索监视,同时指挥、控制和引导己方作战飞机执行各类空袭作战任务,进而实现联合化、一体化的空袭作战。

6.保障类兵器

大规模空袭的保障类兵器主要包括空中加油机、运输机和搜索救援飞机等,主要负责为其他空袭兵器提供装备和物资保障,进而确保空袭作战的顺利实施。空中加油机作为一种为作战飞机补充燃油的保障类兵器,主要通过空中加油为其他空袭兵器增大作战半径、延长续航进而提高远距作战能力。运输机是一种实施空中运输和空降空投的保障类兵器,具有航程远、载重大和环境适应性强等特点,主要通过运送物资、装备和人员为空袭作战提供装备和后勤保障。搜索救援飞机主要通过搜索救援和通信联络相关设备对因飞机迫降、失事等遇险人员进行搜索救援。

1.3　大规模空袭的作战特点和打击重点

1.3.1　大规模空袭的作战特点

大规模空袭作为空袭作战的主要作战样式,不仅包含常规空袭作战的一般性,还产生了新的特殊性,作战特点更加鲜明。大规模空袭的基本含义是在较短的时间内集中使用大规模、多类型的兵力武器,对目标实施高密度、高强度的突击,力求通过压倒性的优势实现快速摧毁。其主要包括以下作战特点。

1.兵力密度更大,集群作战特征显著

相比于常规空袭作战,空袭兵力多和突击密度大是大规模空袭的主要特点。一方面为了实现空袭效果的最大化,往往会对敌方的机场、防空阵地和交通枢纽等目标实行昼夜持续的大规模兵力突击,将兵力优势转化为作战优势;另一方面为了削弱敌方防空抗击的效果,在梯次突击时往往会缩短飞机之间和编队之间的时间间隔,多方向进袭的同时连续突击则会使突击密度成倍增加。此外,随着武器装备技术的不断发展,大规模空袭已不再是将单一或个别种类的空袭兵器用于作战,而是由不同军兵种、不同功能和作用的飞机组合形成的空中集群进行空中打击,进而实现整体作战能力的涌现。因此,将多数量、多种类、多型号、多功能的空袭兵器进行有机结合和协同运用,通过优势互补形成高效的空中集群已经成为大规模空袭的主要作战形态。

2.兵器构成多元,精导武器应用广泛

大规模空袭中的核心空袭兵器主要由作战飞机和制导武器两大类组成,但其在具体构成上多元化的特征更加显著。作战飞机方面,电子战飞机作为夺取信息优势的主要力量,在空袭作战中应用越来越广泛。隐身飞机凭借其突出的技术优势会进一步强化空袭中的空中突防能力。轰炸机、攻击机主要用于对地面和海面的重要设施进行大规模轰炸,是大规模空袭中的主要杀伤武器。预警指挥机、运输机和空中加油机等指挥类和保障类飞机在大规模空袭中的作用也愈发凸显,强化了整体的作战能力。制导武器方面,在信息化条件的空袭作战中,大规模空袭所使用的制导武器已经从普通炸弹的单一使用发展成不同类别、不同作用和不同打击目标的多种制导武器的混合使用,尤其是计算机技术、复合推进技术、隐身技术和复合制导技术等高新技术的应用,使得巡航导弹、反辐射导弹、战术弹道导弹和空地制导炸弹等精确制导武器具有作用距离更远、突防能力更强、命中概率更大、毁伤效果更好以及发射平台更安全的特点,因此采用精确制导武器实施打击的空袭方式在大规模空袭中应用更加广泛。

3.进攻态势复杂,攻击手段"软""硬"一体

随着制信息权的重要性不断攀升,大规模空袭作战首先采用"软"杀伤的方式在信息领域展开,通过卫星、侦察机、电子战飞机和网络部队对敌方的指控系统和武器系统实施电磁干扰和网络攻击,造成敌方防御系统的关键节点失灵而瘫痪。随后利用电子压制产生优势的同时,使用"硬"杀伤的手段实施物理打击,使用空地炸弹、巡航导弹和反辐射导弹等武器攻击敌防空阵地、机场设施和指挥机构等重点目标,实现物理层面的大规模摧毁。"软""硬"一体的攻击手段强化了空袭效果,已经成为大规模空袭的主要作战手段。另外,大规模空袭由于具有更多的作战兵力,主要采用多批次、多航路、多方向和多波次的密集突击方式,并进行大量的方向、速度、高度机动,同时伴随强烈的电磁干扰和压制,从而将兵力规模优势转化为作战行动优势,形成了更加复杂的空中进攻态势。

1.3.2 大规模空袭的打击重点

随着大规模空袭成为现代空袭作战的主要作战样式,为了迅速达成作战目的,扩大作战效果,在空袭作战过程中会突出打击重点,通过破坏重要目标和关键节点实现空袭作战效果的最大化。分别从大规模空袭的作战目的、作战任务和打击对象等不同角度进行分析,可以看出大规模空袭的打击重点主要包括以下 5 个方面。

1.指挥中心目标的优先级高,面临的打击精度越来越高

指挥中心目标包括国家政府、领导机构和作战指挥中心等,在联合防空作战指挥过程中发挥"大脑"的作用,对于空防对抗作战态势的变化起到关键的影响作用。为达到迅速使敌方防空指挥体系瘫痪和打击决策层信心的目的,直接达成战略和战役目的,指挥中心目标将是大规模空袭的重点对象,极高的优先级使得其面临的空袭打击力量具有打击精度高和突防能力强的特点,这必然给指挥中心目标带来巨大的安全威胁。

2.战争潜力目标的地位重要,面临的打击范围越来越广

战争潜力目标主要包括重要军事工业、国民经济中心和其他基础设施,如军工企业、航空航天基地、科研院所、铁路与桥梁和港口与码头等重要交通枢纽以及电力、石油系统等,这些战争潜力类目标是保障联合防空作战能力和维系国家

正常运转的关键因素,在联合防空作战中起到"生命线"的作用,具有十分重要的战略地位。其受到打击将会割裂战场,使作战部队陷入孤立无援境地的同时对国家经济造成巨大破坏,进而战争潜力和作战意志会被极大削弱。因此,战争潜力目标同样面临着大规模空袭带来的巨大威胁,同时空袭方为了保证作战效果的最大化,战争潜力目标面临的打击范围也越来越广。

3.常规作战力量的对抗性强,面临的打击强度越来越大

常规作战力量是应对大规模空袭和实现作战目的的主要依托,也是保护指挥中心和战争潜力目标的关键力量,是空袭方面临的最具对抗性的力量,因此其面临的打击强度和规模会越来越大。为了夺取制空权,空中作战力量面临的威胁主要包括空中作战部队、作战飞机、机场及配套设施会遭敌火力打击;为了夺取和保持空中优势,防空部队、防空武器和防空预警雷达等防空力量主要面临反辐射弹、制导炸弹和巡航导弹等武器的打击威胁;大规模杀伤武器系统,特别是核、生、化武器的生产基地、研制机构、储运工具和发射设施等也会受到大规模打击的威胁;空袭方为了夺取制海权并削弱敌方海上作战能力,海军水面舰艇部队、军港码头和海上运输线等海上作战力量同样面临着巨大的安全威胁。

4.网络电磁空间的作用关键,面临的打击环境越来越复杂

随着信息技术的快速发展,网络和电磁力量在现代战争中的应用越来越广泛,其凭借技术优势能够为作战提供信息支援,实现战场的单向透明,使信息优势转化为作战优势,在空袭作战中的作用越来越关键。为了夺取制信息权,网络和电磁空间的对抗越来越激烈,电子战、网络战全程存在于大规模空袭作战中,打击网络和电磁等信息系统能够使对手遭受巨大损失,削弱为其他部队和作战行动提供信息支援的能力,能够对战争结果造成巨大的影响。因此,网络电磁空间在大规模空袭中面临着严重的安全威胁问题。

5.士气意志心理的影响巨大,面临的打击方式越来越多样

军心士气、民众心理和国家抵抗意志等认知领域内的心理因素属于心理战目标,在联合防空作战中起到极其关键的作用,军心、民心的强弱将直接影响战场局势的优劣,随着信息网络的发展,其面临的打击方式也越来越多样。为了配合多层次、大规模和高强度的空袭打击,实现彻底征服敌方军心士气及其领导层意志等心理战目标的作战目的,空袭方一方面会突出网络舆论鼓动,强化互联网宣传、心理打压和政治引导,达到扰乱民心的目的;另一方面会通过打击"生命线""补给线"工程和摧毁那些关系国家经济和民众生活的经济中心,造成民众的生活困境和心理恐慌,进而实现瓦解军心、民心的目标。

1.4 大规模空袭对联合防空作战的影响

随着战争形态的演变,空袭方和防空方的对抗具有一体化、系统化和高度集成化的特点,因此大规模空袭作为空袭作战的基本样式推动了联合防空作战理论和战术战法的发展、延伸,给联合防空作战带来了新的影响与挑战。

1. 联合防空作战的整体抗击态势形成难

大规模空袭具有作战力量复合、战场空间多维和作战样式多样的多元化特征,使得来袭的兵器数量大、波次多、航路复杂,进入防空方抗击范围前,进攻轴向的正面宽度较大,意图不明,使得防空方难以准确判断敌方空袭的主要突击航路和各航路来袭目标的作战企图。而对多个航路的来袭目标同时进行抗击必然会分散防空方的抗击兵力,难以实现集中兵力抗击主要来袭目标的作战原则,进而影响联合防空作战整体抗击态势的形成。

2. 联合防空作战的指挥控制效率提升难

大规模空袭具有突击密度大、来袭方向广和作战层次多等特点,迫使联合防空作战时刻处于高度戒备状态,参战力量种类多、作战指挥节奏快、指挥控制压力大等特点导致难以提升指挥控制的效率。比如:拦截飞机必须提高出动的连续性和速度,从而加重防空方指挥控制的负担;雷达通信设备必须时刻掌握空中情况和传递指令通报,同时兼顾多个层次时难免出现情况掌握不及时甚至中断的情况;指挥系统必须短时间内指挥引导各火力单元进行拦截打击,同时应对多个方向、层次,有可能导致注意力分散、顾此失彼和错过最佳作战时机的情况出现。

3. 联合防空作战的体系抗击效能释放难

大规模空袭具有网电一体、信火一体和察打一体的一体化特征,使得联合防空作战时常伴随强烈的电磁干扰,容易使指挥控制、探测预警和拦截打击等平台出现无法使用的被动局面,同时当空袭目标在高度、速度和方向上进行大幅度改变时,会给防空方的雷达探测、目标制导、作战飞机的搜索拦截和地空导弹的指挥射击造成巨大的困难,进一步影响各防空力量的协同配合,结果必然会降低联合防空作战的抗击效果,难以释放联合防空作战的体系抗击效能。

4. 联合防空作战的防空作战行动实施难

在大规模空袭作战中,为了充分发挥空袭兵器的综合作战效能,通常采取多手段、多方向、多层次、多波次的打击方式,同时或相继对战略、战役、战术等不同类型目标实施空袭,使得联合防空作战的目标分配和火力打击等行动实施受限。同时,强敌大规模空袭所呈现出的时机更突然、机动更灵活、意图更多变、手段更丰富和干扰更多样等典型特征,导致联合防空作战行动中的射击窗口缩小,留给指挥和操作人员的反应时间进一步缩短,拦截杀伤概率和打击效果大打折扣。因此,面对具有新质优势的大规模空袭打击,防空作战中存在的传统劣势可能会被进一步放大,导致联合防空作战行动陷入功能清零的危险境地。

1.5　面向联合防空作战的大规模空袭目标威胁评估的作用和需求

从认知层面看,面向联合防空作战的大规模空袭目标威胁评估是通过处理战场信息对来袭目标威胁程度感知和判断的过程,是联合防空作战决策的重要内容,在联合防空作战的兵力运用、火力优化和决心实现的过程中发挥极其重要的作用。同时随着科学技术的发展,大规模空袭中的空袭兵器的数量、种类不断增加,作战空间不断向高维拓展,空袭战术和手段更加复杂、多变,对联合防空作战中大规模空袭目标威胁评估产生了新的需求。

1.5.1　面向联合防空作战的大规模空袭目标威胁评估的作用

1. 面向联合防空作战的大规模空袭目标威胁评估是联合防空作战力量科学运用的主要前提

联合防空作战作为应对大规模空袭打击的主要作战样式,在应对敌空中大规模打击时处于"以低抗高""以静抗动""以慢抗快"的劣势地位。尤其随着军事革命的发展和高新技术的突破,特别是隐身技术、复合制导技术和远程支援技术的发展与更新,强敌大规模空袭威胁日益加剧,特别当面临具有联合作战优势的大规模空袭打击时,联合防空作战将面临更大的威胁与挑战,空防对抗中的被动局面和劣势地位会进一步凸显,导致其出现抗击效能大幅缩水甚至清零的危险情况,因此必须通过科学、高效的作战力量运用重新形成空防对抗优势。联合防空作战力量运用的前提是在准确把握战场态势的基础上确定大规模空袭目标的威胁等级和威胁度值,进而根据威胁评估结果为联合防空作战中的防空兵力运用、作战任务分配和火力资源优化提供基本支撑。

2.面向联合防空作战的大规模空袭目标威胁评估是联合防空作战实现体系制胜的重要途径

在大规模空袭作战中,强敌更加重视空袭中兵力编成的科学性以实现作战优势互补,重视空袭中作战系统形成的体系性以实现打击效能跃升,重视空袭中作战样式运用的多元性以实现打击效果倍增。同时,大规模空袭往往具有力量构成更加多维、集群编队更加灵活和手段形式更加多样的典型特点。因此,抗敌大规模空袭背景下的联合防空作战,必须准确把握作战进程和战场状态的变化,从多层次、多方面、多角度综合考虑战场态势、空中集群和空袭目标等带来的威胁,力求实现联合防空作战的准确科学决策,充分发挥联合防空作战应对大规模空袭作战时具有的"以点控面""以伏袭动""以廉换贵"的传统防空作战优势,构建信息化和智能化时代下空防对抗平衡,在缩小传统劣势的同时进一步扩大体系防空优势,为联合防空作战实现体系制胜提供重要的解决途径。

3.面向联合防空作战的大规模空袭目标威胁评估是联合防空作战指挥决心实现的关键支撑

大规模空袭体系和联合防空作战体系都包含了大量相互作用、相互影响和相互联系的不同作战实体,联合防空作战应对大规模空袭实际就是一种典型的体系对抗。大规模空袭带来的战争复杂性给联合防空作战指挥和决策带来极大的威胁与挑战。随着科学技术的发展和军事领域的变革,体系对抗的制胜关键已经从传统的兵力数量规模优势转化为作战指挥决策优势,尤其在动态复杂的大规模空袭作战环境下,战场信息具有高度的不确定性和复杂性。如何根据联合防空作战指挥决策需求和来袭目标作战特点,创新方法思路,构建科学、精准、有效的大规模空袭目标威胁评估模型和求解算法,是实现联合防空作战指挥决策的核心环节,更是联合防空作战指挥决心实现和作战任务完成的关键支撑。

1.5.2 面向联合防空作战的大规模空袭目标威胁评估的需求

大规模空袭作战相比于常规空袭作战具有目标规模更大、体系性更强、复杂性更高等特点,导致联合防空作战中大规模空袭目标威胁评估方法相比于常规目标威胁评估方法产生了新的需求和要求。

1. 面向联合防空作战的大规模空袭目标威胁评估必须根据空袭作战进程反映战场态势特点

强敌在实施空袭打击时往往会根据不同的作战背景、作战目标和作战任务实施不同等级强度的空袭样式,其中大规模空袭相对于常规空袭和外科手术式空袭具有更高级别的等级强度。大规模空袭作战将综合利用陆、海、空、天、网、电等多维力量,突破防空防线,开辟进攻走廊,运用不同类型、功能和作用的武器形成有人、无人机集群,实施多方向、多波次、多层次空袭打击,渗透或突破进入防御纵深,破坏防空体系并达成作战目的。大规模空袭作战中不同任务类型、不同时间阶段、不同作战任务和不同打击对象会导致联合防空作战中战场态势具有不同的特点。而随着战场态势的变化,空袭目标的威胁排序结果也会发生变化。现有的威胁评估方法仅针对目标固有属性,将目标独立于战场态势之外,忽略了战场态势对威胁度的影响,导致威胁评估的精度不高。因此,面向联合防空作战的大规模空袭目标威胁评估不能是孤立、静态和固定的活动,而应是具有融合性、演变性的动态活动,必须根据空袭作战进程准确把握战场态势,在威胁评估时充分反映联合防空作战的战场态势对目标威胁度的影响,得到更加符合战场实际的威胁评估结果,为指挥员提供科学、精准的指挥决策依据。

2. 面向联合防空作战的大规模空袭目标威胁评估必须根据空防对抗特点区分层级并突出重点

强敌对我方实施大规模空袭作战,通常以联合作战思想为指导,依托不同层次的多级网络,在多维空间分散布置兵力,以空中集群作为基本作战单元实现跨域协同作战,形成多方向、多层面、大纵深、多点分布的空袭布局,遂行战役、战术、单元三级分布式体系作战。常规空袭的目标威胁评估方法大多针对单个目标的固有属性,把目标孤立于集群之外,割裂了目标与集群的联系,同时也忽略了集群与目标之间的相互作用和目标之间的相互协同。面向联合防空作战的大规模空袭目标威胁评估应在准确把握战场态势的基础上,充分考虑空中集群和空袭目标之间的耦合关系,必须根据空防对抗作战特点区分集群威胁评估和目标威胁评估两个层次,突出集群对目标的影响和目标的动态变化两个重点,提高威胁评估的科学性和可靠性。

3. 面向联合防空作战的大规模空袭目标威胁评估必须根据作战任务要求科学构建算法模型

随着电磁对抗、网络攻击和远程控制等信息技术向高度融合方向发展,联合防空作战呈现动态、不确定和非线性等特征。联合防空作战应对大规模空袭的战场态势评估和威胁评估都是对战场传感器所获得空情数据的分析处理,涉及的层次、要素和领域较为广泛,具有多层级、多目标和多约束等特点,导致大规模空袭目标威胁评估的算法模型要比一般情况下单纯的数据处理更复杂,且对于评估结果的准确性和时效性要求较高。因此,面向联合防空作战的大规模空袭目标威胁评估必须围绕联合防空作战制胜的根本目标,紧贴联合防空作战任务要求,把握联合防空作战特点规律,结合多属性决策、机器学习、智能优化等理论科学构建算法模型,采用多种手段克服当前威胁评估方法在指标体系构建、指标权重确定和排序模型建立等方面存在的不足,进一步提高威胁评估的实用性、有效性和精确性。

1.6 面向联合防空作战的大规模空袭目标威胁评估的研究现状

1.6.1 大规模空袭研究现状

大规模空袭作为现代空袭的主要作战样式在许多高技术局部战争中得到了广泛应用,也引起了越来越多的关注。目前许多学者对于大规模空袭相关理论和技术的研究主要集中在战例研究、抗击战法、行动方法和指挥决策等方面,并取得了一些成果。

杜岳抗通过对海湾战争和科索沃战争中大规模空袭的历史考察,剖析了大规模战略空袭的作战筹划和战略效果。王荣国分析了大规模空袭在海湾战争中的实战运用,并给出了大规模空袭的基本行动方法。唐俊林等针对大规模空袭目标的复杂特性,设计了一种防空作战多传感器任务规划算法。张昌治对新技术常规局部战争中抗击敌大规模空袭的战法进行了研究。褚友清分析了大规模空袭与中小规模空袭的差异,研究了不同规模的空袭作战对城市的影响。刘杰分析了叙利亚战争中大规模空袭的作战特点,在此基础上给出了对防空作战装备发展的启示。丁铸分析了大规模空袭背景下区域防空兵力部署和火力运用的作战需求,提出了大规模空袭条件下基于群智能的区域防空指挥决策模型。孟宝宏对大规模空袭作战中信息作战行动的作战实施和主要特点进行了研究。

1.6.2 威胁评估概念研究现状

目前,因为许多学者从不同的角度给出了对威胁评估的理解,所以对于威胁评估的概念还没有一个统一的定义,威胁评估的概念一直在延伸和拓展。

1988 年,美国国防部的数据融合小组(Data Fusion Squads)在 JDL(美国国防部实验室联合理事会)信息融合处理模型中最早提出了威胁评估的概念,认为威胁评估作为第三级处理是在目标数据估计和态势评估基础上的高层次信息融合过程,侧重于对敌方的意图和目的进行推理,进而量化目标对我方的威胁程度。JDL 模型如图 1.2 所示。

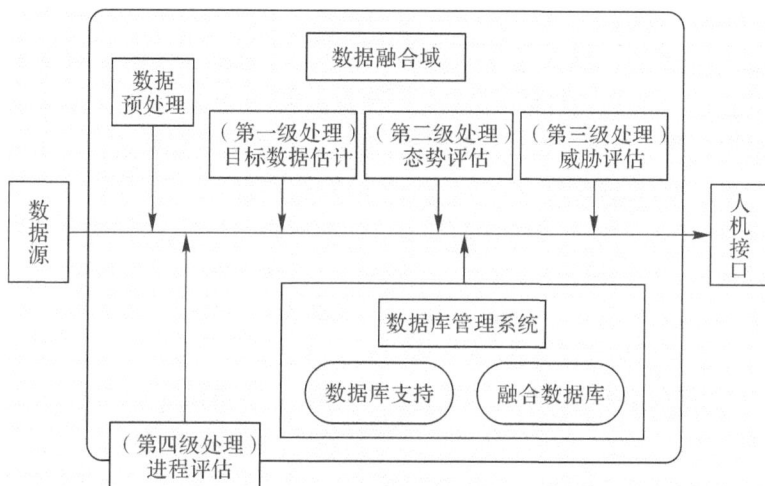

图 1.2　JDL 模型

Antony 提出,威胁评估应该是首先得到定量的威胁能力值,然后通过威胁能力值对敌方的意图进行估计。Lambert 在 Antony 的研究的基础上将威胁评估划分为评估目标威胁值和评估威胁态势对我方的影响两部分。Jean Roy 在 Lambert 研究的基础上,认为威胁评估不仅包括对强敌作战行动所产生结果的威胁程度进行估计,还包括评估我方对不同类型威胁的应对难度。Alan N. Steinberg 提出了综合考虑敌方作战态势、作战能力和作战意图才能形成完整的威胁评估。

在威胁评估概念的研究中,国内学者也做出了许多贡献,提出了一些新的见解和思考。王朔认为,威胁评估是通过战场相关信息和信息之间的相互联系,形成的具有较强主观意愿的敌方威胁程度判断的思维活动。李卓认为,威胁评估是我方在执行作战任务时,通过对当前战场环境进行分析及对内在的威胁的判断,形成对威胁级别的主观认识和评估。徐克虎认为,威胁评估是根据战场感知态势、目标属性参数和决策者经验等相关信息,运用相关算法对目标威胁程度进行定量化的描述和分析。李灵之指出,威胁评估就是通过所获取的作战数据对敌方兵力组成、作战部署和装备构成进行分析,进而计算对我方目标形成的威胁度。

1.6.3　威胁评估方法研究现状

目前,国内外学者对威胁评估方法已经进行了大量的探索性研究,提出了许多理论与方法。在这些方法中,基于多属性决策、贝叶斯网络、支持向量机和神经网络等的威胁评估方法是研究的热点。

1.多属性决策

多属性决策方法是应用最为广泛的方法之一。其基本思想是:首先针对威胁评估实际特点,选取影响目标威胁评估的指标因素;其次通过确定指标权重来表示指标在威胁评估过程中的相对重要程度;最后通过决策矩阵和指标权重构建相应的数学求解模型,根据此模型计算目标威胁值并对目标进行威胁排序。该方法的优点是简单、直观,能够综合考虑定量和定性的威胁评估属性,同时能够在评估过程中反映决策者的决策偏好,所求威胁结果的可解释性和科学性较强。然而,由于属性权重和评估模型都靠人为确定和构建,因此它具有较强的主观性。另外,它在面对目标威胁评估属性不确定、不完备的情况时处理难度较大。因此,一些研究将模糊集、直觉模糊集等理论引入多属性决策过程,在一定程度上解决了目标属性值不确定的问题。基于多属性决策的威胁评估流程如图 1.3 所示。

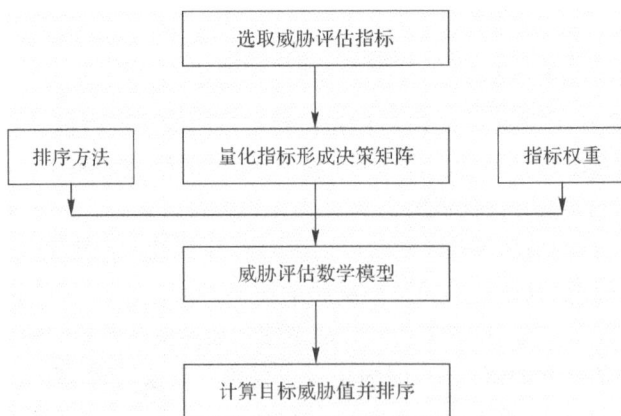

图 1.3　基于多属性决策的威胁评估流程

2.贝叶斯网络

贝叶斯网络是一种利用概率分析和图论相关知识在变量间的网络节点上推理计算,用已知观测节点推测未知隐藏节点的方法。贝叶斯网络解决威胁评估的基本思路是从观测的目标数据出发,依靠先验知识建立贝叶斯网络模型,通过对特定的事件进行逐层多次推理得到最终的威胁评估结果。该方法的优势在于对知识的表达和推理有严格的理论基础,能够充分表示事物之间的因果和依赖关系,推理过程符合人类思维模式,能够充分反映威胁评估的连续性和不确定性。但是,贝叶斯网络存在先验概率和网络参数难以确定的不足。基于贝叶斯网络的威胁评估流程如图 1.4 所示。

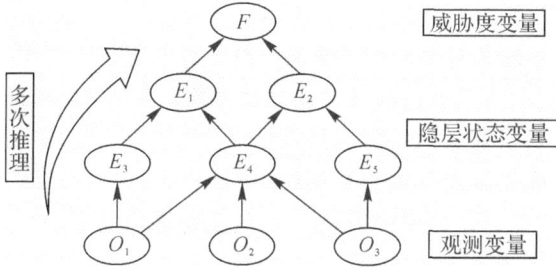

图 1.4　基于贝叶斯网络的威胁评估流程

3.支持向量机

支持向量机(SVM)是一种基于统计学习的非线性的用于分类(SVC)或回归(SVR)的机器学习算法。与决策树、线性回归和逻辑回归等机器学习方法不同,SVM 凭借其结构风险最小化的特性具有更加优秀的鲁棒性,在威胁评估问题中通常使用 SVR 模型。基于 SVR 的目标威胁评估方法的基本原理是在提取、处理和量化样本数据的基础上建立 SVR 模型,根据威胁评估指标与威胁评估值的非线性映射关系对目标数据进行预测,进而得到威胁评估结果。基于支持向量机的威胁评估流程如图 1.5 所示。

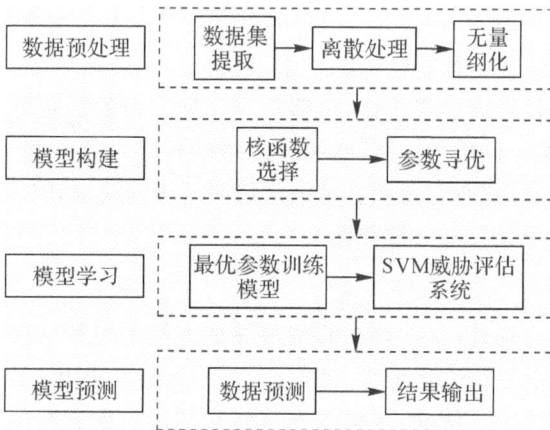

图 1.5　基于支持向量机的威胁评估流程

该方法的优势在于具有坚实的数学基础,通过非线性的映射能够得到较高的评估精度,实现威胁评估的智能化。然而,在支持向量机模型中,核函数的类型、正则化参数以及核函数参数对于模型的评估精度影响较大,如何寻得最优的超参数是一大技术难点。针对这一问题,目前一些学者采用了现代智能优化算法对模型参数进行寻优,取得了一定的效果。

4.神经网络

神经网络是以现代神经科学为基础,通过对人脑的神经元和组织形态进行抽象处理和模拟,利用单个神经元建立模型网络,进而对数据进行分析和处理的机器学习方法。基于神经网络的威胁评估基本思想是通过建立神经网络对威胁因素和威胁值构成的有效样本进行训练,通过不断的学习、反馈和调整得到满足设定误差的网络,将测试数据代入网络模型从而输出威胁预测值。基于神经网络的威胁评估流程如图1.6所示。

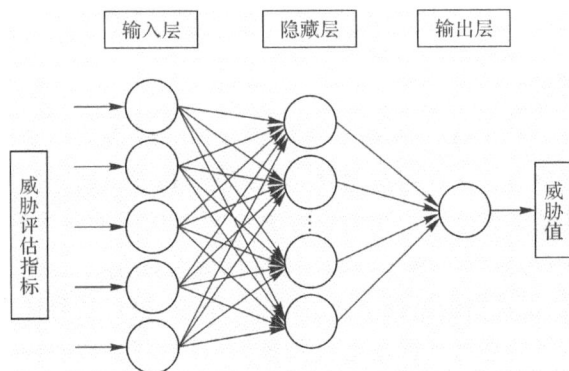

图1.6 基于神经网络的威胁评估流程

该方法的优势在于具有较强的自学习、自反馈、自调整能力,对于部分缺失的数据样本具有较强的适应能力,能够针对合理分布的训练样本进行较高程度的学习,具有较强的鲁棒性。然而,神经网络结构仍存在一些不足,主要体现在其对样本要求高、收敛速度慢和容易陷入局部最优的缺点,同时其作为一个黑箱模型对于学习过程具有不可解释性。

5.其他方法

除上述主要方法外,目前存在的威胁评估方法还包括云模型、集对分析、层次分析法、直觉模糊推理、粗糙集、证据理论等,这些方法由于作用机理的不同都有一定的优势和劣势。例如:云模型方法能够同时考虑威胁因素的模糊性和随机性,但应用广泛的正态云模型难以满足复杂场景下的威胁评估需求;集对分析能够将威胁评估中的确定性和不确定性作为一个系统进行综合分析,但在处理属性数据尺度突变的威胁评估问题时存在一定不足;层次分析法通过两两比较的方法进行威胁评估,但判断矩阵的构造容易受到主观因素的影响;直觉模糊推理能够充分发挥推理机制的优势,对威胁评估结果具有较强的可解释性,但随着威胁因素的增加,容易产生推理规则的组合爆炸;粗糙集能够处理威胁评估中的不完备信息,有效提高信息利用的效率,但其在实际应用中仍存在一定的瓶颈;证据理论在处理不确定推理中信息不完全和不精确的评估问题时具有较大优势,但在处理相互冲突的证据信息融合时容易违反直觉的悖论。这些方法分别适用于不同的应用条件,并且通过不同方法的有机结合能够取长补短,提高威胁评估的合理性和有效性,进而满足不同作战场景的需求。

1.6.4 研究现状分析

1.大规模空袭背景下目标威胁评估研究存在空白

目前,虽然对于大规模空袭和威胁评估都有了许多研究,但对于大规模空袭相关理论和此背景下大规模空袭目标的威胁评估研究极为匮乏。尤其是大规模空袭对现代空袭理论进行了拓展和延伸,其行动战法、作战特点和对联合防空作战的影响等方面都发生了巨大变化,同时对目标威胁评估的技术和方法也产生了新的需求。而目前的威胁评估技术和方法难以适应联合防空作战背景下的大规模空袭目标威胁评估问题。因此,对面向联合防空作战的大规模空袭目标威胁评估方法进行研究不仅能够拓展大规模空袭作战理论,对威胁评估理论和技术的研究也有一定的推动作用,还能为联合防空作战的作战决策研究和指挥控制系统的开发提供新的方法与思路。

2.威胁评估技术仍存在一定困难瓶颈和短板不足

威胁评估方法对于威胁评估结果的科学性和准确性具有十分重要的影响,但目前的威胁评估方法在权重确定和排序方法等方面都存在一定的困难和不足。在权重确定方面:目前采用的主观赋权法存在受决策者和专家的主观经验影响较大、随意性和主观性突出、容易受到专家知识的限制等方面的不足;客观赋权法容易受客观数据的影响,往往忽略指标本身的重要性,也容易受到数据噪声的影响。在排序方法方面,现有方法容易忽略决策者的心理行为和决策偏好,缺乏灵活性和交互性,同时大部分方法仅根据目标当前时刻的信息进行威胁评估,忽略了多个历史时刻的数据信息,无法在复杂多变的战场态势中体现目标威胁程度的动态变化。因此,对威胁评估方法进行针对性的改进能够进一步提高威胁评估的合理性和准确性。

3.目标威胁评估孤立于战场态势和空中集群之外

根据 JDL 提出的 JDL 模型的描述,态势评估处于数据融合的第二层级,通过准确判断当前战场态势进而为指挥员提供目标分配和火力优化等辅助决策,在指挥控制系统中发挥着"神经中枢"的作用,态势评估的结果对威胁评估的准确性和科学性具有重要影响。此外,在大规模空袭中,以不同类型、作用和功能的有人机和无人机组成的空中集群已经成为大规模空袭的主要作战形态。因此,建立有效的数学模型对空中集群的威胁度进行合理、有效的评估对于联合防空作战的指挥决策和兵力运用具有重要意义,其评估结果也会影响后续目标威胁评估的科学性和有效性。而目前的目标威胁评估方法仅考虑对小规模空袭中单个目标固有属性进行威胁评估,将目标孤立于集群之外,将集群独立于态势之外,忽略了态势对威胁的影响和集群与目标之间的相互作用,割裂了态势、集群和目标三者之间的耦合关系,这样的方法显然不满足联合防空作战中大规模空袭目标威胁评估的要求。因此,根据联合防空作战抗敌大规模空袭背景下的空防对抗特点,面向联合防空作战的大规模空袭目标威胁评估必须充分考虑态势、集群、目标三者之间的相互作用和影响,才能提高威胁评估的科学性和可靠性。

1.7 面向联合防空作战的大规模空袭目标威胁评估的方法框架

面向联合防空作战的大规模空袭目标威胁评估既是联合防空作战指挥决策的核心问题,也是联合防空作战兵力规划的基础。如何快速、精确评估战场态势和空袭目标的威胁程度是制约联合防空作战效能提升的技术难题。由于空防对抗战场态势复杂,空袭目标特征属性众多,联合防空作战进程动态连续,对大规模空袭目标威胁评估需要全面考虑多种因素,其实质是一类不确定多属性决策问题。为了实现对联合防空作战中大规模空袭目标的威胁程度进行正确的分析和判断,需要构建一套完善的威胁评估方法框架。

基于上述对大规模空袭相关理论及威胁评估需求的分析,面向联合防空作战的大规模空袭目标威胁评估方法研究遵循以下思路:以全局性的联合防空作战应对大规模空袭的战场态势评估为基础,对空中集群目标和单目标进行威胁评估,同时考虑空中集群与空袭目标的相互作用和影响。同时,为了实现目标威胁的快速、准确、智能评估,在威胁评估的基础上建立了目标智能威胁评估框架。在目标威胁评估的基础上,综合考虑体系全局要素对目标威胁的影响,本书提出了一种基于体系全局要素的目标威胁评估方法。基于上述思路,本书构建了一个如图1.7所示的面向联合防空作战的大规模空袭目标威胁评估的方法框架。

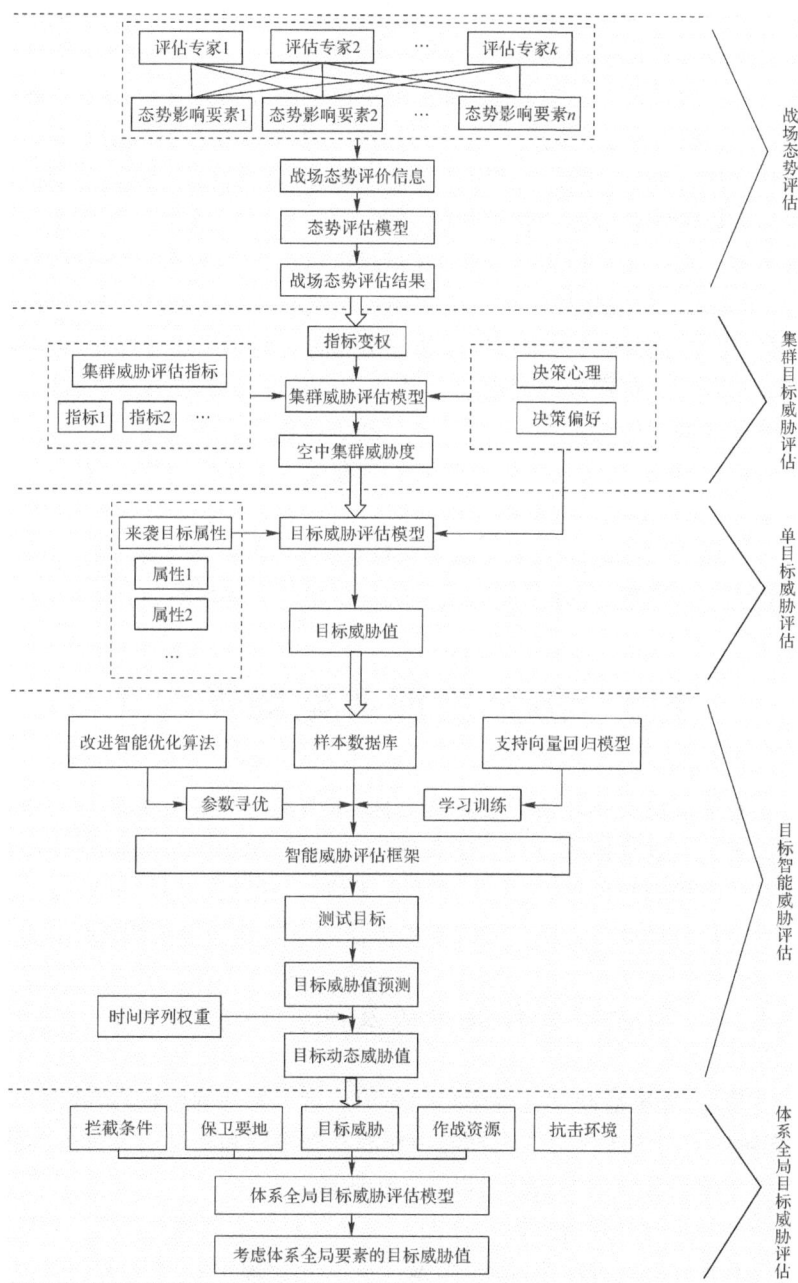

图 1.7 面向联合防空作战的大规模空袭目标威胁评估的方法框架

由图 1.7 可以看出:联合防空作战应对大规模空袭的战场态势评估是对当前空防对抗态势的综合分析,是联合防空作战中来自不同军兵种、领域和部队的多名专家根据战场事件将作战过程中的多个影响因素转化为单个评价指标,通过构建战场态势评估模型实现对战场态势的描述,是面向联合防空作战的大规模空袭目标威胁评估的前提和基础;空中集群威胁评估是在战场态势评估的基础上,针对大规模空袭的作战实际,对来袭的空中集群在当前战场态势下对我方的威胁程度进行分析,为兵力运用和后续目标威胁评估提供参考,是面向联合防空作战的大规模空袭目标威胁评估的关键环节;单目标威胁评估是在集群威胁评估的基础上对空袭目标进行威胁评估和排序,为后续的火力分配和优化提供依据,是面向联合防空作战的大规模空袭目标威胁评估的目标任务。因此,战场态势评估、集群威胁评估和单目标威胁评估三者之间层层递进并相互作用,共同得到了面向联合防空作战的大规模空袭目标的威胁评估结果。之后,为了提高目标威胁评估的智能化水平,建立了一个基于智能优化算法和支持向量回归的智能威胁评估框架,以实现目标威胁的实时准确智能评估。最后,在目标威胁评估的基础上,综合考虑拦截条件、抗击环境和作战资源等体系全局因素,本书构建了体系全局目标威胁评估指标体系和量化方法,也构建了基于体系全局要素的目标威胁评估模型,实现了面向联合防空作战的大规模空袭目标的威胁评估。

1.8　仿真验证典型场景构建

为了验证所提威胁评估方法的有效性,本节通过构建红方联合防空作战抗击蓝方大规模空袭目标的仿真验证典型场景,对所提出的联合防空作战应对大规模空袭的战场态势评估、空中集群威胁评估、目标动态威胁评估、智能评估优化和体系全局目标威胁评估的相关模型方法的有效性和可用性进行验证。

1.8.1　蓝方空袭作战方式及阶段划分

蓝方采取"先软后硬""先察后打""先围后堵""先外围后核心"的方式逐步升级,实现对红方的空袭作战。根据空中作战概念发展和新型空天打击武器特点,蓝方对红方的空袭作战大致分为以下 3 个阶段:

第一个阶段为导弹密集饱和打击。该阶段蓝方主要通过陆基、海基发射大规模的巡航导弹对红方防空阵地、国家和军队的指挥中心以及战争潜力目标实现超饱和打击,并从红方周边基地使用战术弹道导弹对重要核心目标实施集火打击,从而削弱红方防空系统的抗击能力,夺取战场主动权。

第二个阶段为隐身飞机低空突防。该阶段蓝方主要通过隐身作战飞机、隐身轰炸机、隐身无人机的协同,携带大量精确制导弹药与红方地空导弹部队和航空兵部队进行多回合、持久性的对抗。从红方防区的火力漏洞"隐蔽渗透",深入防区内部,夺取制空权,从而为后续大规模空袭扫清障碍。

第三个阶段为大规模常规空袭。蓝方建立起局部制空权后,在天基、空基及海基战略侦察的基础上,在预警机指挥和多样式电子干扰的掩护下,大量常规作战飞机从空军基地和航母平台起飞,将不同类型、功能和作用的作战和保障类飞机形成空中集群进入红方防区,发射精确制导炸弹、反辐射导弹和集束炸弹等武器对红方重要目标和防空阵地进行摧毁,实现大规模持续空袭打击,企图使红方彻底丧失抵抗能力。本书后续的工作以及所提的面向联合防空作战的大规模空袭目标威胁评估方法也主要针对该阶段进行研究。

1.8.2　蓝方空袭兵力编成

蓝方对红方的首都地区实施大规模空袭,空袭兵力主要使用空军基地、海军基地、机场和附近海域的各军兵种空中作战力量。作战单位主要包括战斗机联队、航母编队、侦察机中队、空运联队、巡逻机中队和特种作战大队等。兵力编成包括战斗机、轰炸机、攻击机、干扰机、侦察机、运输机、空中加油机和预警指挥机等各类作战和支援保障飞机,以及若干战术弹道导弹和巡航导弹等。

在大规模常规空袭作战过程中,蓝方从多个空军基地、海军基地和航母编队出动了大量不同类型、任务和功能的各类作战和支援保障飞机,共形成了 16 个空中集群($G_1 \sim G_{16}$)共计 237 架飞机,对红方及周边地区的重点目标实施大规模的空袭打击。空袭兵力的具体类型和数量如表 1.1 所示。

表 1.1　大规模空袭的兵力组成

类　型	数　量	类　型	数　量
战斗机	27	空中预警机	2
无人攻击机	24	歼轰机	18
空中加油机	3	侦察机	26
运输机	2	无人侦察机	19
支援干扰机	2	歼击机	16

类　型	数　量	类　型	数　量
轰炸机	28	无人干扰机	17
搜索救援飞机	2	反雷达飞机	9
电子干扰机	16	战场监视飞机	4
隐身战斗机	17	武装直升机	5

此外,另有部分预警指挥机和远距支援干扰机在防区外进行指挥控制和电子支援,这里不再详细列出。

1.9　本章小结

本章主要对大规模空袭相关理论及威胁评估需求进行了研究与分析,为后续联合防空作战中大规模空袭目标威胁评估方法的研究奠定了理论基础。

(1)对大规模空袭的概念内涵和体系构成进行了界定,为后续威胁评估中的指标体系构建和作战能力量化等研究提供了科学依据。

(2)对大规模空袭的作战特点和打击重点进行了分析,并研究了大规模空袭对联合防空作战的影响,有助于对联合防空作战应对大规模空袭的对策措施进行进一步的研究。

(3)在分析大规模空袭的基础上阐述了联合防空作战中大规模空袭目标威胁评估的作用和需求,给出了联合防空作战中大规模空袭目标威胁评估的方法框架,构建了以红方联合防空作战抗击蓝方大规模空袭为背景的仿真验证典型场景,为后续所提的联合防空作战中大规模空袭目标威胁评估方法的仿真实验和有效性分析提供了验证背景。

第2章 联合防空作战应对大规模空袭的战场态势评估

联合防空作战应对大规模空袭的战场态势评估具有决策群体规模大、战场信息不确定、不完备等特点,针对以上特点对战场态势评估造成的困难,本章提出基于直觉正态云的战场态势评估方法。首先设计基于直觉模糊数的逆向云算法,将所有专家给出的态势评价信息转化为直觉正态云;然后采用直觉正态云的加权算术平均集成技术,对态势指标云进行聚合得到态势综合云;提出基于数字特征重要性的直觉正态云的距离度量方法,用于计算态势综合云与评价语言云的贴近度,最终得到联合防空作战应对大规模空袭的战场态势评估结果。

2.1 战场态势评估指标体系构建

联合防空作战应对大规模空袭的战场态势评估作为对当前空防对抗情况的综合描述,通常采用"优势""劣势"和"均势"等简洁明了的语言性评价术语为指挥员提供决策参考,其不仅能够反映战场态势的整体状态,还能反映各影响因素的态势状态,进而为威胁评估和指挥决策提供科学依据。

要想实现对战场态势的有效评估,必须建立科学、合理的评估指标体系。联合防空作战应对大规模空袭的战场态势作为一种复杂的动态系统,其包含了空防对抗整个过程中敌我双方所呈现的态势要素的总和,形成了整个战场空间的"状态"和"阵势",同时随着军事理论和技术的发展,战场态势已经成为一个多维度的综合概念。一方面,评估指标应能够全面反映战场态势的影响因素,进而得到贴近实际的评估结果;另一方面,评估指标过多容易产生重复描述战场态势的情况,扭曲战场真实情况的同时还会造成建模困难和求解精度低的问题。

根据指标体系构建应满足的科学、合理、完整、简洁和互斥等准则,本章从大规模空袭的作战特点和影响联合防空作战效能的重要因素入手分析,构建由最高层、中间层和最底层组成的战场态势评估指标体系。最高层为战场态势,是评估问题的目标,也称为目标层;中间层包括物理要素、信息要素、认知要素和环境要素,是评估过程中考虑的中间准则,也称为准则层;最底层包括兵力数量与质量(U_1)、兵器性能与效能(U_2)、信息获取与传输(U_3)、信息处理与运用(U_4)、战斗意志与心理(U_5)、作战观念与思维(U_6)、网络电磁环境(U_7)和战场自然环境(U_8)等,是评估过程中包含评价信息的因素,也称为指标层。战场态势评估的指标体系如图 2.1 所示。

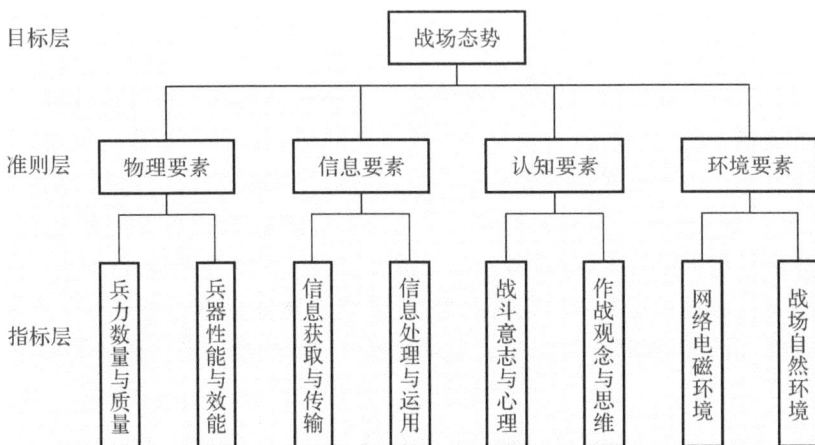

图 2.1 战场态势评估的指标体系

物理要素主要包括兵力数量与质量以及兵器性能与效能。其中:兵力数量与质量主要指参战兵源种类、参战兵力数量、参战兵力结构和部队训练水平等;兵器性能与效能主要指兵器作战性能、火力杀伤效能、战备完好情况和防护生存能力等。

信息要素主要由信息获取与传输以及信息处理与运用两部分组成。其中:信息获取与传输主要包括以预警监视、情报侦察为主的信息获取和以信息分发、通信联络为主的信息传输;信息处理与运用主要包括以信息融合、数据处理为主的信息处理和以探测跟踪、导航定位为主的信息运用。

认知要素主要包括战斗意志与心理以及作战观念与思维。其中:战斗意志与心理主要指领导能力、军心士气、决心意志、临战士气和作战心理等情感意志方面的因素;作战观念与思维主要指战术运用、意图预测、兵力分配、作战部署和作战决策等认知行为方面的因素。

环境要素主要由网络电磁环境和战场自然环境两方面构成。其中:网络电磁环境要指网络攻防、信息欺骗和电磁对抗等;战场自然环境主要指气象条件、海拔经纬度、地形位置和水文环境等。

根据上述分析可以发现,选取的评估指标能够较为全面地反映联合防空作战应对大规模空袭的战场态势情况,且满足指标选取的全面性、独立性、互斥性等原则,说明构建的评估指标体系是合理、可行的。

2.2　基于直觉正态云的战场态势评估方法

随着联合防空作战理论和运用的发展,空防对抗的战场中包含了大量的不同军兵种和部队,因此往往需要多个来自不同领域、不同军兵种、不同层次的专家综合评估才能得到更加科学、合理的战场态势评估结果,但随着评估群体规模越来越大,多个专家的信息集结是战场态势评估过程中需要解决的关键问题。同时,由于专家能够认识到战场环境的复杂性和自身的局限性,他们会将信心水平等信息纳入评估过程,为评估信息增加一个额外的维度,从而使用直觉模糊数作为评价信息。由于战场环境的复杂性不断加剧,专家对战场态势的表达和评价往往越来越模糊不清,评价信息的高度不确定性给战场态势评估带来一定的困难。

此外,在联合防空作战应对大规模空袭的过程中,随着战场环境愈加复杂,战场信息通常具有高度的不确定性,这种不确定性往往同时兼具显著的模糊性和随机性,为了避免出现因信息失真和扭曲而导致态势评估不准确的情况出现,必须在评估过程中充分综合考虑指标信息的模糊性和随机性。云模型凭借其兼顾模糊性和随机性的优势较为适合解决此类问题,但云模型仅考虑了隶属度因素,没有考虑一些模糊概念具有的非隶属度和犹豫不决的特点,难以处理不确定程度较大的决策信息。

综上所述,在联合防空作战应对大规模空袭的过程中,经过对战场信息的提取精炼和战场事件的深入分析,由来自不同军兵种和领域的多名军事专家对当前战场态势进行评价分析。然而,专家根据所属领域和自身经验给出的评价信息具有主观性特点,使得评价结果具有直觉模糊性。同时,由于战场环境的复杂性,专家给出评价信息还具有一定的随机性。为此,本章将构建一种基于直觉正态云的战场态势评估模型:首先设计基于直觉模糊数的逆向云算法用于聚合专家评价信息;然后定义基于数字特征重要性的直觉正态云的距离度量用于计算语言云与态势云的贴近度;最终得到联合防空作战应对大规模空袭的战场态势评估结果。

2.2.1　直觉正态云模型

直觉模糊集作为模糊集的推广和拓展,增加非隶属函数和犹豫函数描述模糊性,使得直觉模糊集更加详细描述了事物的本质属性。其定义如下。

定义 1　设 X 为一非空论域,称 $A = \{< x, u_A(x), v_A(x) > \mid x \in X\}$ 为 X 上的直觉模糊集,其中 $u_A(x): X \to [0,1]$ 为元素 x 对集合 A 的隶属度函数,$v_A(x): X \to [0,1]$ 为元素 x 对集合 A 的非隶属度函数,且 $\forall x \in A$,均有 $0 \leqslant u_A(x) + v_A(x) \leqslant 1$。

云模型是一种数学模型,可以通过不确定的关系将定性的语言值和定量的数值联系起来,该模型可以更好地描述事物模糊性和随机性之间的关系。其具体定义如下。

定义 2　设 U 是一个用精确数值表示的论域,T 是关于 U 的定性概念。如果定量值 x 是定性概念 T 的随机实现,那么 x 对 T 的确定程度 u 是一个趋于稳定的随机数,其中 $u: U \to [0,1]$,$\forall x \in U, x \to u(x)$,那么论域 U 上的分布称为云,记作 $Y(x)$,每个 x 称为一个云滴。

云的数字特征由 3 个值表示:期望 Ex、熵 En 和超熵 He。其中:期望 Ex 描述了云分布的中心位置,熵 En 描述了云的宽度和概念的模糊程度,超熵 He 反映了云的厚度和隶属度的随机程度。可以看出,云模型的 3 个数值特征值实现了概念中模糊性和随机性的有效融合。其中,由于正态分布的普遍性和广度,因此正态云特别是一维正态云是研究和应用最广泛的云模型。

可以看出,正态云虽然能够同时反映样本的模糊性和隶属度的随机性,但在处理一些模糊概念时仍存在一些不足,尤其是当元素值与期望值相等时,会出现隶属度取 1 的情况,难以描述概念的非隶属和犹豫特性。直觉正态云在传统正态云模型中引入了直觉模糊思想,相比于正态云模型能够更好地描述模糊概念的非隶属和犹豫特性。

定义 3　给定一个论域 X,T 是一个与论域 X 相关的定性概念,$Y = (< Ex, [u,v] >, En, He)$ 称为定义在 X 上对应于概念 T 的直觉正态云,其中期望 Ex、熵 En 和超熵 He 的意义与传统云模型一致,u 和 v 分别为 Ex 值的隶属度和非隶属度。此外,当 $u = 1$ 且 $v = 0$ 时,直觉正态云退化为正态云。

图 2.2 展示了直觉正态云 $Y_2 = (< 7, [0.7, 0.1] > 0.8, 0.05)$ 和正态云 $Y_1 = (3, 0.8, 0.05)$ 的对比情况,每朵云包含 1 000 个云滴。显然,Y_2 对 T 具有更低的隶属度和更高的不确定性,云的厚度也有所增加,这是由直觉模糊集的特性导致的。

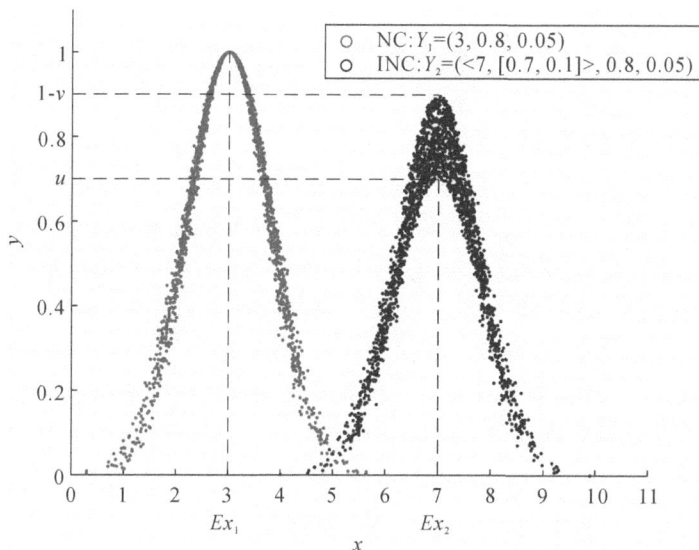

图 2.2　直觉正态云和正态云的对比情况

定义 4　对于任意两朵直觉正态云 Y_1 和 Y_2,其基本运算为

$$Y_1 + Y_2 = (< Ex_1 + Ex_2, [\frac{u_1 Ex_1 + u_2 Ex_2}{Ex_1 + Ex_2}, \frac{v_1 Ex_1 + v_2 Ex_2}{Ex_1 + Ex_2}] >, \sqrt{En_1^2 + En_2^2},$$

$$\sqrt{He_1^2 + He_2^2})$$

$$Y_1 \times Y_2 = (< Ex_1 Ex_2, [\frac{u_1 Ex_1 + u_2 Ex_2}{Ex_1 Ex_2}, \frac{v_1 Ex_1 + v_2 Ex_2}{Ex_1 Ex_2}] >,$$

$$\sqrt{(Ex_2 En_1)^2 + (Ex_1 En_2)^2}, \sqrt{(Ex_2 He_1)^2 + (Ex_1 He_2)^2})$$

$$\lambda Y_1 = (< \lambda Ex_1, [u_1, v_1] >, \lambda En_1, \lambda He_1)$$

$$Y_1{}^{\lambda} = (< Ex_1{}^{\lambda}, [u_1, v_1] >, \sqrt{\lambda} Ex_1{}^{\lambda-1} En_1, \sqrt{\lambda} Ex_1{}^{\lambda-1} He_1)$$

定义 5　设 $Y_i = (< Ex_i, [u_i, v_i] >, En_i, He_i)(i = 1, 2, \cdots, n)$ 是同一论域上的一组直觉正态云,$\boldsymbol{W} = [w_1 \quad w_2 \quad \cdots \quad w_n]$ 是加权向量,且 $w_i \in [0, 1](i = 1, 2, \cdots, n)$,$\sum\limits_{i=1}^{n} w_i = 1$,则直觉正态云的加权算术平均(INCWAA)算子为

$$\mathrm{INCWAA}_w(Y_i) = (< \sum\limits_{i=1}^{n} w_i Ex_i, [\frac{\sum\limits_{i=1}^{n} w_i u_i Ex_i}{\sum\limits_{i=1}^{n} w_i Ex_i}, \frac{\sum\limits_{i=1}^{n} w_i v_i Ex_i}{\sum\limits_{i=1}^{n} w_i Ex_i}] >,$$

$$\sqrt{\sum\limits_{i=1}^{n} w_i^2 En_i{}^2}, \sqrt{\sum\limits_{i=1}^{n} w_i^2 He_i{}^2}) \tag{2.1}$$

2.2.2 基于直觉模糊数的逆向云算法

2.2.2.1 逆向云算法设计

逆向云发生算法是一种实现定量向定性转换的不确定转化模型,主要思想是根据样本得到云的数字特征,其能够在充分考虑模糊性和随机性的基础上将多名专家的决策信息转化为样本的定性评价,在群决策中应用广泛。然而,目前的逆向云算法仍存在一些不足:一方面在计算超熵的过程中,如果 $S^2 - En^2 < 0$,那么会得到超熵为虚数,导致计算失效;另一方面目前的逆向云算法尚不能处理直觉模糊数据。为此,本章将提出一种基于直觉模糊数的逆向云算法,其基本思想是将一组直觉模糊数转化为对应的直觉正态云,具体步骤如下。

输入:样本数据 $\{(x_1, [u_1, v_1]), (x_2, [u_2, v_2]), \cdots, (x_N, [u_N, v_N])\}$。

Step1:首先计算样本均值 $\bar{X}$ 和样本方差 S^2,即

$$\bar{X} = \frac{1}{N} \sum_{i=1}^{N} x_i \tag{2.2}$$

$$S^2 = \frac{1}{N-1} \sum_{i=1}^{N} (x_i - \bar{X})^2 \tag{2.3}$$

Step2:期望 Ex 是云模型中最能反映定性概念的数值,其可用样本均值进行估计。由于 u 和 $1-v$ 分别表示 $x = Ex$ 时的隶属度下限和隶属度上限,因此样本 x 与 Ex 的距离越小,该样本对应隶属度的可信度越高,在还原直觉正态云的数字特征时具有更大的权重,从而得到 Ex、u 和 v 的估计值,即

$$Ex_e = \bar{X} \tag{2.4}$$

$$u_e = \frac{\sum_{i=1}^{N} \dfrac{u_i}{|x_i - Ex_e|}}{\sum_{i=1}^{N} \dfrac{1}{|x_i - Ex_e|}} \tag{2.5}$$

$$v_e = 1 - \frac{\sum_{i=1}^{N} \dfrac{1-v_i}{|x_i - Ex_e|}}{\sum_{i=1}^{N} \dfrac{1}{|x_i - Ex_e|}} \tag{2.6}$$

Step3:计算 En 和 He 的估计值,即

$$En_e = \sqrt{\frac{\pi}{2}} \times \frac{1}{N} \sum_{i=1}^{N} |x_i - Ex_e| \tag{2.7}$$

$$He_e = \sqrt{|S^2 - En_e^2|} \tag{2.8}$$

输出:直觉正态云数字特征的估计值($<Ex_e,[u_e,v_e]>,En_e,He_e$)。

2.2.2.2　逆向云算法有效性验证

逆向云算法的有效性直接影响专家评价信息聚合的有效性,因此需要对算法进行误差分析。但是,目前尚未发现基于直觉模糊数的逆向云算法,因此无法采用同类对比的方式进行分析。现根据直觉正态云相关理论设计实验对所提逆向云算法进行分析,具体步骤如下。

Step1:生成以 En 为期望,He 为标准差的正态随机数 En'。

Step2:生成以 Ex 为期望,$|En'|$ 为标准差的正态随机数 x。

Step3:计算隶属度下限 $u^L = u \times e^{-[(x-Ex)/En']^2}$。

Step4:计算隶属度上限 $u^U = (1-v) \times e^{-[(x-Ex)/En']^2}$。

Step5:输出直觉模糊数 $(x,[u^L,1-v^U])$。

Step6:重复 Step1～Step5,直到生成足够数量的直觉模糊数。

在本实验中,设 $Ex=5$,$u=0.51$,$v=0.42$,$En=0.78$,$He=0.34$,采用上述算法生成直觉模糊数,然后采用基于直觉模糊数的逆向云算法得到直觉正态云的相关数字特征并进行分析。

1.算法有效性分析

首先采用上述方法生成 1 000 个直觉模糊数作为云滴样本,然后通过所提逆向云算法估计直觉正态云的数字特征。由于实验中的云滴样本是随机生成的,因此将每次实验重复 100 次,得到每次实验中各数字特征的绝对误差和相对误差分别如图 2.3 和图 2.4 所示,各数字特征的平均绝对误差和平均相对误差如表 2.1 所示。

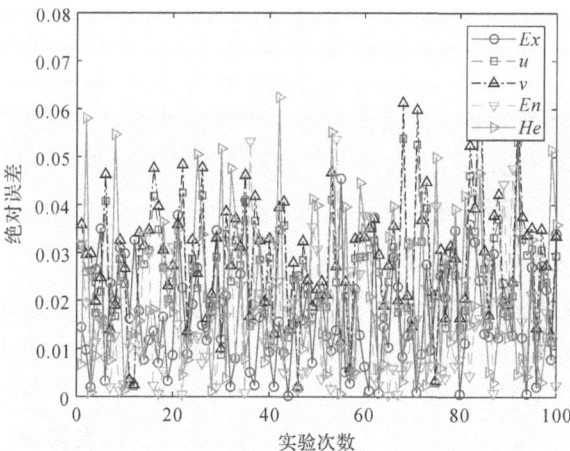

图 2.3　逆向云算法绝对误差曲线

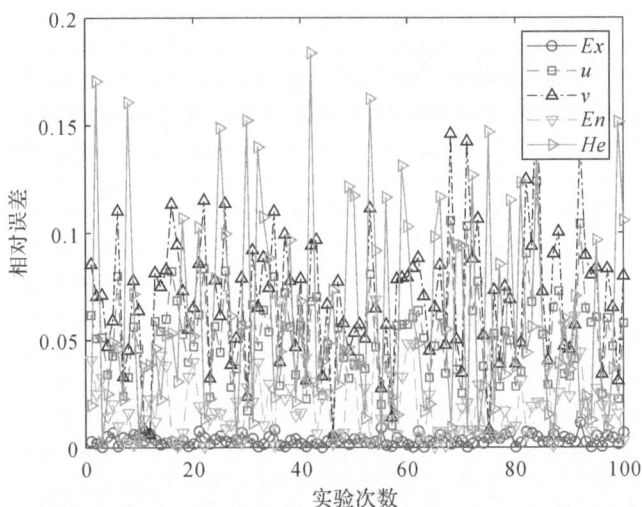

图 2.4　逆向云算法相对误差曲线

表 2.1　数字特征的平均误差

数字特征	平均绝对误差	平均相对误差
Ex	0.017 2	3.4%
u	0.025 6	5%
v	0.029 1	6.9%
En	0.015 7	2%
He	0.021 1	6.2%

可以发现,各数字特征的误差虽然有一定的波动,但能够较为准确地还原直觉正态云的数字特征,数字特征的估计值具有较高的精度,同时在超熵的计算中也没有出现虚数的情况,这说明了算法的有效性。

2.算法适应性分析

超熵 He 反映云的厚度,其大小会影响云的状态分布。随着 He 的增大,离散云滴的状态由正态分布向泛正态分布转化,进而过渡为雾化状态。为了验证逆向云算法的适应性,令超熵 He 分别取 0、0.02、0.05、0.08、0.1、0.15、02、0.25、0.3、0.4、0.6、0.8、1、1.2、1.5 这 15 个不同的值,设置云滴数为 1 000,每个 He 重复 100 次实验,得到各数字特征的平均绝对误差如图 2.5 所示。

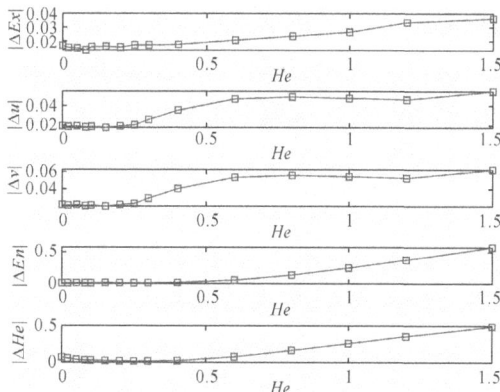

图 2.5　超熵与算法误差的关系

可以发现,5 个数字特征的估计误差会随着 He 的增大而增加,这符合云模型的实际特点。还可以发现,当超熵小于或等于熵时,误差增加的速度较慢,且均在可接受范围内。因此,可以认为该算法不仅适用于正态分布的样本数据,对于泛正态分布和雾化状态的云滴也具有较强的适应性。即使样本不完全满足正态分布,也可对直觉正态云的数字特征进行较为准确的估计。

3.云滴数影响分析

在逆向云算法中,云滴的数量越多,对于云模型信息的反映越全面,得到的云数字特征越准确。为了分析云滴数对误差的影响,取云滴数 $N = [10, 3\,000]$,间隔 100,每个实验重复 100 次,得到各数字特征的平均绝对误差如图 2.6 所示。

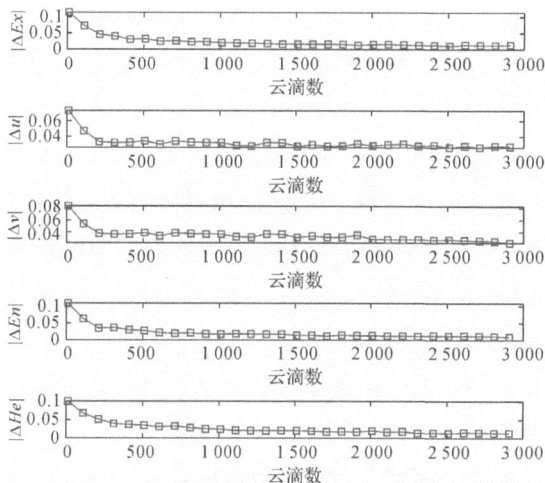

图 2.6　云滴数与算法误差的关系

随着云滴数的增加,5个数字特征的误差不断减小并趋向于0,且在初始阶段云滴数较小时其误差也不大,均在可接受范围内。这说明,该算法能够较好地解决多个决策专家尤其是大规模决策群体参与的群决策问题,根据专家群体给出的决策信息对直觉正态云数字特征实现较为准确的还原,因而提高了决策的准确性。

2.2.3　直觉正态云的距离度量

距离是衡量云模型差异的有效方法,也是应用云模型解决实际问题的一项重要技术。目前许多学者已经进行了一些关于正态云模型距离度量的研究,但对于直觉正态云的距离度量研究较少,为此本章提出了一种基于数字特征重要性的直觉正态云的距离度量方法。具体如下。

定义6　设$Y_1 = (<Ex_1,[u_1,v_1]>,En_1,He_1)$和$Y_2 = (<Ex_2,[u_2,v_2]>,En_2,He_2)$为两朵直觉正态云,则直觉正态云的距离度量定义如下:

$$d(Y_1,Y_2) = \sqrt{(\delta_1 Ex_1 - \delta_2 Ex_2)^2 + (En_1 - En_2)^2 + \left(\sqrt{En_1^2 + He_1^2} - \sqrt{En_2^2 + He_2^2} + En_2 - En_1\right)^2}$$
(2.9)

式中:$\delta_1 = \dfrac{1 - v_1}{2 - u_1 - v_1}$;$\delta_2 = \dfrac{1 - v_2}{2 - u_2 - v_2}$。

特别地,当$En_1 = En_2 = He_1 = He_2 = 0$时,两朵直觉正态云之间的距离为
$$d(Y_1,Y_2) = |\delta_1 Ex_1 - \delta_2 Ex_2|$$
(2.10)

此外,当$En_1 = En_2 = He_1 = He_2 = 0$且$u_1 = u_2 = 1$,$v_1 = v_2 = 0$时,两朵直觉正态云之间的距离进一步退化为两个实数之间的距离。
$$d(Y_1,Y_2) = |Ex_1 - Ex_2|$$
(2.11)

定理1　设$Y_1 = (<Ex_1,[u_1,v_1]>,En_1,He_1)$和$Y_2 = (<Ex_2,[u_2,v_2]>,En_2,He_2)$是两朵直觉正态云,$d(Y_1,Y_2)$是两朵云之间的距离,则$d(Y_1,Y_2)$应满足以下性质:

(1)非负性:$d(Y_1,Y_2) \geqslant 0$。

(2)对称性:$d(Y_1,Y_2) = d(Y_2,Y_1)$。

(3)同一性:当且仅当$Y_1 = Y_2$时,$d(Y_1,Y_2) = 0$。

(4)直递性:若Y_3是任意的直觉正态云,则$d(Y_1,Y_2) + d(Y_2,Y_3) \geqslant d(Y_1,Y_3)$。

为了验证所提距离的有效性,下面给出定理1的证明过程:

（1）根据定义 6 可以得到

$$d(Y_1,Y_2) = \sqrt{(\delta_1 Ex_1 - \delta_2 Ex_2)^2 + (En_1 - En_2)^2 + \left(\sqrt{En_1^2 + He_1^2} - \sqrt{En_2^2 + He_2^2} + En_2 - En_1\right)^2} \geqslant 0$$

故非负性得证。

（2）根据定义 6 可以得到

$$d(Y_1,Y_2) = \sqrt{(\delta_1 Ex_1 - \delta_2 Ex_2)^2 + (En_1 - En_2)^2 + \left(\sqrt{En_1^2 + He_1^2} - \sqrt{En_2^2 + He_2^2} + En_2 - En_1\right)^2} =$$

$$\sqrt{(\delta_2 Ex_2 - \delta_1 Ex_1)^2 + (En_2 - En_1)^2 + \left(\sqrt{En_2^2 + He_2^2} - \sqrt{En_1^2 + He_1^2} + En_1 - En_2\right)^2} =$$

$$d(Y_2,Y_1)$$

故对称性得证。

（3）当 $Y_1 = Y_2$ 时，易得

$$d(Y_1,Y_2) = \sqrt{(\delta_1 Ex_1 - \delta_2 Ex_2)^2 + (En_1 - En_2)^2 + \left(\sqrt{En_1^2 + He_1^2} - \sqrt{En_2^2 + He_2^2} + En_2 - En_1\right)^2} = 0$$

当 $Y_1 \neq Y_2$ 时，有 $\delta_1 Ex_1 - \delta_2 Ex_2$、$En_1 - En_2$ 和 $\sqrt{En_1^2 + He_1^2} - \sqrt{En_2^2 + He_2^2}$ $+ En_2 - En_1$ 不同时为 0，因此可以得到

$$d(Y_1,Y_2) = \sqrt{(\delta_1 Ex_1 - \delta_2 Ex_2)^2 + (En_1 - En_2)^2 + \left(\sqrt{En_1^2 + He_1^2} - \sqrt{En_2^2 + He_2^2} + En_2 - En_1\right)^2} \neq 0$$

故同一性得证。

（4）令向量 $\boldsymbol{\alpha} = \left[(\delta_1 Ex_1 - \delta_2 Ex_2, En_1 - En_2, \sqrt{En_1^2 + He_1^2} - \sqrt{En_2^2 + He_2^2} + En_2 - En_1\right]^T$、向量 $\boldsymbol{\beta} = \left[(\delta_2 Ex_2 - \delta_3 Ex_3, En_2 - En_3, \sqrt{En_2^2 + He_2^2} - \sqrt{En_3^2 + He_3^2} + En_3 - En_2\right]^T$，根据定义 6 和柯西不等式可以得到

$$d(Y_1,Y_2) + d(Y_2,Y_3) = \sqrt{(\delta_1 Ex_1 - \delta_2 Ex_2)^2 + (En_1 - En_2)^2 + \left(\sqrt{En_1^2 + He_1^2} - \sqrt{En_2^2 + He_2^2} + En_2 - En_1\right)^2} +$$

$$\sqrt{(\delta_2 Ex_2 - \delta_3 Ex_3)^2 + (En_2 - En_3)^2 + \left(\sqrt{En_2^2 + He_2^2} - \sqrt{En_3^2 + He_3^2} + En_3 - En_2\right)^2} =$$

$$|\boldsymbol{\alpha}| + |\boldsymbol{\beta}| =$$

$$\sqrt{|\boldsymbol{\alpha}|^2 + 2|\boldsymbol{\alpha}||\boldsymbol{\beta}| + |\boldsymbol{\beta}|^2} \geqslant$$

$$\sqrt{|\boldsymbol{\alpha}|^2 + 2(\boldsymbol{\alpha},\boldsymbol{\beta}) + |\boldsymbol{\beta}|^2} =$$

$$\sqrt{(\boldsymbol{\alpha} + \boldsymbol{\beta}, \boldsymbol{\alpha} + \boldsymbol{\beta})} =$$

$$|\boldsymbol{\alpha} + \boldsymbol{\beta}| =$$

$$\sqrt{(\delta_1 Ex_1 - \delta_3 Ex_3)^2 + (En_1 - En_3)^2 + \left(\sqrt{En_1^2 + He_1^2} - \sqrt{En_3^2 + He_3^2} + En_3 - En_1\right)^2} =$$

$$d(Y_1,Y_3)$$

式中：$(\boldsymbol{\alpha},\boldsymbol{\beta})$ 是向量 $\boldsymbol{\alpha}$ 与向量 $\boldsymbol{\beta}$ 的内积；$|\boldsymbol{\alpha}|$ 是向量 $\boldsymbol{\alpha}$ 的模。

因此,直递性得证,至此定理 1 证毕。

2.2.4 基于直觉正态云的战场态势评估模型

对于给定的联合防空作战应对大规模空袭的战场态势评估问题,假设评价专家集为 $D = \{D_1, D_2, \cdots, D_l\}$,指标集为 $U = \{U_1, U_2, \cdots, U_n\}$,指标权向量为 $w = [w_1, w_2, \cdots, w_n]^{\mathrm{T}}$。专家给出的当前战场态势的评价信息由直觉模糊数表示,记为 $z_{ijr} = (x_{ijr}, [u_{ijr}, v_{ijr}])$,其中 x_{ijr} 表示专家给出的评价值,u_{ijr} 和 v_{ijr} 分别表示评价值的隶属度和非隶属度。在决策中,u_{ijr} 和 v_{ijr} 通常分别用来表示专家对所给出评价信息 x_{ijr} 的确定程度和不确定程度。因此,基于直觉正态云的战场态势评估步骤如下:

Step1:将评价语言转化为直觉正态云。假设评价语言的粒度为 $2g+1$,$H = \{H_i \mid i = -g, \cdots, 0, \cdots, g, g \in N^*\}$ 为评价的语言集,评价的定量论域为 $[X_{\min}, X_{\max}]$,则将语言变量 $H_i \in H$ 转换为对应的直觉正态云模型 $Y_i = (<Ex_i, [u_i, v_i]>, En_i, He_i)$ 的公式为

$$Ex_i = X_{\min} + \theta_i (X_{\max} - X_{\min}) \tag{2.12}$$

$$u_i = 1 \tag{2.13}$$

$$v_i = 0 \tag{2.14}$$

$$\theta_i = \begin{cases} \dfrac{a^g - a^{-i}}{2a^g - 2}, & -g \leqslant i \leqslant 0 \\[2mm] \dfrac{a^g + a^i - 2}{2a^g - 2}, & 0 < i \leqslant g \end{cases} \tag{2.15}$$

$$En_i = \begin{cases} \dfrac{\min(Ex_i - Ex_{i-1}, Ex_{i+1} - Ex_i)}{3}, & |i| = 0, 1, \cdots, g-1 \\[2mm] \dfrac{Ex_i - Ex_{i-1}}{3}, & i = g \\[2mm] \dfrac{Ex_{i+1} - Ex_i}{3}, & i = -g \end{cases} \tag{2.16}$$

$$He_i = \begin{cases} \dfrac{3 \max\limits_i \{En_i\} - (En_{i-1} + En_i + En_{i+1})}{9}, & |i| = 0, 1, \cdots, g-1 \\[2mm] \dfrac{2 \max\limits_i \{En_i\} - (En_{i-1} + En_i)}{6}, & i = g \\[2mm] \dfrac{2 \max\limits_i \{En_i\} - (En_i + En_{i+1})}{6}, & i = -g \end{cases} \tag{2.17}$$

Step2：将专家群体的评价信息转化为直觉正态云。通过所提逆向云发生算法对所有专家给出的每个指标下的评价信息进行集结，得到直觉正态云向量为 $\boldsymbol{Y}=\begin{bmatrix} Y_1 & Y_2 & \cdots & Y_n \end{bmatrix}$，其中向量的每个元素 $Y_j=(<Ex_j,[u_j,v_j]>,En_j,He_j)$ 为当前战场态势在指标 U_j 下的评价值的直觉正态云表现形式。

Step3：指标云的聚合。根据直觉正态云的加权算术平均算子对所有指标下的云模型进行集结，得到战场态势的直觉正态云表现形式为

$$Y_T=(<Ex_T,[u_T,v_T]>,En_T,He_T)=$$

$$(<\sum_{j=1}^{n}w_jEx_j, \quad [\frac{\sum\limits_{j=1}^{n}w_ju_jEx_j}{\sum\limits_{j=1}^{n}w_jEx_j}, \quad \frac{\sum\limits_{j=1}^{n}w_jv_jEx_j}{\sum\limits_{j=1}^{n}w_jEx_j}]>, \quad \sqrt{\sum_{j=1}^{n}w_j^2En_j^{\ 2}},$$

$$\sqrt{\sum_{j=1}^{n}w_j^2He_j^{\ 2}}) \tag{2.18}$$

Step4：计算态势云与语言云的贴近度。态势云 Y_T 与评价语言云 H_i 的贴近度通过云模型之间的距离反映，距离越小说明态势云与该评价语言云的差异性越小，贴近度越大，则态势云 Y_T 与评价语言云 H_i 的贴近度的计算公式为

$$\rho_i=\frac{1}{\sqrt{(\delta_TEx_T-\delta_iEx_i)^2+(En_T-En_i)^2+(\sqrt{En_T^2+He_T^2}-\sqrt{En_i^2+He_i^2}+En_i-En_T)^2}} \tag{2.19}$$

Step5：根据贴近度的最大真值原则得到当前战场态势的评估结果。

基于直觉正态云的战场态势评估流程如图 2.7 所示。

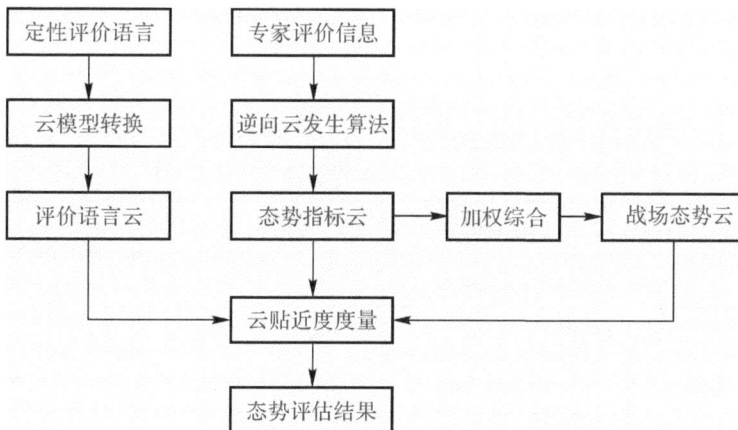

图 2.7　基于直觉正态云的战场态势评估流程

2.3 实验仿真分析

2.3.1 仿真实验

针对 1.8 节中构建的联合防空作战抗敌大规模空袭的仿真验证典型场景，假设对于当前作战场景下联合防空作战应对大规模空袭的战场态势评估问题，有 20 名来自不同领域和军兵种的军事专家参与对当前战场态势的评估，每名专家根据自身知识水平和经验能力对战场态势的评价信息为直觉模糊数，汇总得到战场态势各指标的评价信息如表 2.2 所示。

表 2.2 态势评价信息

D_i	U_1	U_2	U_3	U_4
D_1	$(9.3,[0.8,0.13])$	$(5,[0.75,0.13])$	$(4.8,[0.8,0.12])$	$(7.6,[0.55,0.28])$
D_2	$(9.2,[0.85,0.1])$	$(5.5,[0.65,0.18])$	$(5.6,[0.65,0.18])$	$(6.6,[0.73,0.15])$
D_3	$(9.4,[0.55,0.25])$	$(6.5,[0.5,0.25])$	$(5.4,[0.55,0.2])$	$(5.6,[0.6,0.25])$
D_4	$(9.1,[0.75,0.12])$	$(3.2,[0.43,0.35])$	$(5.3,[0.73,0.15])$	$(7.4,[0.68,0.18])$
D_5	$(8.9,[0.73,0.15])$	$(6,[0.78,0.1])$	$(4.6,[0.82,0.1])$	$(6.3,[0.75,0.12])$
D_6	$(9.3,[0.7,0.18])$	$(5.3,[0.6,0.15])$	$(5.8,[0.6,0.15])$	$(6.9,[0.67,0.18])$
D_7	$(9.7,[0.8,0.1])$	$(5,[0.73,0.13])$	$(3.8,[0.45,0.31])$	$(6.6,[0.85,0.11])$
D_8	$(9.6,[0.8,0.12])$	$(4.3,[0.45,0.2])$	$(5.7,[0.63,0.25])$	$(6.5,[0.72,0.13])$
D_9	$(9.5,[0.6,0.25])$	$(5.1,[0.7,0.13])$	$(3.5,[0.55,0.15])$	$(6.1,[0.8,0.1])$
D_{10}	$(8.9,[0.73,0.13])$	$(5.4,[0.7,0.12])$	$(5,[0.75,0.13])$	$(4.3,[0.51,0.27])$
D_{11}	$(9.8,[0.75,0.12])$	$(4.4,[0.55,0.25])$	$(5.3,[0.7,0.1])$	$(5.7,[0.62,0.15])$
D_{12}	$(8.8,[0.65,0.25])$	$(5.5,[0.85,0.1])$	$(4.2,[0.58,0.27])$	$(7.5,[0.68,0.12])$
D_{13}	$(9.2,[0.68,0.18])$	$(4.3,[0.45,0.35])$	$(4.4,[0.55,0.28])$	$(6.3,[0.75,0.1])$
D_{14}	$(8.9,[0.63,0.17])$	$(3.5,[0.55,0.15])$	$(3.9,[0.67,0.15])$	$(6.7,[0.77,0.13])$
D_{15}	$(9.4,[0.55,0.18])$	$(5.2,[0.75,0.1])$	$(6.2,[0.55,0.13])$	$(6.9,[0.7,0.12])$

续表

D_i	U_1	U_2	U_3	U_4
D_{16}	(9.4,[0.77,0.13])	(4.7,[0.6,0.25])	(5.1,[0.77,0.12])	(6,[0.75,0.15])
D_{17}	(8.8,[0.8,0.1])	(6.1,[0.8,0.1])	(5.1,[0.82,0.13])	(5.6,[0.6,0.18])
D_{18}	(9.5,[0.55,0.28])	(5.4,[0.6,0.18])	(3.7,[0.68,0.23])	(5.7,[0.55,0.27])
D_{19}	(8.7,[0.6,0.15])	(5.2,[0.58,0.25])	(4.8,[0.85,0.11])	(5.3,[0.78,0.12])
D_{20}	(9,[0.73,0.15])	(5.8,[0.7,0.1])	(5.5,[0.72,0.15])	(5.8,[0.7,0.12])
D_i	U_5	U_7	U_7	U_8
D_1	(8.9,[0.67,0.22])	(8.1,[0.73,0.15])	(4.7,[0.6,0.17])	(6.8,[0.65,0.12])
D_2	(7.6,[0.75,0.11])	(6.9,[0.58,0.3])	(3.8,[0.65,0.25])	(4.9,[0.5,0.2])
D_3	(8,[0.81,0.13])	(7.4,[0.85,0.11])	(4,[0.68,0.18])	(6.1,[0.85,0.11])
D_4	(8,[0.8,0.12])	(7.9,[0.75,0.12])	(2.9,[0.75,0.15])	(5.9,[0.77,0.13])
D_5	(6.6,[0.55,0.28])	(7.3,[0.76,0.1])	(3.1,[0.8,0.11])	(6.6,[0.75,0.1])
D_6	(6.4,[0.55,0.18])	(5.4,[0.5,0.27])	(3.7,[0.67,0.15])	(6.5,[0.73,0.15])
D_7	(7.4,[0.59,0.25])	(8.3,[0.62,0.15])	(4.1,[0.55,0.25])	(6.7,[0.78,0.12])
D_8	(9.2,[0.55,0.15])	(9.3,[0.53,0.25])	(3,[0.85,0.12])	(5.8,[0.55,0.27])
D_9	(7.2,[0.72,0.12])	(6.7,[0.67,0.18])	(3.8,[0.57,0.2])	(6.7,[0.76,0.13])
D_{10}	(7.7,[0.78,0.13])	(7.9,[0.77,0.12])	(3.9,[0.73,0.18])	(6.3,[0.85,0.12])
D_{11}	(8,[0.85,0.1])	(8.2,[0.63,0.17])	(2.7,[0.68,0.13])	(6.2,[0.75,0.1])
D_{12}	(7.8,[0.7,0.15])	(8.2,[0.65,0.28])	(3.4,[0.78,0.12])	(6.6,[0.65,0.22])
D_{13}	(8.8,[0.55,0.2])	(6.6,[0.74,0.13])	(3.4,[0.82,0.12])	(6.1,[0.75,0.13])
D_{14}	(8.4,[0.71,0.12])	(8.7,[0.57,0.25])	(3,[0.73,0.13])	(7,[0.65,0.17])
D_{15}	(8.2,[0.77,0.13])	(9.2,[0.55,0.18])	(2.6,[0.63,0.18])	(5.7,[0.58,0.28])
D_{16}	(7.7,[0.78,0.1])	(7.6,[0.78,0.12])	(4.1,[0.55,0.17])	(6.8,[0.67,0.15])
D_{17}	(8.8,[0.57,0.25])	(8.3,[0.65,0.22])	(3.5,[0.67,0.17])	(5.9,[0.68,0.17])
D_{18}	(8.2,[0.68,0.15])	(7.4,[0.85,0.1])	(2.3,[0.6,0.25])	(5.8,[0.75,0.1])
D_{19}	(9.2,[0.55,0.13])	(9,[0.62,0.25])	(3.6,[0.73,0.1])	(6.4,[0.65,0.18])
D_{20}	(8,[0.8,0.11])	(7.4,[0.82,0.11])	(2.3,[0.61,0.23])	(6.9,[0.55,0.32])

根据专家意见和传统经验，设评语等级的语言粒度为 7，得到 $H =$ $\{H_i \mid i = -3, -2, -1, 0, 1, 2, 3\}$，即 H_{-3} 为绝对劣势，H_{-2} 为较大劣势，H_{-1} 为劣势，H_0 为均势，H_1 为优势，H_2 为较大优势，H_3 为绝对优势。首先根据评价语言的云变换方法得到各评价语言云对应的云模型，即 $\{H_{-3}, H_{-2}, H_{-1}, H_0, H_1, H_2, H_3\}$，评价语言云的数字特征和云滴可视化效果分别如表 2.3 和图 2.8 所示。

表 2.3 评价语言云数字特征

H_i	Ex	u^{L}	u^{U}	v^{L}	v^{U}	En	He
H_{-3}	0	1	1	0	0	0.736 6	0.033 2
H_{-2}	2.209 7	1	1	0	0	0.537 6	0.060 3
H_{-1}	3.822 7	1	1	0	0	0.392 4	0.098 6
H_0	5	1	1	0	0	0.392 4	0.114 7
H_1	6.177 3	1	1	0	0	0.392 4	0.098 6
H_2	7.790 3	1	1	0	0	0.537 6	0.060 3
H_3	10	1	1	0	0	0.736 6	0.033 2

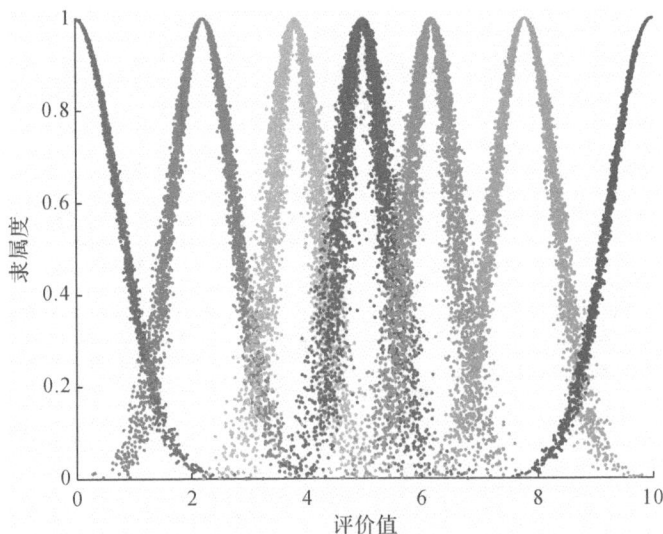

图 2.8 评价语言云的云滴可视化效果

根据式（2.2）～式（2.8）得到战场态势在各指标下的直觉正态云为

$$\begin{cases} Y_1 = (<9.220\ 0, [0.735\ 8, 0.151\ 0]>, 0.338\ 4, 0.103\ 5) \\ Y_2 = (<5.070\ 0, [0.688\ 1, 0.148\ 6]>, 0.772\ 0, 0.289\ 9) \\ Y_3 = (<4.885\ 0, [0.750\ 0, 0.140\ 4]>, 0.785\ 2, 0.179\ 0) \\ Y_4 = (<6.270\ 0, [0.738\ 1, 0.123\ 8]>, 0.793\ 3, 0.169\ 1) \\ Y_5 = (<8.005\ 0, [0.809\ 9, 0.116\ 5]>, 0.709\ 4, 0.285\ 5) \\ Y_6 = (<7.790\ 0, [0.731\ 3, 0.147\ 6]>, 0.928\ 7, 0.228\ 3) \\ Y_7 = (<3.395\ 0, [0.788\ 7, 0.124\ 2]>, 0.659\ 2, 0.127\ 3) \\ Y_8 = (<6.285\ 0, [0.781\ 7, 0.134\ 4]>, 0.522\ 0, 0.052\ 2) \end{cases}$$

然而,各评估指标在战场态势中的重要性程度是不同的,假设态势评估指标重要性的权重向量为

$$w = [0.14 \quad 0.12 \quad 0.11 \quad 0.13 \quad 0.12 \quad 0.15 \quad 0.13 \quad 0.1]^{\mathrm{T}}$$

则根据式(2.18)对指标云进行加权聚合,得到战场态势的直觉正态云表现形式为

$$Y_T = (<6.450\ 6, [0.751\ 1, 0.137\ 2]>, 0.256\ 2, 0.070\ 3)$$

各指标云和态势云的云滴可视化效果如图 2.9 所示。

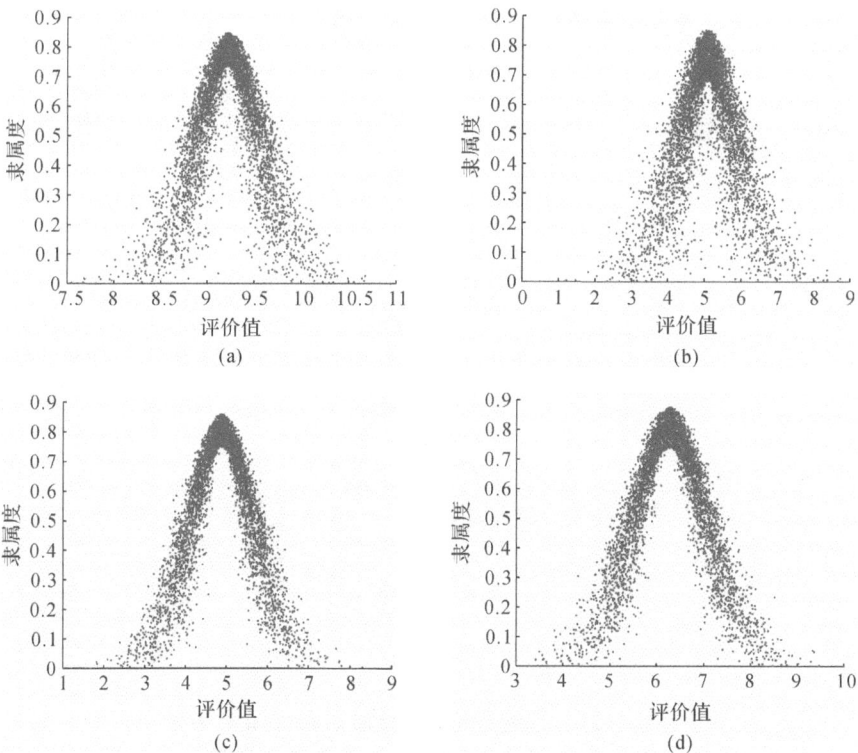

图 2.9 指标云和态势云的云滴可视化效果

(a) U_1 的云滴可视化效果;(b) U_2 的云滴可视化效果;
(c) U_3 的云滴可视化效果;(d) U_4 的云滴可视化效果

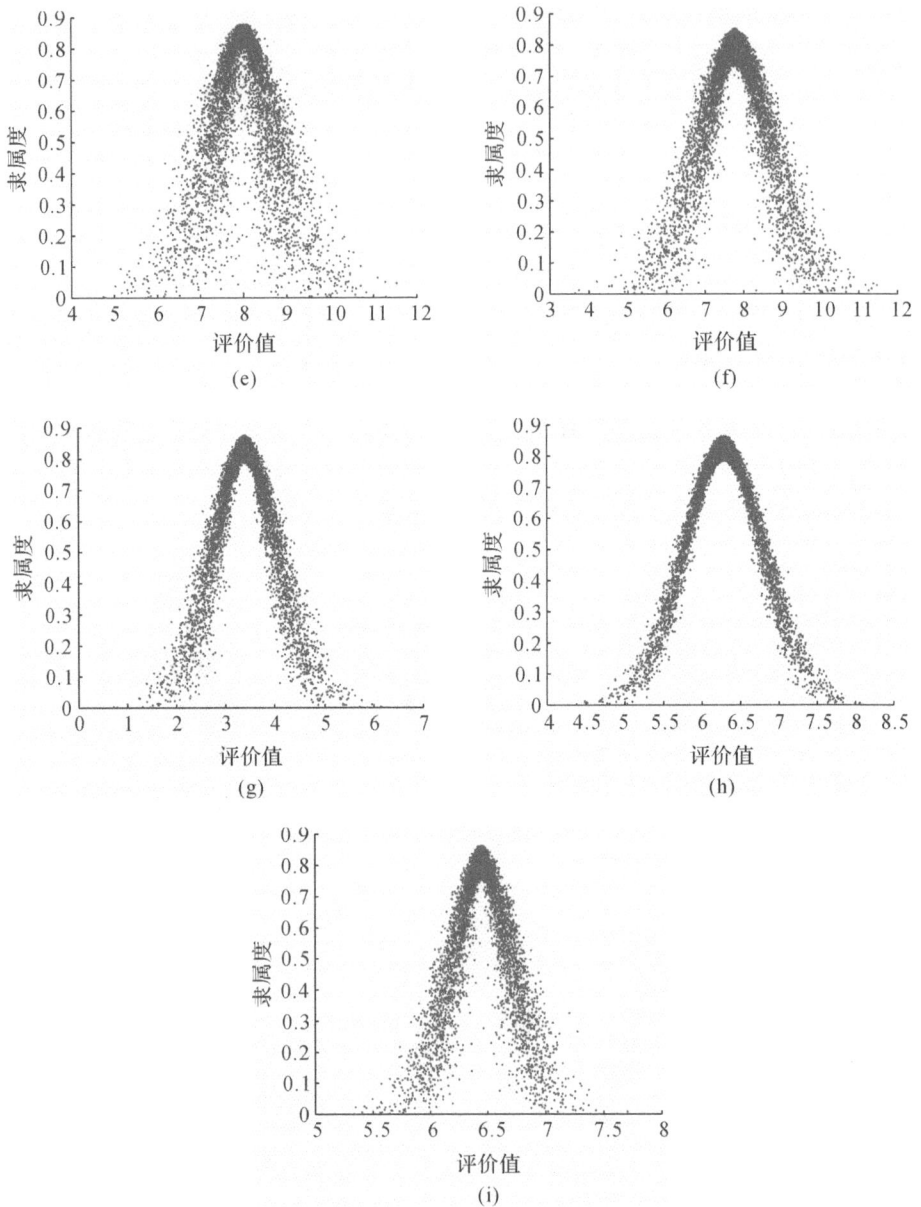

续图 2.9　指标云和态势云的云滴可视化效果

(e) U_5 的云滴可视化效果；(f) U_6 的云滴可视化效果；

(g) U_7 的云滴可视化效果；(h) U_8 的云滴可视化效果；

(i) 态势云的云滴可视化效果

根据式(2.19)分别计算各指标云、态势云和评价语言云的贴近度,所得结果如表 2.4 所示,态势评估结果如图 2.10 所示。

表 2.4　态势云与评价语言云的贴近度

U_i 和 ICWAA_w	H_{-3}	H_{-2}	H_{-1}	H_0	H_1	H_2	H_3
U_1	0.142 0	0.207 2	0.311 6	0.492 0	1.168 0	1.275 0	0.333 9
U_2	0.269 5	0.657 9	2.513 5	0.743 7	0.400 6	0.244 7	0.159 0
U_3	0.264 2	0.627 3	2.533 3	0.782 8	0.412 4	0.249 2	0.160 9
U_4	0.207 1	0.380 2	0.924 6	2.290 5	0.710 0	0.336 2	0.193 3
U_5	0.151 8	0.228 2	0.359 3	0.617 5	1.922 1	0.822 3	0.2930
U_6	0.168 7	0.267 8	0.461 3	0.936 8	1.684 2	0.524 1	0.245 0
U_7	0.365 5	1.854 0	0.893 0	0.438 5	0.289 6	0.197 8	0.137 6
U_8	0.199 1	0.355 9	0.830 6	7.590 8	0.858 1	0.360 9	0.200 6
ICWAA_w	0.198 8	0.355 8	0.839 3	7.324 6	0.848 3	0.357 4	0.199 3

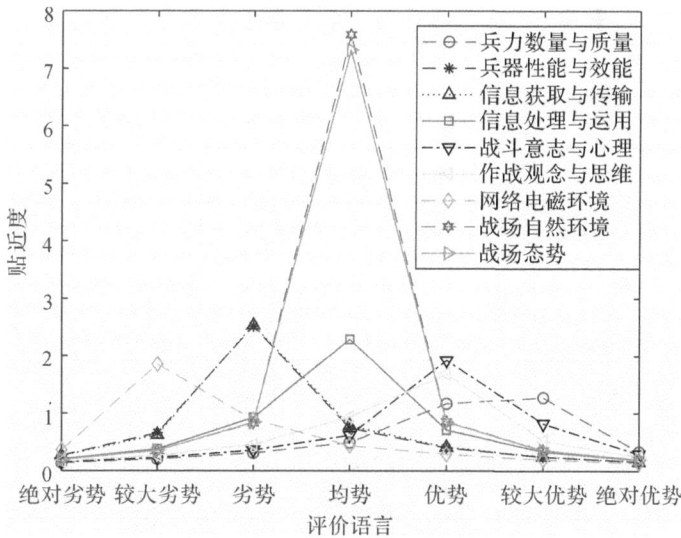

图 2.10　态势评估结果

可以看出,根据最大真值原则可以得到当前战场态势的评估结果为整体均势,但各态势评估指标的评估结果有所不同。其中,兵力数量与质量处于较大优势,战斗意志与心理以及作战观念与思维处于优势,信息处理与运用以及战场自然环境处于均势,兵器性能与效能以及信息获取与传输方面处于劣势,网络电磁环境处于较大劣势;同时结合当前我方部队报告发现多数雷达等电子设备无法发挥正常效能且网络出现延迟这一战场事件,可以推断当前战场态势为遭敌电磁干扰和网络攻击而处于局部劣势的状态,进而导致兵器性能与效能有所削弱,信息获取与传输受到影响,网电对抗处于被动。这与战场实际情况相符,说明所提方法能够有效反映当前战场态势的状态。另外,在后续的威胁评估过程中应更加侧重于网电信息带来的威胁并加强对电子对抗类飞机的打击。

2.3.2　结果分析

仿真实验证明了所提的态势评估方法能够实现对当前战场总体态势及各态势影响要素的准确描述,为了进一步分析所提方法是否能够反映战场态势的动态变化,假设在当前的战场实际中,在下一时间段我方实施了反干扰作战,则会对战场态势的各要素造成不同的影响,进而形成新的战场态势评估结果。为了判断我方反干扰作战对战场态势的影响,经过对新的态势评价信息的处理,得到的实施反干扰作战后的态势指标云的数字特征如表 2.5 所示。

表 2.5　反干扰作战下态势指标云的数字特征

U_i	Ex	u	v	En	He
U_1	9.314 2	0.677 0	0.152 5	0.476 3	0.149 7
U_2	5.263 8	0.669 9	0.187 4	0.861 4	0.367 0
U_3	7.257 1	0.793 2	0.112 3	0.695 5	0.192 6
U_4	6.767 1	0.726 4	0.129 6	0.714 3	0.235 9
U_5	8.005 0	0.686 6	0.146 9	0.717 9	0.287 5
U_6	7.924 1	0.730 8	0.172 4	0.748 5	0.351 1
U_7	8.756 5	0.790 2	0.116 7	0.820 3	0.167 1
U_8	6.285 0	0.695 6	0.153 2	0.534 2	0.059 9

通过加权聚合得到态势云的数字特征为

$$Y_T = (< 7.529\ 7, [0.722\ 9, 0.145\ 6] >, 0.252\ 7, 0.090\ 8)$$

得到态势云与评价语言云的贴近度如表 2.6 所示。

表 2.6　反干扰作战下态势云与评价语言云的贴近度

U_i 和 ICWAA$_w$	H_{-3}	H_{-2}	H_{-1}	H_0	H_1	H_2	H_3
U_1	0.148 2	0.220 5	0.342 2	0.572 7	1.745 4	0.953 9	0.306 1
U_2	0.266 9	0.637 4	2.084 2	0.744 8	0.403 3	0.246 3	0.159 8
U_3	0.169 9	0.271 8	0.479 5	1.067 9	2.377 1	0.523 3	0.243 1
U_4	0.194 2	0.339 6	0.732 7	2.815 1	0.927 5	0.377 7	0.206 1
U_5	0.170 8	0.274 0	0.485 9	1.092 8	2.171 2	0.514 1	0.241 2
U_6	0.167 2	0.264 8	0.457 3	0.958 1	2.422 4	0.548 0	0.248 7
U_7	0.141 3	0.205 2	0.304 8	0.471 8	1.004 8	1.301 3	0.341 8
U_8	0.216 1	0.414 3	1.230 1	2.482 1	0.640 8	0.315 7	0.185 8
ICWAA$_w$	0.175 2	0.286 7	0.535 3	1.429 0	1.956 7	0.470 8	0.230 3

由表 2.6 可以看出,根据最大真值原则可以得到实施反干扰作战后战场态势的评估结果为优势,同时各态势影响要素的评估结果也有所变化。其中,兵器性能与效能处于劣势,信息处理与运用以及战场自然环境处于均势,兵力数量与质量、信息获取与传输、战斗意志与心理以及作战观念与思维处于优势,网络电磁环境处于较大优势。反干扰作战对战场态势的影响如图 2.11 所示。

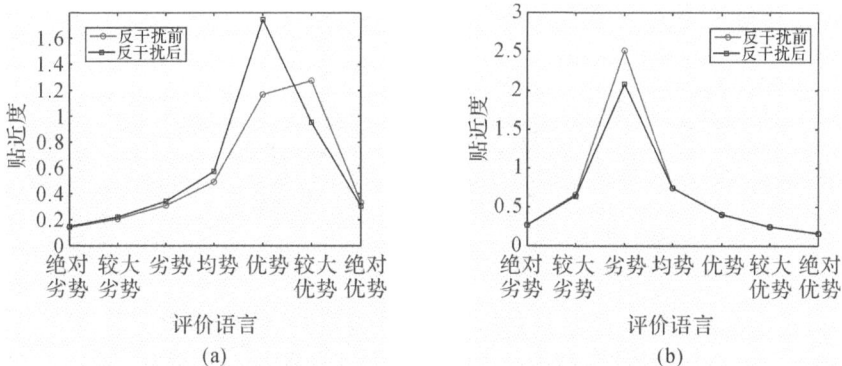

图 2.11　反干扰作战对战场态势及各指标的影响

(a)反干扰作战对 U_1 的影响;(b)反干扰作战对 U_2 的影响

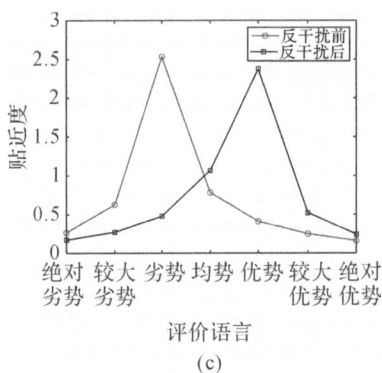

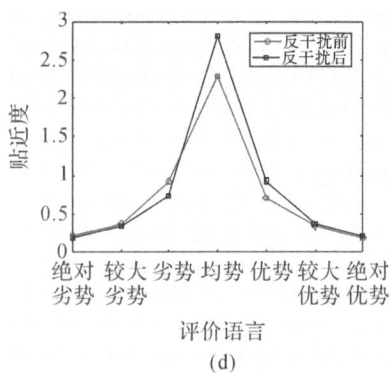

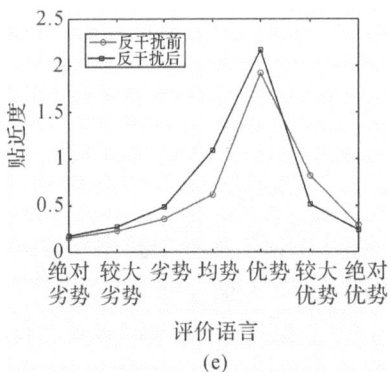

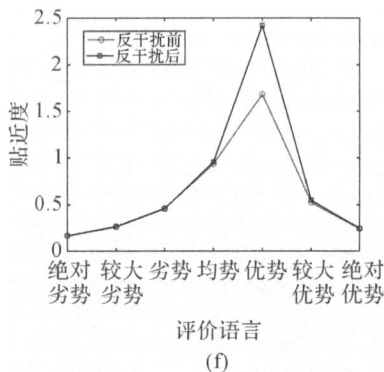

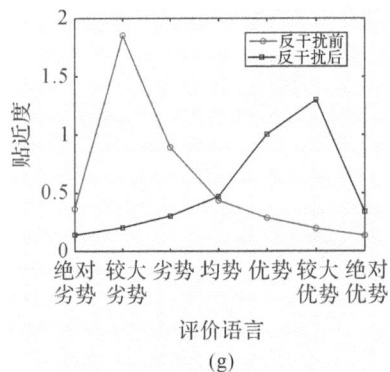

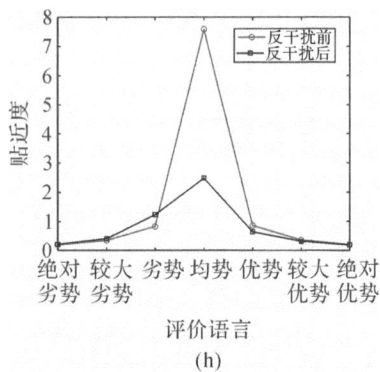

续图 2.11　反干扰作战对战场态势及各指标的影响
(c)反干扰作战对 U_3 的影响;(d)反干扰作战对 U_4 的影响;
(e)反干扰作战对 U_5 的影响;(f)反干扰作战对 U_6 的影响;
(g)反干扰作战对 U_7 的影响;(h)反干扰作战对 U_8 的影响

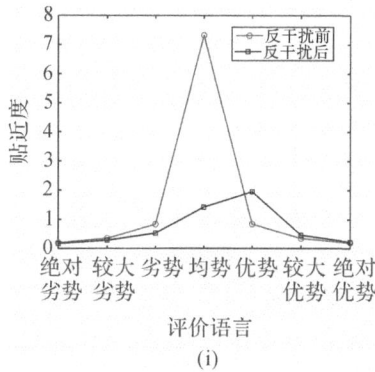

续图 2.11 反干扰作战对战场态势及各指标的影响

(i)反干扰作战对态势的影响

分析图 2.11 可以发现：反干扰作战使得信息获取传输由劣势转为优势，网络电磁环境由较大劣势转为较大优势，这是由于反干扰作战削弱了敌方电磁干扰的效果，与战场实际相符；同时，兵器性能与效能虽然仍处于劣势，但劣势程度有所减小，这是由于反干扰作战降低了敌电磁干扰对兵器性能的影响；而作战观念与思维虽然仍处于优势，但优势程度有所增大。此外，兵力数量与质量从较大优势变为优势；战斗意志与心理几乎没有变化，仍然处于优势状态；战场自然环境方面同样处于均势；没有变化。这说明，实施反干扰作战能够减小我方在信息要素和环境要素方面的劣势，使得联合防空作战应对大规模空袭的战场态势从遭敌电磁干扰而形成的局部劣势转化为反干扰作战而形成的整体优势，为下一步的作战决策提供了科学的参考依据。同时，实验仿真结果也证明了所提的态势评估方法不仅能够细腻地反映当前战场态势的情况，还能准确反映战场态势随着作战进程演进而产生的变化，进一步验证了评估方法的有效性。

2.4 本章小结

针对联合防空作战应对大规模空袭的战场态势评估问题，本章针对联合防空作战应对大规模空袭的战场态势信息兼具模糊性和随机性以及战场态势评估中的专家群体规模大的实际特点，提出了一种基于直觉正态云的战场态势评估方法。所提方法的基本思路是，通过逆向云算法将多名专家给出的直觉模糊评价信息转化为直觉正态云，然后通过计算直觉正态云之间的距离来反映战场态势及各指标与语言性评价术语的贴近度，最终得到战场态势评估结果。

(1)所设计的基于直觉模糊数的逆向云算法拓展了传统逆向云算法的应用范围,能够处理更加不确定的样本数据,得到的云数字特征具有较高的精度。在联合防空作战应对大规模空袭的战场态势评估过程中能够充分考虑战场信息的模糊性和随机性,为集结大规模评估专家给出的高度不确定评价信息提供了一种有效的解决方式。

(2)所提直觉正态云的距离度量能够充分考虑直觉正态云的数字特征重要性,能够满足距离度量的有关性质,能够有效反映直觉正态云之间的差异,同时对于直觉正态云环境下的多属性决策问题也具有较好的适应性。

(3)所提方法得到的战场态势评估结果不仅可以反映联合防空作战应对大规模空袭的战场态势总体情况,同时可以反映各态势指标的评估结果,还能反映战场事件和作战进程对战场态势的影响,实现了对联合防空作战应对大规模空袭的战场态势及其变化更加精确的描述,为后续的威胁评估研究提供了科学依据和有效支撑。

第3章 基于战场态势变权的空中集群威胁评估

在战场态势评估的基础上,本章提出基于战场态势变权的空中集群威胁评估方法。首先从作战能力角度出发建立空中集群威胁评估指标体系,同时基于知识图谱构建"单机→编队→集群"的层次聚合模型对评估指标进行量化;然后通过主客观博弈组合确定指标常权,并通过战场态势对指标权重进行变权处理;最后针对灰色关联分析和 TOPSIS 逼近理想解排序法评估结果不一致以及传统评估方法没有考虑决策者心理因素的问题,构建基于后悔理论改进灰色 TOPSIS 法的空中集群威胁评估模型。

3.1 空中集群威胁评估指标的确定与量化

3.1.1 空中集群威胁指标体系建立

强敌在实施大规模空袭作战时,为便于指挥和协同,并最大限度地发挥大规模空袭兵器的整体作战效能,常通过不同机种或机型的有人机、无人机组成的空中集群实施空袭打击,集群作战已成为大规模空袭的主要作战运用形式。

影响空中集群威胁度的因素有很多,考虑所有的影响因素构建指标体系显然不现实,而指标过少,则难以全面反映集群威胁程度,因此合理选取空中集群威胁评估指标对于评估结果十分重要。根据大规模空袭作战中空中集群的作战运用特点,对于空中集群的威胁评估主要从能力角度出发,即考虑空中集群的各方面能力能够对我方产生的威胁程度。空中集群的作战能力越强,其对防空方的抗击效能影响越大,具有的威胁程度越高。因此,为了充分反映空中集群的威胁程度,选取火力打击能力、指控信息能力、战场机动能力、生存防护能力、综合保障能力等作为空中集群威胁评估的指标,建立空中集群威胁指标体系,如图

3.1 所示。

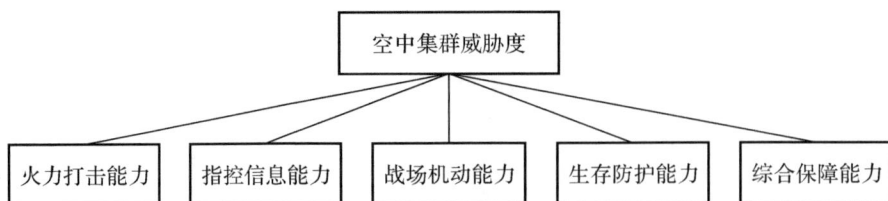

图 3.1　集群威胁指标体系

（1）火力打击能力，反映了空中集群中各类飞机使用弹药对我方目标实施打击所产生的杀伤和破坏力从而造成的威胁。空中集群的火力打击能力越强，对保卫目标的杀伤和破坏力越大，威胁程度越高。

（2）指控信息能力，反映了空中集群在作战中对我方目标的信息获取、信息处理和信息攻击所造成的威胁程度。指控信息能力越强，空防对抗中的信息优势越明显，威胁程度越高。

（3）战场机动能力，反映了空中集群中各类飞机的机动性能对防空系统拦截难度的影响，战场机动能力越强，对目标的拦截抗击成功率越小，目标突防和逃生的概率越大，目标完成打击任务的概率越大，威胁程度越高。

（4）生存防护能力，反映了空中集群中各类飞机通过弹药和装甲对于来袭兵器的硬防护能力和通过电磁和隐身形成的软防护能力。生存防护能力越强，防空武器系统对目标的抗击效能越低，威胁程度越高。

（5）综合保障能力，反映了空中集群能够持续作战、有效遂行作战任务的能力。综合保障能力越强，飞机的续航能力越强、作战半径越大和打击能力越强，威胁程度越高。

根据上述分析可以发现，选取的评估指标能够较为全面地反映空中集群的威胁程度，且满足指标选取的独立性、完整性、互斥性等原则，说明构建的指标体系是合理的。

3.1.2　空中集群威胁指标量化模型

在空袭作战中，空中集群是由受同一指挥并保持联系的若干个不同功能、作用和种类的空中编队、单机组成的作战群体，通常以预警指挥机或战斗机作为指挥核心，以挂载精导武器的歼击机或无人攻击机作为掩护兵力，配以有人或无人的电子侦察机、电子干扰机、运输机和加油机提供保障，进而通过歼轰机和轰炸机等突击类兵器实现空袭打击。本章根据大规模空袭作战实际和空中集群的构成特点,将空中集群分为单机、编队和集群 3 个层次,同时基于目标知识图谱构建从单机到集群的层次聚合威胁指标量化模型,进而得到集群的威胁属性值。

3.1.2.1　单机威胁度

对于单机的威胁度可通过作战效能进行反映,根据离散信源与武器装备的相似性原理,可以使用作战概率度量武器装备的作战效能。武器装备达成某一作战效果的概率越大,则该作战效果对应的作战效能也越大,对应的威胁程度也越高。因此,类比自信息模型构建单架飞机的威胁度模型为

$$I_{a_j} = -\ln[1 - P(a_j)] \tag{3.1}$$

式中:I_{a_j} 表示单架飞机在第 j 个指标下的威胁度;$P(a_j)$ 表示单架飞机取得该指标下作战效果的概率。火力打击能力中 P 一般通过飞机的命中毁伤概率表示;指控信息能力中 P 一般指飞机间的指挥控制和信息通信的准确率;生存防护能力中 P 一般指生存概率和防护概率;战场机动能力中 P 指突防概率和逃生概率;综合保障能力中 P 则按照续航能力进行计算。

3.1.2.2　编队威胁度

根据大规模空袭作战实际,编队就是由同种类型的飞机按照规定的要求组成的空中作战群体。通常将空中集群中的同类飞机作为一个编队进行处理,由于编队内飞机类型相同且规模不大,因此其威胁度可以近似通过线性叠加的方式得到。其线性叠加公式为

$$I_{ij} = N_i \cdot I_{a_j} \tag{3.2}$$

式中:I_{ij} 为第 i 类飞机在第 j 个评估指标下的威胁度;N_i 为编队中第 i 类飞机的数量。

3.1.2.3　集群威胁度

一个空中集群往往由多个编队所组成,不同编队包含的飞机类型不同,因此对指标威胁值的重要性不同。例如,轰炸机编队和电子干扰机编队由于作战强度和作战效果不同对于火力打击能力的贡献度不同,对于威胁度的贡献度也不一致,且聚合函数需要满足连续性假设、边缘递减效应和量纲一致性的要求,而线性相加不满足此类情况,因此采用幂指数模型将不同编队的威胁度进行聚合,得到集群威胁度的计算公式为

$$E_j = K \prod_{i=1}^{m} I_{ij}^{a_{ij}} \tag{3.3}$$

式中:K 为一致性调整系数,起着调整数量级的作用;E_j 为空中集群在第 j 个指标的威胁度;m 为集群中编队数量;α_{ij} 为作战强度幂指数,反映第 i 个编队对于第 j 个指标的贡献度。

关于作战强度幂指数 α_{ij} 的计算，由于影响各作战能力的参数相互独立且具有可比性，为了避免各参数数值和单位交互所带来的计算困难，本章采用相对指数法对飞机的作战强度指数进行计算。以 F16C 飞机的各项参数为标准值，将其他飞机的各项参数与其相比，得到该指标相对于 F16C 的相对强度指数 C_{ij}，最后通过归一化得到作战强度幂指数 α_{ij}，其中各参数基于空袭目标的知识图谱得到，空袭目标知识图谱如图 3.2 所示。

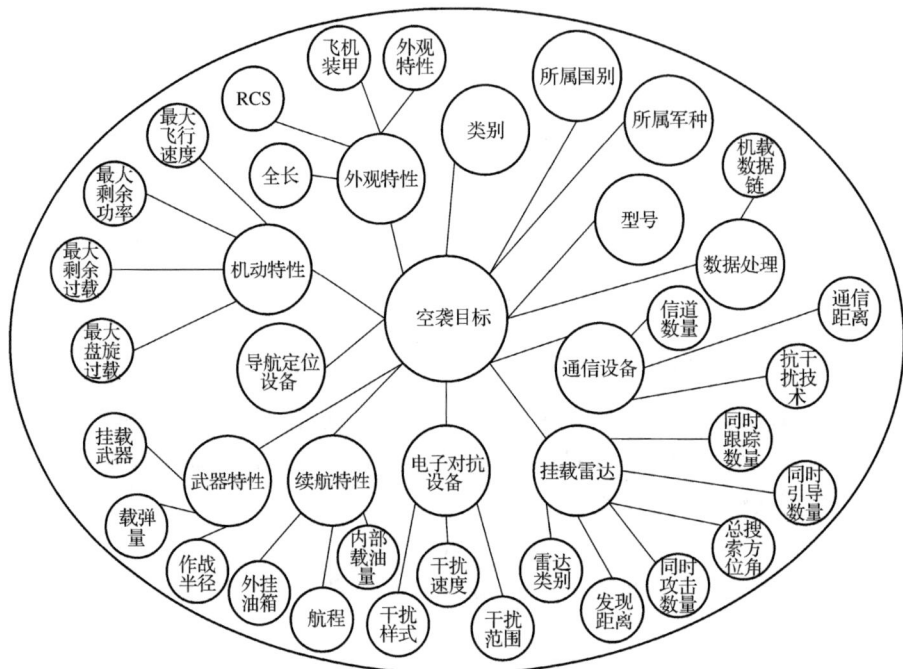

图 3.2　目标知识图谱

（1）火力打击 C_H 通过载弹量、作战半径和挂载武器方案来反映。其相对强度指数计算公式为

$$C_H = \frac{W_B}{7\,800} \times \frac{R_Z}{1\,371} \times \left[\frac{\sum (K_i \times n_i)}{\sum n_i} + 1 \right] \quad (3.4)$$

式中：W_B 为载弹量（kg）；R_Z 为作战半径（km）；K_i 为第 i 类挂载武器种类修正系数，其取值准则为制导航空炸弹取 0.9，制导空地炸弹取 0.8，反辐射弹取 0.7，普通炸弹取 0.5；n_i 为第 i 类挂载武器的数量。

（2）指控信息 C_Z 由电子对抗 A_D、侦察探测 A_T、导航定位 A_H 和通信传输 A_X 等 4 个方面组成，且不同方面对指控信息能力的贡献度不同，其相对强度指

数计算公式为

$$C_Z = A_D^{\lambda_1} \times A_T^{\lambda_2} \times A_H^{\lambda_3} \times A_Z^{\lambda_4} \tag{3.5}$$

式中：$\lambda_1 = 0.3, \lambda_2 = 0.2, \lambda_3 = 0.2, \lambda_4 = 0.3$，为幂指数，代表各方面对指控信息能力的贡献度。

由于飞机的电子对抗系统比较复杂，且出于保密的原因很难对其进行精确的量化估计，所以可以根据飞机所携带的主要电子对抗设备的类别和效能进行粗略估计，如表 3.1 所示。

表 3.1　电子对抗设备的相对强度指数

电子对抗设备	相对强度指数
雷达告警设备	0.2
有源干扰系统	0.2
无源干扰器材	0.15
光电对抗装备	0.2
拖曳式诱饵	0.1

根据飞机所携带的电子对抗设备组成可以综合得到电子对抗相对强度指数，如电子对抗设备组成为雷达告警、有源干扰系统和拖曳式诱饵，则其电子对抗相对强度指数为 0.5。

侦察探测通过机载雷达类别、雷达发现距离、总搜索方位角、同时跟踪目标数和同时攻击目标数（火控雷达）或同时引导目标数（预警雷达）反映，其相对强度指数计算公式为

$$A_T = \left(\frac{S_T}{74}\right)^2 \times \frac{\theta}{120} \times K_T \times \sqrt{\frac{m_1}{10} \times \frac{m_2}{4}} \tag{3.6}$$

式中：S_T 为雷达发现距离（km）；θ 为总搜索方位角（°）；m_1 为同时跟踪目标数；m_2 为同时攻击（火控雷达）或同时引导（预警雷达）目标数；$K_T \in [0,1]$ 为雷达体制衡量系数，根据雷达类别决定，表示雷达性能强弱，雷达性能越强则取值越大。

导航定位系统与电子对抗系统类似，同样难以对其进行精确的量化估计，因此根据飞机所携带的导航定位设备的类别进行粗略估计，然后根据飞机所携带的导航定位设备组成可以综合得到导航定位相对强度指数。导航定位设备相对强度指数的量化如表 3.2 所示。

表 3.2 导航定位设备的相对强度指数

导航定位设备	相对强度指数
GPS 全球定位系统接收机	0.2
塔康战术导航或类似系统	0.2
多普勒导航	0.15
红外目标指示系统	0.2
无线电罗盘和高度表	0.1
惯性导航系统	0.15

通信传输能力主要通过信道数量、通信距离、通信抗干扰能力和数据交联水平反映,其相对强度计算公式为

$$A_{\mathrm{X}} = K_{\mathrm{J}} \times \sqrt{K_{\mathrm{X}} \times \frac{N_{\mathrm{X}}}{7\,000} \times \frac{S_{\mathrm{X}}}{555}} \tag{3.7}$$

式中:N_{X} 为信道数量;S_{X} 为通信距离(km);K_{X} 为通信抗干扰能力系数,主要由所采取的抗干扰技术决定,将序列扩频、调频、过载保护、纠错和功率控制等抗干扰技术的基本系数设定为 0.1,则飞机的抗干扰能力系数等于所采用的抗干扰技术基本系数的综合。数据交联水平主要体现飞机的数据传输和处理能力,由所装备的机载数据链类型决定。

(3)战场机动 C_{J} 主要通过最大使用过载、最大盘旋过载、最大重力剩余功率和最大速度反映,其相对强度指数计算公式为

$$C_{\mathrm{J}} = \frac{1}{9} \sqrt{\eta_{y\mathrm{max}} \times \eta_{yp}} \times \frac{\mathrm{SEP}}{300} \times \frac{V_{\mathrm{max}}}{1.95} \tag{3.8}$$

式中:$\eta_{y\mathrm{max}}$ 为最大使用过载(g);η_{yp} 为最大盘旋过载(g);SEP 为最大重力剩余功率(m/s);V_{max} 为最大飞行速度(Ma)。

(4)生存防护 C_{S} 由火力防护和隐身两方面能力组成,其相对强度指数计算公式为

$$C_{\mathrm{S}} = A_{\mathrm{F}}^{0.4} \times A_{\mathrm{Y}}^{0.6} \tag{3.9}$$

式中:$A_{\mathrm{F}} \in [0,1]$ 表示火力防护能力,主要与飞机的装甲情况有关,装甲覆盖面积越大取值越高;A_{Y} 表示隐身能力,主要通过飞机的翼展、全长和雷达反射截面积 RCS 反映,其计算公式为

$$A_{\mathrm{Y}} = \sqrt{\frac{10}{L_{\mathrm{Z}}} \times \frac{15}{L_{\mathrm{Q}}} \times \frac{5}{\mathrm{RCS}}} \tag{3.10}$$

式中：L_Z 为翼展(m)；L_Q 为全长(m)；RCS 为飞机的雷达反射截面积(m^2)。

(5)综合保障 C_B 主要通过航程、内部载油量和外挂油箱反映，其相对强度指数计算公式为

$$C_B = \frac{R_H}{3\ 819} \times \frac{Y_Z + 3.8Y_W}{3\ 986} \tag{3.11}$$

式中：R_H 为航程(km)；Y_Z 为内部载油量(L)；Y_W 为外挂油箱的载油容量(gal，$1\ gal \approx 3.785\ L$)。

归一化得到作战强度幂指数为

$$\alpha_{ij} = \frac{C_{ij}}{\sum\limits_{i=1}^{m} C_{ij}} \tag{3.12}$$

式中：C_{ij} 为第 i 个编队的相对作战强度指数；m 为集群内编队的数量。

在大规模空袭中，空中集群往往是由多军兵种的不同类型飞机所组成，编队内和编队间都是通过协同遂行各种作战任务，飞机编队的作战能力会受到部署方式和协同能力的影响，因此对于空中集群威胁度的聚合不能简单地相加或相乘，需要引入协同系数进行修正。协同系数作为联合作战中编队空间及作战力量规模一定的情况下反映编队内和编队间协同能力的数量表示，对于空中集群的作战能力和威胁程度有着直接的影响，其计算公式为

$$\rho = \left[\prod_{j=1}^{n} \left(\sum_{i=1}^{m} \lambda_i \frac{e_{ij} - \beta_{ij}}{\gamma_{ij} - \beta_{ij}} \right)^2 \right]^{\frac{1}{n}} \tag{3.13}$$

式中：e_{ij} 为第 i 个编队的第 j 项协同度值，包括编队的火力协同、时间协同、空间协同和信息协同等；γ_{ij} 和 β_{ij} 分别表示 e_{ij} 的最大值和最小值；λ_i 为第 i 个编队在空中集群的权重。

通过协同系数修正得到最终的空中集群指标威胁量化值为

$$Z_j = \rho \cdot E_j \tag{3.14}$$

3.2　基于战场态势变权的指标权重

主观法和客观法是两类常用的指标赋权方法。其中：以层次分析(AHP)法为主的主观赋权法主要依托专家给出的判断矩阵进行指标赋权，但受主观因素影响较大；以熵权法为主的客观赋权法所得指标权值主要由客观数据中包含的分辨信息所决定，但受数据波动的影响较大。为了使赋权结果更加合理，针对 AHP 法存在受专家主观因素影响较大的不足，采用灰色关联分析和系统聚类的

方法分别对专家的经验能力和给定问题的认识度进行评估,通过专家权重对AHP法进行改进,针对熵权法仅考虑指标内部信息的差异性而忽略了指标之间相关性的不足,引入余弦相似度对熵权法进行改进;然后采用博弈论的思想将主客观权重进行综合得到指标常权权重。此外,空中集群作为战场态势的载体,其威胁影响因素的重要性应随着战场态势的特点和变化而不断改变,因此需要根据战场态势情况对指标权重进行动态调整,才能更加符合战场实际。

3.2.1 变权基本理论

变权理论是由汪培庄教授提出的一种权重变化理论,该理论认为指标权重应该根据属性状态值的不同而发生改变。基于变权思想,通过战场态势的不同对相应指标权重进行惩罚和激励变权能够在威胁评估过程中反映复杂多变的战场态势,增强威胁评估的合理性和科学性。变权理论的定义为:

假设目标状态向量为 $X = \begin{bmatrix} x_1 & x_2 & \cdots & x_n \end{bmatrix}^T$,常权向量为 $W = \begin{bmatrix} w_1 & w_2 & \cdots & w_n \end{bmatrix}^T$,变权向量可看作 X 与权系数向量的函数 $w_i(x)$,满足:

(1)归一性,各个权重值 $w_i(x)$ 之和等于 1。

(2)连续性,$w_i(x)$ 关于每个状态变量连续。

(3)激励性,$w_i(x)$ 关于 x_i 单调递增。

(4)惩罚性,$w_i(x)$ 关于 x_i 单调递减。

其中:满足(1)~(3)即为激励性变权;若满足(1)(2)(4)则为惩罚性变权。

3.2.2 基于聚类 AHP 法的主观权重确定方法

在实际威胁评估中,对于主观权重的确定往往采取多名专家共同参与的方式,但不同专家的主观经验不同,知识能力不同以及对给定问题的认识程度也不同,专家赋权结果往往有所差异。因此,为了得到更加合理的主观权重,首先在给定标准场景和测试向量的条件下,通过计算专家评估结果与测试向量的贴近度来反映专家的经验能力水平,然后对专家得到的指标权重向量进行聚类分析来反映专家对给定威胁评估问题的认识程度,综合得到每名专家的权重系数,最后将专家权重系数与主观权向量进行结合得到最终的主观权重。

3.2.2.1 确定专家能力权重

对于专家能力权重的计算,通过计算灰色关联系数来评估不同专家在标准场景下得到的权重向量与标准测试向量之间的贴近度,进而对专家经验能力进行评估。贴近度越小表示该专家的经验和能力水平相对较低,在融合多名专家的赋权结果时应当赋予较小的权重,反之则赋予较大的权重。具体步骤如下。

Step1:确定分析序列。

设给定场景的测试向量构成参考序列 X_0,共有 s 名专家参与评估,各专家给出的结果向量构成比较序列 $X_i(i=1,2,\cdots,s)$,则 $s+1$ 个向量构成的矩阵为

$$\begin{bmatrix} \boldsymbol{X}_0 & \boldsymbol{X}_1 & \cdots & \boldsymbol{X}_s \end{bmatrix} = \begin{bmatrix} x_0(1) & x_1(1) & \cdots & x_s(1) \\ x_0(2) & x_1(2) & \cdots & x_s(2) \\ \vdots & \vdots & & \vdots \\ x_0(N) & x_1(N) & \cdots & x_s(N) \end{bmatrix}$$

Step2:求最大差和最小差。

计算绝对差值矩阵为

$$\boldsymbol{D} = \begin{bmatrix} d_{01}(1) & d_{02}(1) & \cdots & d_{0s}(1) \\ d_{01}(2) & d_{02}(2) & \cdots & d_{0s}(2) \\ \vdots & \vdots & & \vdots \\ d_{01}(N) & d_{02}(N) & \cdots & d_{0s}(N) \end{bmatrix}$$

式中:$d_{0i}(k) = \left| x_0(k) - x_i(k) \right|$。

得到的最大差值为

$$d(\max) = \max \{ d_{0i}(k) \}, 1 \leqslant i \leqslant s, 1 \leqslant k \leqslant N \tag{3.15}$$

得到的最小差值为

$$d(\min) = \min \{ d_{0i}(k) \}, 1 \leqslant i \leqslant s, 1 \leqslant k \leqslant N \tag{3.16}$$

Step3:计算关联系数和贴近度。

关联系数为

$$\tau_{0i}(k) = \frac{d(\min) + \rho d(\max)}{d_{0i}(k) + d(\max)} \tag{3.17}$$

式中:ρ 为分辨系数,通常取 0.5。

不同专家得到的向量与测试向量的贴近度通过关联系数得到,贴近度的计算公式为

$$r_{0i} = \frac{1}{N} \sum_{k=1}^{N} \tau_{0i}(k) \tag{3.18}$$

Step4:确定专家能力权重。

根据贴近度得到第 k 位专家的能力权重为

$$\gamma_k = \frac{r_{0i}}{\sum_{i=1}^{s} r_{0i}} \tag{3.19}$$

3.2.2.2 确定专家聚类权重

为了体现不同专家对于给定威胁评估问题的认识和理解程度的差异,采用系统聚类的方法对专家的指标权重向量进行分析。同一类的专家数量越多,则说明该类专家对于该问题的评估结果更权威和可靠,应赋予较大的权重;对于同一类别内专家,判断矩阵的一致性越高,表明专家具有更强的逻辑性,在同一类别的专家中应赋予更大的权重。具体步骤如下。

Step1:构建判断矩阵。

设评价指标为 n 个,参加评价的专家有 s 个,第 k 位专家对于某一指标给出的判断矩阵为

$$A_k = \begin{bmatrix} a_{11}^k & a_{12}^k & \cdots & a_{1n}^k \\ a_{21}^k & a_{22}^k & \cdots & a_{2n}^k \\ \vdots & \vdots & & \vdots \\ a_{n1}^k & a_{n2}^k & \cdots & a_{nn}^k \end{bmatrix}$$

由第 k 位专家的判断矩阵求出的指标排序向量为

$$U_k = \begin{bmatrix} u_{1k} & u_{2k} & \cdots & u_{nk} \end{bmatrix}^T, k = 1, 2, 3, \cdots, s$$

Step2:系统聚类确定专家类间权重。

指标排序向量 U_i 和 U_j 的相似性程度采用闵式距离定义为

$$d(i,j) = \left(\sum_{k=1}^{n} |u_{ki} - u_{kj}|^p \right)^{\frac{1}{p}} \tag{3.20}$$

当距离小于一定值时,可将两排序向量归为一类,因此在实际问题中,给定一个临界值 R,若两个排序向量 U_i 和 U_j 有 $d(i,j) \leqslant R$,则将专家 i 和 j 聚为一类。

假设第 k 位专家所在的第 j 类中有 ξ_i 个专家,共存在 m 个分类,则第 j 类专家的权重为

$$\lambda_j = \frac{\xi_j^2}{\sum_{j=1}^{m} \xi_j^2} \tag{3.21}$$

Step3:计算专家类内权重。

第 j 类内各专家的权重为

$$a_{jk} = \frac{\dfrac{1}{1 + b \times CR_k}}{\sum_{i=1}^{\xi_j} \dfrac{1}{1 + b \times CR_i}} \tag{3.22}$$

式中:$b=10$;CR 为一致性比例。

Step4：确定专家类别权重。

第 k 位专家的类别权重为

$$\lambda_k = \lambda_j \times a_{jk} \tag{3.23}$$

式中： $k = 1, 2, \cdots, s$ ； $j = 1, 2, \cdots, m$ 。

3.2.2.3　确定指标主观权重

第 k 位专家的最终权重为

$$\psi_k = \beta\gamma_k + (1-\beta)\lambda_k \tag{3.24}$$

式中： β 为调整系数，通常取 0.5。

进一步得到第 i 个指标的主观权重为

$$\zeta_i = \sum_{k=1}^{s} u_{ik} \times \psi_k, i = 1, 2, 3, \cdots, n \tag{3.25}$$

聚类 AHP 法确定指标主观权重的基本流程如图 3.3 所示。

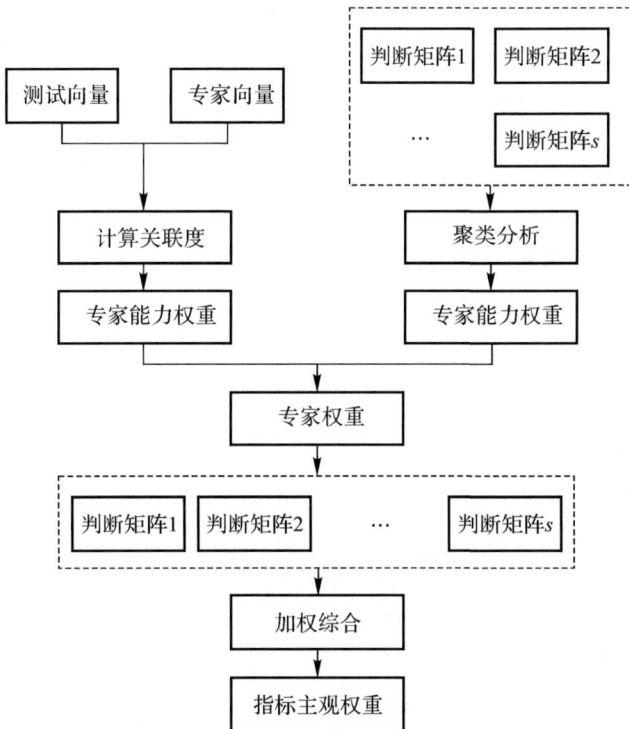

图 3.3　基于聚类 AHP 法的主观权重计算流程

3.2.3　基于改进熵权法的客观权重确定方法

熵权法主要根据各指标的信息量来确定指标权重,指标数据的差异性越大,对应的权重也越大。然而,熵权法仅考虑了指标本身的信息量,没有考虑指标之间的相关性。若指标之间相关性越大,则说明指标之间存在更多的重复信息,对应指标的权重应该越小。因此,通过计算指标相关度对熵权法进行改进,使修正后的客观权重更加合理。具体步骤如下。

Step1:计算指标相关性。

假设有 m 个待评估目标,评估指标共有 n 个,则目标威胁隶属度矩阵为

$$\boldsymbol{Z} = \begin{bmatrix} z_{11} & z_{12} & \cdots & z_{1n} \\ z_{21} & z_{22} & \cdots & z_{2n} \\ \vdots & \vdots & & \vdots \\ z_{m1} & z_{m2} & \cdots & z_{mn} \end{bmatrix}$$

式中: $\boldsymbol{Z}_{ij}$ 为第 i 个评估目标在第 j 个指标下的威胁隶属度值。

通过余弦相似度得到指标相关系数矩阵为

$$\boldsymbol{R} = \begin{bmatrix} r_{11} & r_{12} & \cdots & r_{1n} \\ r_{21} & r_{22} & \cdots & r_{2n} \\ \vdots & \vdots & & \vdots \\ r_{n1} & r_{n2} & \cdots & r_{mn} \end{bmatrix}$$

式中: r_{ij} 为第 i 个指标与第 j 个指标的相关系数,其表达式为

$$r_{ij} = \frac{\sum_{k=1}^{n}(z_{ik} \times z_{jk})}{\sqrt{\sum_{k=1}^{n}z_{ik}{}^2} \times \sqrt{\sum_{k=1}^{n}z_{jk}{}^2}} \tag{3.26}$$

Step2:计算熵权。

第 i 个指标的信息熵为

$$e_i = -\frac{1}{\ln m}\sum_{k=1}^{m}\frac{z_{ki}}{\sum_{k=1}^{m}z_{ki}}\ln\frac{z_{ki}}{\sum_{k=1}^{m}z_{ki}} \tag{3.27}$$

得到的第 i 个指标的熵权为

$$\omega_i = \frac{1-e_i}{\sum_{i=1}^{n}(1-e_i)} \tag{3.28}$$

Step3:确定指标客观权重。

引入指标相关性得到修正后的指标熵权为

$$w_i = \omega_i \times \sum_{j=1}^{n}(1 - r_{ij}) \qquad (3.29)$$

得到的指标客观权重为

$$\upsilon_i = \frac{w_i}{\sum_{i=1}^{n} w_i} \qquad (3.30)$$

改进熵权法确定指标客观权重的基本流程如图 3.4 所示。

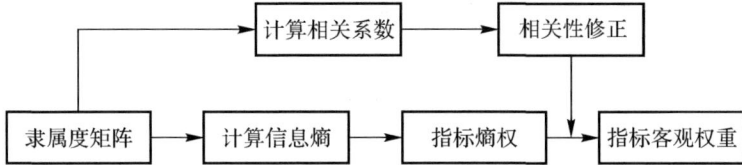

图 3.4　基于改进熵权法的客观权重计算流程

3.2.4　基于主客观博弈组合的指标权重确定方法

线性加权法是一种常见的组合赋权法,能够实现主观赋权法和客观赋权法的优势互补,但组合系数的确定没有具体的标准,主观性较强。针对这一问题,采用博弈论的思想进行组合赋权,其原理是将主观权重作为双方博弈的一方,将客观权重作为博弈的另一方,当博弈双方达到纳什均衡状态时得到的指标权重最合理,且主观权重和客观权重的离差之和最小。具体步骤如下。

Step1:将主观权重 $\boldsymbol{\zeta}$ 和客观权重 $\boldsymbol{\upsilon}$ 线性组合得到的指标常权权重为

$$\boldsymbol{\eta} = \begin{bmatrix} \lambda_1\zeta_1 + \lambda_2\upsilon_1 \\ \lambda_1\zeta_2 + \lambda_2\upsilon_2 \\ \vdots \\ \lambda_1\zeta_p + \lambda_2\upsilon_p \end{bmatrix} = \begin{bmatrix} \zeta_1 & \upsilon_1 \\ \zeta_2 & \upsilon_2 \\ \vdots & \vdots \\ \zeta_p & \upsilon_p \end{bmatrix} \begin{bmatrix} \lambda_1 \\ \lambda_2 \end{bmatrix} = \lambda_1\boldsymbol{\zeta} + \lambda_2\boldsymbol{\upsilon} \qquad (3.31)$$

式中:λ_1、λ_2 为线性组合系数。

Step2:基于博弈论建立目标优化函数为

$$\left. \begin{aligned} &\min(\|\boldsymbol{\eta} - \boldsymbol{\zeta}\|_2 + \|\boldsymbol{\eta} - \boldsymbol{\upsilon}\|_2) = \min(\|\lambda_1\boldsymbol{\zeta} + \lambda_2\boldsymbol{\upsilon} - \boldsymbol{\zeta}\|_2 + \|\lambda_1\boldsymbol{\zeta} + \lambda_2\boldsymbol{\upsilon} - \boldsymbol{\upsilon}\|_2) \\ &\text{s.t.} \quad \lambda_1 + \lambda_2 = 1 \quad \lambda_1, \geqslant 0, \lambda_2 \geqslant 0 \end{aligned} \right\}$$

$$(3.32)$$

Step3:根据微分原理,使上述目标函数最小需要满足的一阶导数条件为

$$\left. \begin{aligned} \lambda_1\boldsymbol{\zeta\zeta}^{\mathrm{T}} + \lambda_2\boldsymbol{\zeta\upsilon}^{\mathrm{T}} = \boldsymbol{\zeta\zeta}^{\mathrm{T}} \\ \lambda_1\boldsymbol{\upsilon\zeta}^{\mathrm{T}} + \lambda_2\boldsymbol{\upsilon\upsilon}^{\mathrm{T}} = \boldsymbol{\upsilon\upsilon}^{\mathrm{T}} \end{aligned} \right\} \qquad (3.33)$$

标准化处理得

$$\left. \begin{aligned} \lambda_1^* &= \frac{|\lambda_1|}{|\lambda_1| + |\lambda_2|} \\ \lambda_2^* &= \frac{|\lambda_2|}{|\lambda_1| + |\lambda_2|} \end{aligned} \right\} \tag{3.34}$$

得到最终指标常权权重为

$$\boldsymbol{\eta} = \lambda_1^* \boldsymbol{\zeta} + \lambda_2^* \boldsymbol{\upsilon} \tag{3.35}$$

主客观博弈组合赋权流程如图 3.5 所示。

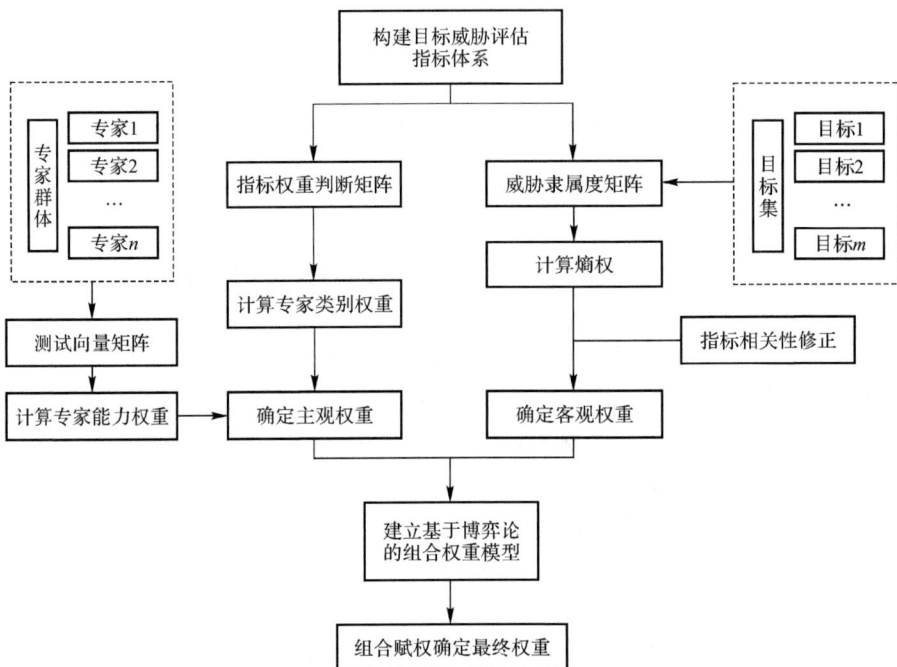

图 3.5　主客观博弈组合赋权流程

3.2.5　基于战场态势的指标变权权重

大规模空袭背景下空防对抗作战过程中战场态势时刻变化,不同时刻战场态势下空袭目标的作战意图和打击重点不同,对联合防空作战的威胁程度也不相同。博弈组合权重虽然能够兼顾专家主观经验和指标客观数据,得到较为合理的权重,但其忽略了战场态势对威胁度的影响,导致常权评估无法反映战场态势的实际特点,容易造成评估结果的不合理。通过变权理论构造状态变权向量,计算相应战场态势下不同空中集群的指标变权权重，能够得到更加科学、合理的威胁评估结果。具体步骤如下。

Step1：确定指标常权向量。由基于聚类 AHP 法和改进熵权的主客观博弈组合赋权法得到指标的常权向量为 $\boldsymbol{\eta} = \begin{bmatrix} \eta_1 & \eta_2 & \cdots & \eta_n \end{bmatrix}$。

Step2：构建状态变权向量。分析战场态势对我方造成的威胁可以看出，不同的作战态势会直接影响不同指标对于威胁评估的重要性程度。比如：在敌方进行电磁干扰的作战态势下，指控信息能力和生存防护能力的作用更加突出，对我方威胁的影响也越大，应做激励性变权处理；而在电磁干扰态势下火力打击能力和战场机动能力对威胁程度的影响相比就会下降，应做惩罚性变权处理，综合保障能力的作用在电磁干扰态势下变化不大，可做常权处理，但由于需要满足权重归一化条件，因此其权重也会相应变化。另外，由于不同空中集群在同一指标下的威胁值不同，惩罚和激励的幅度也需要与威胁值的大小相适应。

根据上述分析并结合大规模空袭背景下空防对抗作战实际，构建第 i 个空中集群的状态变权向量为

$$
S_j(T_i) = \begin{cases} \mathrm{e}^{K_1 \frac{z_{ij}}{\sum\limits_{i=1}^{m} z_{ij}}}, & j \in s_1 \\ 1, & j \in s_2 \\ \mathrm{e}^{-K_2 \frac{z_{ij}}{\sum\limits_{i=1}^{m} z_{ij}}}, & j \in s_3 \end{cases} \tag{3.36}
$$

式中：m 为空中集群数量；K_1 为激励幅度系数；K_2 为惩罚幅度系数；z_{ij} 为第 i 个空中集群在第 j 个指标的威胁属性值；s_1、s_2、s_3 分别为激励变权指标集合、常权指标集合和惩罚变权指标集合，根据战场态势进行确定。

Step3：得到各空中集群的指标变权向量为

$$
\boldsymbol{W}(T_i) = \frac{\begin{bmatrix} \eta_1 S_1(T_i), \eta_2 S_2(T_i), \cdots, \eta_n S_n(T_i) \end{bmatrix}}{\sum\limits_{j=1}^{n} \eta_j S_j(T_i)} \tag{3.37}
$$

式中：$\boldsymbol{W}(T_i)$ 为第 i 个空中集群的指标权重向量。

3.3　基于改进灰色 TOPSIS 法的空中集群威胁评估模型

TOPSIS 法是一种通过计算被评估目标与正、负理想解的欧式距离，并根据其与理想方案的相对距离进行排序的方法；而灰色关联分析则是通过计算被评估目标与正、负理想解的曲线关联度对目标进行排序的方法。在威胁评估过程

中如果单独采取 TOPSIS 法或灰色关联分析可能得出不一样的评估结果,容易给指挥员的决策带来干扰。针对这一问题,本节建立灰色 TOPSIS 法的威胁评估模型,综合考虑被评估目标与正、负理想解的相对距离差异和曲线形状差异,同时能够根据指挥员的主观意愿灵活调整偏好程度。

传统的多属性决策方法是以决策者完全理性为前提的,忽略了决策者在决策过程中的心理行为,而实际决策过程中,决策者由于具有一定的心理偏好不可能保持完全理性。针对这一不足,本节引入后悔理论对灰色 TOPSIS 法进行改进。后悔理论是 1982 年由 Bell 等提出的一种行为决策理论。该理论认为,决策者在决策时会将计划选择的方案与其他的方案进行对比,如果发现其他方案具有更好的结果,决策者就会产生后悔情绪,反之则产生欣喜情绪,因此决策者在决策时会遵循后悔规避原则,对将产生的后悔和欣喜进行估计,尽量避免选择能够使其后悔的方案。基于改进灰色 TOPSIS 法的空中集群威胁评估具体步骤如下。

Step1:确定威胁属性矩阵的正负理想点。

从处理后的威胁属性矩阵 $\boldsymbol{Z}$ 中取 $\boldsymbol{z}^+ = \begin{bmatrix} z_1^+ & z_2^+ & \cdots & z_n^+ \end{bmatrix}^{\mathrm{T}}$ 作为正理想点,取 $\boldsymbol{z}^- = \begin{bmatrix} z_1^- & z_2^- & \cdots & z_n^- \end{bmatrix}^{\mathrm{T}}$ 作为负理想点,其中:

$$z_j^+ = \{\max_i z_{ij} \mid i = 1, 2, \cdots, m\} \tag{3.38}$$

$$z_j^- = \{\min_i z_{ij} \mid i = 1, 2, \cdots, m\} \tag{3.39}$$

Step2:计算感知效用值。

根据期望效用理论,决策者的感知效用值随着欣喜值和后悔值的变化产生波动,由本身的效用值、后悔值和欣喜值 3 部分组成,第 i 个空中集群的感知效用表达式为

$$U_{ij} = z_{ij} + R(z_{ij} - z_j^+) + R(z_{ij} - z_j^-) \tag{3.40}$$

式中:$R(z_{ij} - z_j^+)$ 为后悔值;$R(z_{ij} - z_j^-)$ 为欣喜值;$R(\cdot)$ 为后悔欣喜函数,为单调递增的凹函数,且满足 $R'(\cdot) > 0$,$R''(\cdot) < 0$ 和 $R(0) = 0$。

以正理想点作为参考计算待评估集群的后悔值为

$$h_{ij} = 1 - \mathrm{e}^{\left[-\delta(z_{ij} - z_j^+)\right]} \tag{3.41}$$

以负理想点作为参考计算待评估集群的欣喜值为

$$v_{ij} = 1 - \mathrm{e}^{\left[-\delta(z_{ij} - z_j^-)\right]} \tag{3.42}$$

式中:$\delta(\delta > 0)$ 为后悔规避系数,δ 越大则决策者的后悔规避系数越大。

根据后悔值和欣喜值得到感知效用矩阵为

$$\boldsymbol{U} = \begin{bmatrix} u_{11} & u_{12} & \cdots & u_{1n} \\ u_{21} & u_{22} & \cdots & u_{2n} \\ \vdots & \vdots & & \vdots \\ u_{m1} & u_{m2} & \cdots & u_{mn} \end{bmatrix}$$

式中：$u_{ij} = z_{ij} + h_{ij} + v_{ij}$ 。

Step3：确定感知效用矩阵的正负理想解。

从感知效用矩阵 $\boldsymbol{U}$ 中取 $\boldsymbol{u}^+ = \begin{bmatrix} u_1^+ & u_2^+ & \cdots & u_n^+ \end{bmatrix}^{\mathrm{T}}$ 为正理想解，取 $\boldsymbol{u}^- = \begin{bmatrix} u_1^- & u_2^- & \cdots & u_n^- \end{bmatrix}^{\mathrm{T}}$ 作为负理想解。其中：

$$u_j^+ = \{ \max_i u_{ij} \mid i = 1, 2, \cdots, m \} \tag{3.43}$$

$$u_j^- = \{ \min_i u_{ij} \mid i = 1, 2, \cdots, m \} \tag{3.44}$$

Step4：分别计算与正、负理想解的关联系数 δ_{ij}^+ 和 δ_{ij}^- 。

$$\delta_{ij}^+ = \frac{\min | u_j^+ - u_{ij} | + \rho \max | u_j^+ - u_{ij} |}{| u_j^+ - u_{ij} | + \rho \max | u_j^+ - u_{ij} |} \tag{3.45}$$

$$\delta_{ij}^- = \frac{\min | u_j^- - u_{ij} | + \rho \max | u_j^- - u_{ij} |}{| u_j^- - u_{ij} | + \rho \max | u_j^- - u_{ij} |} \tag{3.46}$$

式中：ρ 为分辨系数，通常取 0.5。

Step5：分别计算与正、负理想解的加权灰色关联度 l_i^+ 和 l_i^- 。

$$l_i^+ = \frac{1}{n} \sum_{j=1}^{n} W_{ij} \delta_{ij}^+ \tag{3.47}$$

$$l_i^- = \frac{1}{n} \sum_{j=1}^{n} W_{ij} \delta_{ij}^- \tag{3.48}$$

Step6：分别计算与正、负理想解的加权欧式距离 d_i^+ 和 d_i^- 。

$$d_i^+ = \sqrt{\sum_{j=1}^{n} W_{ij} (u_{ij} - u_j^+)^2} \tag{3.49}$$

$$d_i^- = \sqrt{\sum_{j=1}^{n} W_{ij} (u_{ij} - u_j^-)^2} \tag{3.50}$$

Step7：计算综合贴近度。

被评估集群与正、负理想解的贴近度分别为

$$S_i^+ = \omega \frac{l_i^+}{\sum_{i=1}^{m} l_i^+} + (1 - \omega) \frac{d_i^-}{\sum_{i=1}^{m} d_i^-} \tag{3.51}$$

$$S_i^- = \omega \frac{l_i^-}{\sum_{i=1}^{m} l_i^-} + (1 - \omega) \frac{d_i^+}{\sum_{i=1}^{m} d_i^+} \tag{3.52}$$

式中：ω 为比例系数，反映了欧式距离和曲线形状在评估中所占的比例大小。ω 越大则曲线形状的比例越大，ω 越小则欧式距离的比例越大。

通过综合贴近度表示威胁度，得到空中集群威胁度为

$$S_i = \frac{S_i^+}{S_i^+ + S_i^-} \tag{3.53}$$

3.4 实验仿真分析

3.4.1 仿真实验

在 1.8 节中构建的仿真验证典型场景下，在 2.3.1 节中战场态势评估结果的基础上，假设空中集群 $G_1 \sim G_6$ 进入了某一防空群的防区范围内，以这 6 个空中集群为例，对所提出的空中集群威胁评估方法进行验证。各空中集群的兵力组成及作战效果概率如表 3.3 所示。

表 3.3 空中集群信息

空中集群	集群组成	数量	火力打击	战场机动	指控信息	生存防护	综合保障
G_1	支援干扰机	1	0.12	0.31	0.95	0.43	0.74
	战斗机	4	0.91	0.9	0.55	0.63	0.59
	轰炸机	3	0.94	0.73	0.62	0.69	0.71
	电子干扰机	2	0.25	0.68	0.88	0.59	0.67
	侦察机	1	0.21	0.86	0.87	0.64	0.82
	隐身攻击机	1	0.11	0.43	0.41	0.57	0.92
G_2	空中预警机	1	0.07	0.25	0.95	0.51	0.85
	歼击机	2	0.92	0.84	0.43	0.62	0.43
	轰炸机	2	0.93	0.8	0.54	0.74	0.62
	电子干扰机	3	0.11	0.57	0.91	0.65	0.71
	无人侦察机	3	0.14	0.89	0.89	0.59	0.83
	运输机	1	0.06	0.38	0.37	0.52	0.93

续表

空中集群	集群组成	数量	火力打击	战场机动	指控信息	生存防护	综合保障
G_3	随队干扰机	1	0.12	0.21	0.94	0.49	0.81
	无人攻击机	3	0.9	0.91	0.47	0.64	0.56
	歼轰机	3	0.92	0.88	0.58	0.71	0.74
	无人干扰机	2	0.15	0.49	0.9	0.61	0.76
	战场监视机	2	0.09	0.78	0.86	0.63	0.9
	空中加油机	1	0.09	0.34	0.41	0.48	0.92
G_4	战场监视机	1	0.09	0.31	0.94	0.54	0.83
	战斗机	3	0.91	0.88	0.41	0.61	0.46
	轰炸机	3	0.94	0.79	0.52	0.77	0.59
	电子干扰机	3	0.1	0.52	0.88	0.64	0.67
	侦察机	1	0.19	0.84	0.89	0.63	0.85
	运输直升机	1	0.07	0.41	0.35	0.56	0.95
G_5	空中预警机	1	0.09	0.21	0.94	0.55	0.88
	歼击机	3	0.91	0.87	0.37	0.64	0.41
	轰炸机	4	0.94	0.79	0.46	0.71	0.56
	电子干扰机	1	0.13	0.55	0.9	0.62	0.77
	侦察机	1	0.11	0.84	0.87	0.53	0.79
	隐身战斗机	2	0.08	0.42	0.31	0.51	0.94
G_6	战场监视机	1	0.07	0.23	0.93	0.51	0.85
	攻击机	4	0.9	0.89	0.34	0.62	0.42
	轰炸机	2	0.92	0.81	0.35	0.69	0.58
	电子干扰机	2	0.14	0.52	0.91	0.53	0.78
	无人侦察机	2	0.08	0.83	0.89	0.55	0.81
	运输机	1	0.06	0.39	0.29	0.46	0.93

由式(3.1)得到空中集群 $\boldsymbol{G}_1$ 的单机威胁度矩阵为

$$
\boldsymbol{I}_{a1} = \begin{bmatrix}
0.127\,8 & 0.371\,1 & 2.995\,7 & 0.562\,1 & 1.347\,1 \\
2.407\,9 & 2.302\,6 & 0.798\,5 & 0.994\,3 & 0.891\,6 \\
2.813\,4 & 1.309\,3 & 0.967\,6 & 1.171\,2 & 1.237\,9 \\
0.287\,7 & 1.139\,4 & 2.120\,3 & 0.891\,6 & 1.108\,7 \\
0.235\,7 & 1.966\,1 & 2.040\,2 & 1.021\,7 & 1.714\,8 \\
0.116\,5 & 0.562\,1 & 0.527\,6 & 0.844\,0 & 2.525\,7
\end{bmatrix}
$$

由式(3.2)得到空中集群 G_1 的编队威胁度矩阵为

$$
\boldsymbol{I}_{a1} = \begin{bmatrix}
0.127\,8 & 0.371\,1 & 2.995\,7 & 0.562\,1 & 1.347\,1 \\
9.631\,8 & 9.210\,3 & 3.194\,0 & 3.977\,0 & 3.566\,4 \\
8.440\,2 & 3.928\,0 & 2.902\,8 & 3.513\,5 & 3.713\,6 \\
0.575\,4 & 2.278\,9 & 4.240\,5 & 1.783\,2 & 2.217\,3 \\
0.235\,7 & 1.966\,1 & 2.040\,2 & 1.021\,7 & 1.714\,8 \\
0.116\,5 & 0.562\,1 & 0.527\,6 & 0.844\,0 & 2.525\,7
\end{bmatrix}
$$

由相对指数法得到的空中集群 G_1 内各编队的作战强度幂指数矩阵为

$$
\boldsymbol{\alpha}_1 = \begin{bmatrix}
0.042\,0 & 0.050\,0 & 0.450\,0 & 0.127\,0 & 0.187\,0 \\
0.295\,0 & 0.393\,0 & 0.088\,0 & 0.127\,0 & 0.051\,0 \\
0.452\,0 & 0.149\,0 & 0.057\,0 & 0.179\,0 & 0.098\,0 \\
0.103\,0 & 0.094\,0 & 0.174\,0 & 0.253\,0 & 0.110\,0 \\
0.067\,0 & 0.226\,0 & 0.195\,0 & 0.201\,0 & 0.197\,0 \\
0.041\,0 & 0.088\,0 & 0.036\,0 & 0.113\,0 & 0.357\,0
\end{bmatrix}
$$

由于本章采用作战概率衡量作战效能,因此取一致性调整系数 K 为1,由式(3.3)得到空中集群 G_1 的威胁属性向量为

$$
\boldsymbol{Z}_1 = \begin{bmatrix} 5.570\,4 & 4.210\,2 & 5.052\,2 & 2.391\,7 & 3.277\,9 \end{bmatrix}^{\mathrm{T}}
$$

同理可得其他5个空中集群的威胁属性值向量,得到空中集群的威胁属性值矩阵为

$$
\boldsymbol{Z} = \begin{bmatrix}
5.570\,4 & 4.210\,2 & 5.052\,2 & 2.391\,7 & 3.277\,9 \\
3.489\,2 & 5.033\,7 & 4.367\,0 & 2.925\,7 & 4.117\,1 \\
4.446\,8 & 4.498\,7 & 4.948\,2 & 2.703\,6 & 4.229\,5 \\
4.596\,2 & 4.072\,8 & 4.348\,6 & 2.808\,7 & 3.640\,9 \\
4.803\,0 & 3.423\,0 & 4.251\,8 & 2.196\,3 & 4.215\,2 \\
3.756\,5 & 4.075\,3 & 5.113\,6 & 2.291\,3 & 3.762\,7
\end{bmatrix}
$$

假设有 7 名专家参与指标权重确定,对于给定测试向量和专家的结果向量构成的矩阵为

$$(\boldsymbol{X}_0,\boldsymbol{X}_1,\cdots,\boldsymbol{X}_7) = \begin{bmatrix} 0.438 & 0.470 & 0.415 & 0.469 & 0.436 & 0.483 & 0.476 & 0.407 \\ 0.622 & 0.687 & 0.657 & 0.697 & 0.639 & 0.691 & 0.619 & 0.658 \\ 0.854 & 0.860 & 0.878 & 0.809 & 0.887 & 0.843 & 0.880 & 0.895 \\ 0.383 & 0.327 & 0.332 & 0.353 & 0.333 & 0.400 & 0.384 & 0.350 \end{bmatrix}$$

7 名专家给出的指标判断矩阵为

$$\boldsymbol{A}_1 = \begin{bmatrix} 1 & 3 & 3 & 3 & 4 \\ 1/3 & 1 & 2 & 2 & 3 \\ 1/3 & 1/2 & 1 & 1 & 2 \\ 1/3 & 1/2 & 1 & 1 & 2 \\ 1/4 & 1/3 & 1/2 & 1/2 & 1 \end{bmatrix}$$

$$\boldsymbol{A}_2 = \begin{bmatrix} 1 & 3 & 3 & 4 & 5 \\ 1/3 & 1 & 1 & 2 & 3 \\ 1/3 & 1 & 1 & 2 & 3 \\ 1/4 & 1/2 & 1/2 & 1 & 2 \\ 1/5 & 1/3 & 1/3 & 1/2 & 1 \end{bmatrix}$$

$$\boldsymbol{A}_3 = \begin{bmatrix} 1 & 2 & 3 & 4 & 5 \\ 1/2 & 1 & 2 & 2 & 4 \\ 1/3 & 1/2 & 1 & 1 & 3 \\ 1/4 & 1/2 & 1 & 1 & 2 \\ 1/5 & 1/4 & 1/3 & 1/2 & 1 \end{bmatrix}$$

$$\boldsymbol{A}_4 = \begin{bmatrix} 1 & 2 & 3 & 4 & 6 \\ 1/2 & 1 & 2 & 3 & 4 \\ 1/3 & 1/2 & 1 & 2 & 2 \\ 1/4 & 1/3 & 1/2 & 1 & 1 \\ 1/6 & 1/4 & 1/2 & 1 & 1 \end{bmatrix}$$

$$\boldsymbol{A}_5 = \begin{bmatrix} 1 & 2 & 4 & 5 & 6 \\ 1/2 & 1 & 2 & 2 & 3 \\ 1/4 & 1/2 & 1 & 2 & 2 \\ 1/5 & 1/2 & 1/2 & 1 & 1 \\ 1/6 & 1/3 & 1/2 & 1 & 1 \end{bmatrix}$$

$$\boldsymbol{A}_6 = \begin{bmatrix} 1 & 2 & 3 & 3 & 5 \\ 1/2 & 1 & 2 & 3 & 4 \\ 1/3 & 1/2 & 1 & 2 & 2 \\ 1/3 & 1/3 & 1/2 & 1 & 1 \\ 1/5 & 1/4 & 1/2 & 1 & 1 \end{bmatrix}$$

$$\boldsymbol{A}_7 = \begin{bmatrix} 1 & 2 & 4 & 6 & 6 \\ 1/2 & 1 & 2 & 3 & 4 \\ 1/4 & 1/2 & 1 & 2 & 3 \\ 1/6 & 1/3 & 1/2 & 1 & 1 \\ 1/6 & 1/4 & 1/3 & 1 & 1 \end{bmatrix}$$

首先计算专家能力权重,由式(3.15)~式(3.18)得到 7 名专家的贴近度为

$$\boldsymbol{r}_0 = [0.556\ 6 \quad 0.557\ 1 \quad 0.485\ 3 \quad 0.666\ 8 \quad 0.582\ 1 \quad 0.766\ 7 \quad 0.530\ 6]^T$$

由式(3.19)得到专家能力权重为

$$\boldsymbol{\gamma} = [0.134\ 3 \quad 0.134\ 4 \quad 0.117\ 1 \quad 0.160\ 9 \quad 0.140\ 4 \quad 0.185\ 0 \quad 0.128\ 0]^T$$

对专家的结果进行聚类分析得到距离矩阵为

$$\boldsymbol{d} = \begin{bmatrix} 0.000\ 0 & 0.098\ 8 & 0.030\ 6 & 0.063\ 7 & 0.088\ 9 & 0.049\ 9 & 0.094\ 2 \\ 0.098\ 8 & 0.000\ 0 & 0.083\ 0 & 0.092\ 2 & 0.068\ 7 & 0.101\ 2 & 0.083\ 8 \\ 0.030\ 6 & 0.083\ 0 & 0.000\ 0 & 0.044\ 6 & 0.066\ 6 & 0.042\ 1 & 0.068\ 0 \\ 0.063\ 7 & 0.092\ 2 & 0.044\ 6 & 0.000\ 0 & 0.056\ 2 & 0.042\ 0 & 0.043\ 3 \\ 0.088\ 9 & 0.068\ 7 & 0.066\ 6 & 0.056\ 2 & 0.000\ 0 & 0.090\ 2 & 0.030\ 2 \\ 0.049\ 9 & 0.101\ 2 & 0.042\ 1 & 0.042\ 0 & 0.090\ 2 & 0.000\ 0 & 0.080\ 5 \\ 0.094\ 2 & 0.083\ 8 & 0.068\ 0 & 0.043\ 3 & 0.030\ 2 & 0.080\ 5 & 0.000\ 0 \end{bmatrix}$$

聚类谱系图如图 3.6 所示。

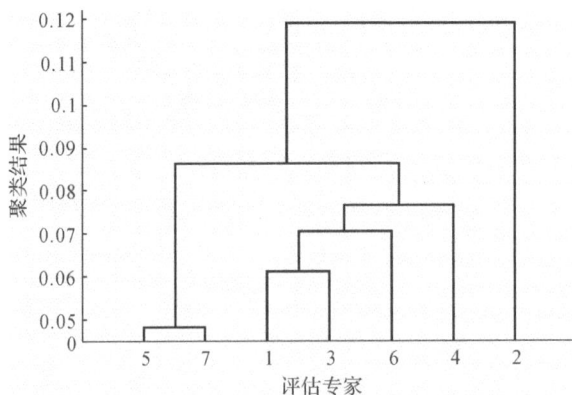

图 3.6 专家聚类谱系图

取阈值 $R = 0.08$,得到专家聚类结果为
$$A = \{5, 7\}; B = \{1, 3, 4, 6\}; C = \{2\}$$

由式(3.21)~式(3.23)得到 7 名专家的类别权重为

$$\boldsymbol{\lambda} = [0.197\ 6 \quad 0.047\ 6 \quad 0.188\ 9 \quad 0.197\ 6 \quad 0.095\ 3 \quad 0.177\ 7 \quad 0.095\ 3)]^{\mathrm{T}}$$

由式(3.24)得到 7 名专家的最终权重为

$$\boldsymbol{\psi} = [0.165\ 9 \quad 0.091\ 0 \quad 0.153\ 0 \quad 0.179\ 2 \quad 0.117\ 9 \quad 0.181\ 3 \quad 0.111\ 7]^{\mathrm{T}}$$

根据式(3.25)得到指标主观权重为

$$\boldsymbol{\zeta} = [0.431\ 4 \quad 0.245\ 5 \quad 0.149\ 3 \quad 0.104\ 2 \quad 0.069\ 6]^{\mathrm{T}}$$

由式(3.26)得到指标相关系数矩阵为

$$\boldsymbol{R} = \begin{bmatrix} 1.000 & 0.973 & 0.987 & 0.976 & 0.977 \\ 0.973 & 1.000 & 0.992 & 0.997 & 0.990 \\ 0.987 & 0.992 & 1.000 & 0.989 & 0.990 \\ 0.976 & 0.997 & 0.989 & 1.000 & 0.992 \\ 0.977 & 0.990 & 0.990 & 0.992 & 1.000 \end{bmatrix}$$

由式(3.27)~式(3.30)得到客观权重为

$$\boldsymbol{v} = [0.528\ 6 \quad 0.163\ 9 \quad 0.064\ 8 \quad 0.135\ 6 \quad 0.107\ 1)]^{\mathrm{T}}$$

由式(3.31)~式(3.34)得到线性组合系数为

$$\lambda_1^* = = 0.307\ 9, \lambda_2^* = = 0.692\ 1$$

由式(3.35)得到指标的常权权重为

$$\boldsymbol{\eta} = [0.498\ 7 \quad 0.189\ 0 \quad 0.090\ 8 \quad 0.125\ 9 \quad 0.095\ 6]^{\mathrm{T}}$$

假设当前战场态势的评估结果为遭敌电磁干扰下的局部劣势,通过式 (3.36)对指标进行变权处理,得到状态变权向量如表 3.4 所示。

表 3.4   状态变权向量

空中集群	火力打击	指控信息	战场机动	生存防护	综合保障
G_1	0.452 1	1.944 9	0.504 8	1.867 1	1.000 0
G_2	0.608 1	2.215 8	0.553 8	2.146 8	1.000 0
G_3	0.530 6	2.035 6	0.511 9	2.025 9	1.000 0
G_4	0.519 4	1.903 3	0.555 1	2.082 6	1.000 0
G_5	0.504 4	1.717 4	0.562 5	1.774 6	1.000 0
G_6	0.585 4	1.904 1	0.500 0	1.819 2	1.000 0

由式(3.37)得到各空中集群的指标变权权重如表 3.5 所示。

表 3.5　指标变权权重

空中集群	火力打击	指控信息	战场机动	生存防护	综合保障
G_1	0.232 5	0.379 1	0.047 3	0.242 5	0.098 6
G_2	0.266 4	0.367 9	0.044 2	0.237 5	0.084 0
G_3	0.252 8	0.367 7	0.044 4	0.243 7	0.091 4
G_4	0.252 2	0.350 3	0.049 1	0.255 3	0.093 1
G_5	0.265 8	0.343 0	0.054 0	0.236 1	0.101 0
G_6	0.285 7	0.352 2	0.044 5	0.224 1	0.093 6

取后悔规避系数为 0.5，由式(3.38)～式(3.42)得到感知效用矩阵为

$$U = \begin{bmatrix} 6.217\,2 & 4.026\,1 & 5.350\,8 & 2.178\,7 & 2.668\,6 \\ 1.658\,3 & 5.586\,8 & 3.970\,5 & 3.231\,3 & 4.402\,0 \\ 4.073\,4 & 4.608\,0 & 5.156\,0 & 2.810\,2 & 4.608\,1 \\ 4.393\,7 & 3.733\,4 & 3.929\,9 & 3.012\,2 & 3.464\,7 \\ 4.816\,8 & 2.185\,5 & 3.713\,2 & 1.756\,2 & 4.582\,2 \\ 2.404\,8 & 3.738\,8 & 5.463\,7 & 1.964\,4 & 3.715\,1 \end{bmatrix}$$

从感知效用矩阵中取出正、负理想解分别为

$$\boldsymbol{u}^+ = \begin{bmatrix} 6.217\,2 & 5.586\,8 & 5.436\,7 & 3.231\,3 & 4.608\,1 \end{bmatrix}$$

$$\boldsymbol{u}^- = \begin{bmatrix} 1.658\,3 & 2.185\,5 & 3.713\,2 & 1.756\,2 & 2.668\,6 \end{bmatrix}$$

由式(3.45)～式(3.46)得到与正、负理想解的关联系数矩阵分别为

$$\boldsymbol{\delta}^+ = \begin{bmatrix} 1.000\,0 & 0.593\,6 & 0.952\,8 & 0.684\,1 & 0.540\,3 \\ 0.333\,3 & 1.000\,0 & 0.604\,2 & 1.000\,0 & 0.917\,1 \\ 0.515\,3 & 0.699\,6 & 0.881\,1 & 0.844\,1 & 1.000\,0 \\ 0.555\,6 & 0.551\,5 & 0.597\,8 & 0.912\,3 & 0.666\,0 \\ 0.619\,4 & 0.401\,3 & 0.565\,6 & 0.607\,1 & 0.988\,8 \\ 0.374\,2 & 0.552\,3 & 1.000\,0 & 0.642\,8 & 0.718\,5 \end{bmatrix}$$

$$\boldsymbol{\delta}^- = \begin{bmatrix} 0.333\,3 & 0.553\,3 & 0.581\,9 & 0.843\,6 & 1.000\,0 \\ 1.000\,0 & 0.401\,3 & 0.898\,6 & 0.607\,1 & 0.568\,0 \\ 0.485\,6 & 0.484\,8 & 0.612\,4 & 0.683\,8 & 0.540\,3 \\ 0.454\,5 & 0.595\,6 & 0.913\,2 & 0.644\,7 & 0.741\,2 \\ 0.419\,2 & 1.000\,0 & 1.000\,0 & 1.000\,0 & 0.543\,6 \\ 0.753\,3 & 0.594\,7 & 0.565\,6 & 0.916\,3 & 0.685\,4 \end{bmatrix}$$

由式(3.47)～式(3.50)得到加权灰色关联度和加权欧式距离,如表 3.6 所示。

表 3.6　加权灰色关联度和加权欧式距离

空中集群	l_i^+	l_i^-	d_i^+	d_i^-
G_1	0.721 8	0.617 9	1.250 4	2.507 3
G_2	0.797 9	0.645 6	2.374 6	2.242 3
G_3	0.723 7	0.544 2	1.249 6	2.083 1
G_4	0.657 6	0.601 7	1.513 7	1.786 2
G_5	0.576 0	0.799 4	2.273 4	1.738 3
G_6	0.557 2	0.719 3	2.406 1	1.121 4

取偏好系数为 0.5,表示欧式距离与曲线关联度同样重要,由式(3.51)～式(3.53)得到集群威胁度为

$$S_i = \begin{bmatrix} 0.5952 & 0.5092 & 0.5894 & 0.5236 & 0.4184 & 0.3706 \end{bmatrix}^{\mathrm{T}}$$

得到集群威胁评估结果为 $G_1 > G_3 > G_4 > G_2 > G_5 > G_6$。

3.4.2　对比分析

3.4.2.1　评估方法对比分析

为了验证改进灰色 TOPSIS 法的有效性和灵活性,分别取不同的比例系数,得到的评估结果如表 3.7 和图 3.7 所示。

表 3.7　不同比例系数的评估结果

集群	比例系数										
	0	0.1	0.2	0.3	0.4	0.5	0.6	0.7	0.8	0.9	1
G_1	0.659	0.646	0.633	0.621	0.608	0.595	0.582	0.570	0.557	0.545	0.532
G_2	0.477	0.483	0.489	0.496	0.502	0.509	0.516	0.523	0.531	0.538	0.546
G_3	0.616	0.611	0.605	0.600	0.595	0.589	0.584	0.579	0.574	0.569	0.564
G_4	0.532	0.530	0.529	0.527	0.525	0.524	0.522	0.520	0.519	0.517	0.516
G_5	0.424	0.423	0.422	0.421	0.420	0.418	0.417	0.416	0.415	0.414	0.412
G_6	0.310	0.322	0.334	0.347	0.359	0.371	0.383	0.394	0.406	0.418	0.430

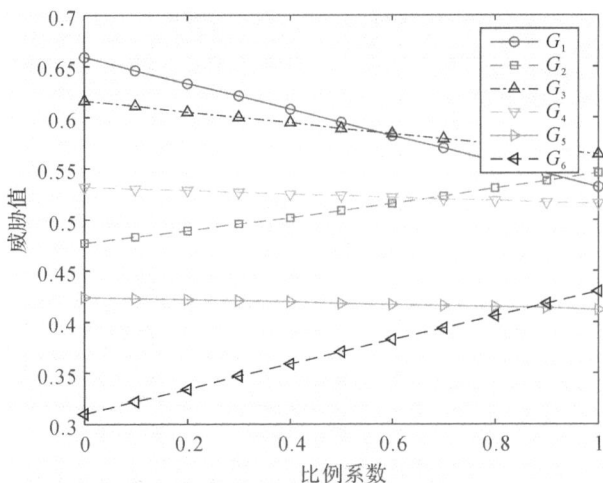

图 3.7　不同比例系数对比

可以看出：当比例系数取 0 时，方法退化为 TOPSIS 法，得到的威胁评估结果为 $G_1 > G_3 > G_4 > G_2 > G_5 > G_6$；当比例系数为 1 时，方法退化为灰色关联分析，得到的威胁评估结果为 $G_3 > G_2 > G_1 > G_4 > G_6 > G_5$。可以发现，如果单独采用灰色关联分析或 TOPSIS 法可能得到不同的评估结果，容易对指挥员的决策造成影响，而本书采用的灰色 TOPSIS 法能够兼顾考虑欧式距离和曲线关联度，得到更加合理的评估结果。当比例系数为 0.6 和 0.7 时，分别出现了 G_1 和 G_3、G_2 和 G_4 的威胁结果一致的情况，对于此类情况，决策者可以通过调节比例系数的取值来避免，显示了评估方法的灵活性，同时为了得到更加客观的结果，可以选择出现频率最高的结果作为最终排序结果。

3.4.2.2　赋权方法对比分析

在目标威胁评估过程中，赋权方法是影响评估结果的关键因素，为了验证分析本章改进赋权方法的有效性，将 7 名专家得到的主观权重与本章采用聚类 AHP 法得到的主观权重进行对比，如表 3.8 和图 3.8 所示。

表 3.8　主观权重结果

主观赋权方法	火力打击	指控信息	战场机动	生存防护	综合保障
专家 1	0.402	0.245	0.137	0.137	0.079
专家 2	0.456	0.186	0.185	0.107	0.066

续表

主观赋权方法	火力打击	指控信息	战场机动	生存防护	综合保障
专家 3	0.424	0.247	0.142	0.124	0.063
专家 4	0.432	0.263	0.147	0.085	0.074
专家 5	0.473	0.226	0.137	0.087	0.077
专家 6	0.401	0.268	0.163	0.105	0.063
专家 7	0.470	0.249	0.143	0.074	0.064
聚类 AHP	0.431	0.246	0.149	0.104	0.070

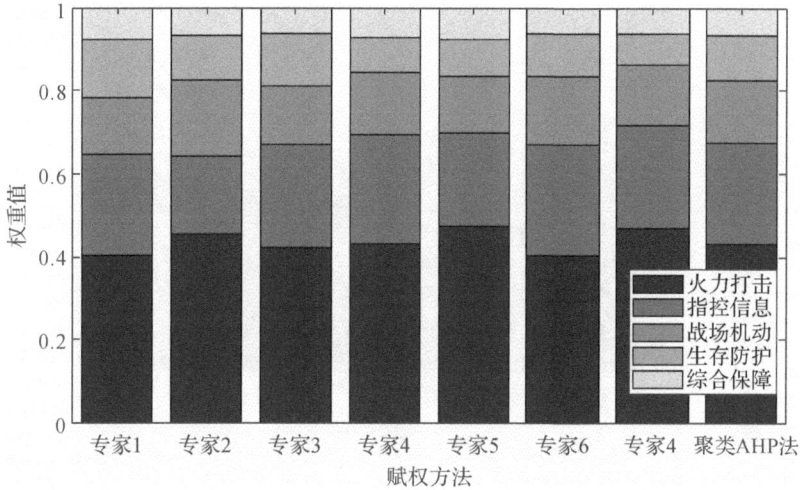

图 3.8　主观权重对比

　　由表 3.8 和图 3.8 可以看出,不同专家由于经验能力和对威胁评估问题的认识度不同,得到的权重结果也不相同,尤其是专家 1 和专家 2 与其他专家的结果差距较大。在传统 AHP 法中如果采取这两名专家的权重结果进行威胁评估,得到的结果显然不够合理;而聚类分析的方法能够对专家的经验能力和对问题认识度进行评估,对与其他专家差别较大的专家赋予了更小的权重,得到的指标权重能够更加科学地综合多名专家的结果,得到的权重更加可靠。

　　将聚类分析得到的主观权重、熵权法权重、改进熵权法权重和博弈组合法权重进行对比,如表 3.9 和图 3.9 所示。

表 3.9　指标权重结果

赋权方法	火力打击	指控信息	战场机动	生存防护	综合保障
聚类 AHP 法	0.431	0.246	0.149	0.104	0.070
熵权法	0.378	0.212	0.096	0.183	0.131
改进熵权法	0.529	0.164	0.065	0.136	0.107
博弈组合法	0.499	0.189	0.091	0.126	0.096

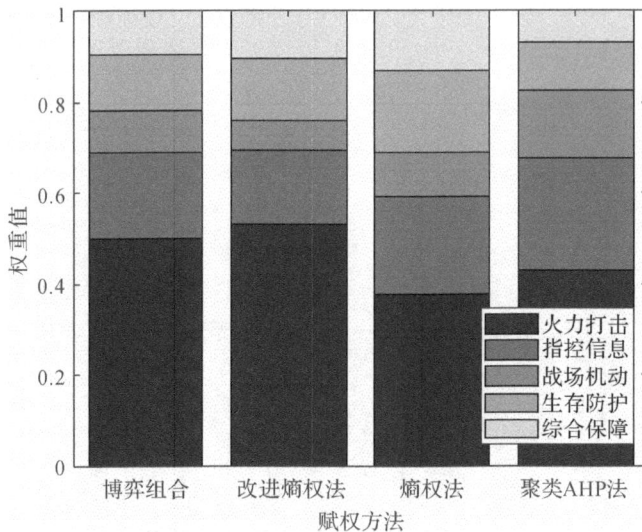

图 3.9　赋权方法对比

由表 3.9 和图 3.9 可以看出,采用改进的熵权法得到的权重与传统熵权法得到的权重大体趋势一致,但在指标权重的分配上有所不同,这主要是考虑了指标关联性所导致的。例如,指标指控信息、战场机动、生存防护和综合保障由于与其他指标的关联性相对较大,经过修正后的权重有所减小,而指标火力打击与其他指标的关联性相对较小,因此得到修正的权重有所增大,得到的权重能够更加充分反映客观数据信息。对比组合权重、聚类 AHP 法主观权重和改进熵权法客观权重可以发现,主客观权重的结果差别较大,而博弈组合能够通过建立以纳什均衡为目标函数的优化模型得到最佳的组合系数,充分综合了主客观权重的结果,得到的指标权重更加科学、合理。

3.4.2.3　战场态势对比分析

通过将战场态势的评估结果和当前发生战场事件进行结合分析,可以得到战场态势的具体情况,同时战场态势的不同会反映敌方大规模空袭过程中的作战企图、作战任务的变化,进而对威胁评估的结果产生影响。

假设某一时间段态势评估结果显示兵力装备、作战效能和作战决策等方面呈现劣势,同时我方防空部队报告发现敌发射了大量的巡航导弹和空地导弹,说明当前战场态势为遭敌战略空袭。若某一时段态势评估结果显示当前战场态势在兵力装备、情报侦察方面处于劣势,同时我方部队报告发现高空出现大量侦察机,说明当前战场态势为遭敌侦察监视。若在某一时间段战场态势在指控通信和网电环境方面处于劣势,同时我方部队报告发现多数雷达等电子设备无法发挥正常效能,说明当前战场态势为遭敌强电磁干扰。前文展示了电磁干扰态势下空中集群的威胁评估结果,为了进一步对比战场态势对威胁评估的影响,分别在战略空袭、侦察监视、电磁干扰 3 种大规模空袭作战的典型战场态势下对指标进行变权处理,取后悔规避系数和比例系数均为 0.5,分别计算 3 种战场态势下各空中集群的指标权重变化量,对比结果分别如图 3.10～图 3.12 所示。

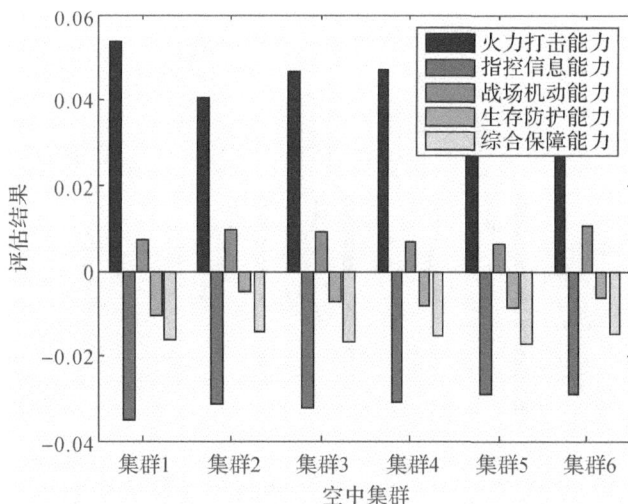

图 3.10　态势 1 的指标权重变化

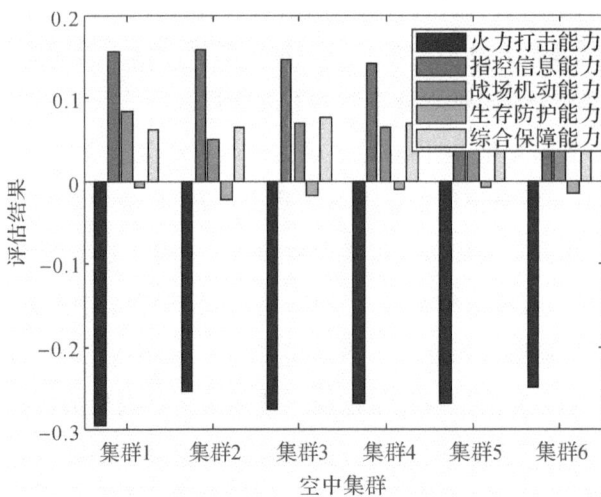

图 3.11　态势 2 的指标权重变化

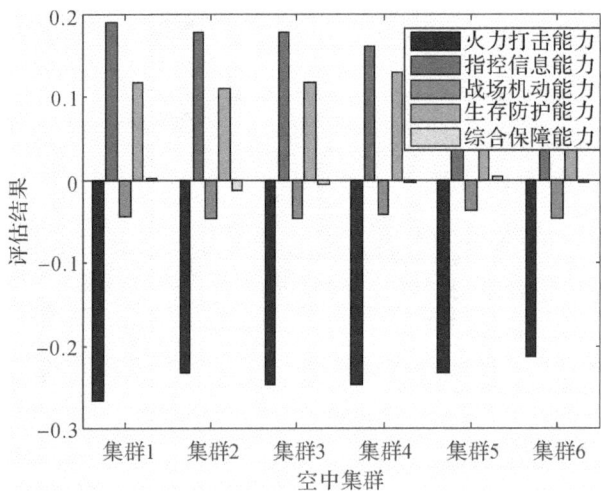

图 3.12　态势 3 的指标权重变化

计算出不同态势下的集群威胁评估结果如图 3.13 所示。

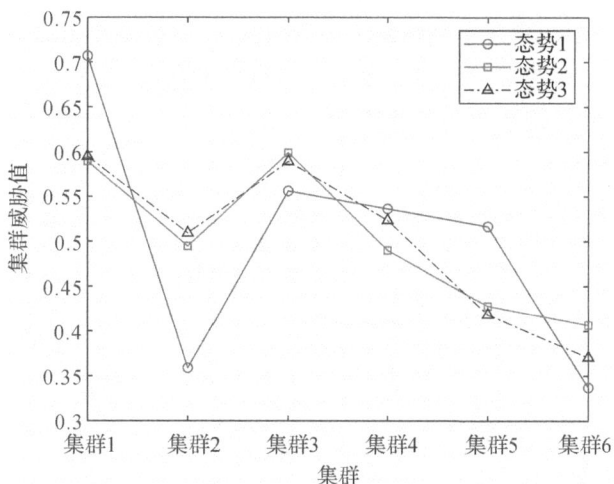

图 3.13　不同态势下集群威胁评估结果

由图 3.10～图 3.13 可以看出,经过变权处理,态势 1(战略空袭)中火力打击和战场机动指标权重有所增加,指控信息、生存防护和综合保障的权重有所降低。由于火力打击能力影响空袭强度,战场机动能力影响突防概率,因此火力打击能力和战场机动能力在评估中对威胁度的影响更大,其权重变化是符合战场实际的。而在同一指标下由于不同集群的属性值不同,惩罚和激励的幅度也有所不同,权重变化量也有所区别,这与战场实际相符,得到的威胁排序结果为 $G_1 > G_3 > G_4 > G_5 > G_2 > G_6$。态势 2(侦察监视)中指控信息、战场机动和综合保障指标权重有所增加,火力打击和生存防护的权重有所降低。由于指控信息能力影响侦察监视的效率,战场机动能力和综合保障能力影响侦察监视的范围,其权重的变化充分反映了态势的特点和变化,得到的威胁排序结果为 $G_3 > G_1 > G_2 > G_4 > G_5 > G_6$,这说明 G_2 中信息保障类的飞机较多,在态势 2 中产生的威胁有所增大。态势 3(电磁干扰)中指控信息和生存防护指标权重有所增加,火力打击、战场机动和综合保障的权重有所降低。由于指控信息能力影响干扰强度,生存防护能力影响我方打击难度,其权重变化同样也符合电磁干扰态势下的战场实际,得到的威胁排序结果为 $G_1 > G_3 > G_4 > G_2 > G_5 > G_6$,这说明 G_1 和 G_4 中电子对抗类飞机较多,因此威胁排序相应升高。综上所述,根据战场态势对指标进行惩罚和激励变权能够充分反映不同战场态势的特点和变化,得到了更加符合联合防空作战实际的空中集群威胁评估结果。

3.4.2.4 决策心理对比分析

在作战决策过程中,不同的决策者会根据其心理行为选择不同的后悔规避系数,比如保守型决策者会选择较大的后悔系数,冒险型决策者会选择较小的后悔系数。为了分析决策者心理行为对评估结果的影响,分别在 3 种战场态势下选择不同的后悔规避系数进行评估,排序结果如图 3.14~图 3.16 所示。

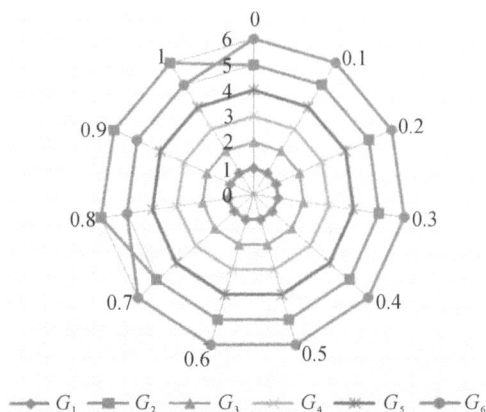

图 3.14 态势 1 中不同决策心理的威胁排序结果

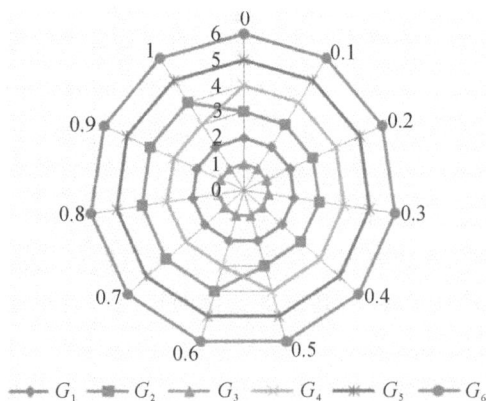

图 3.15 态势 2 中不同决策心理的威胁排序结果

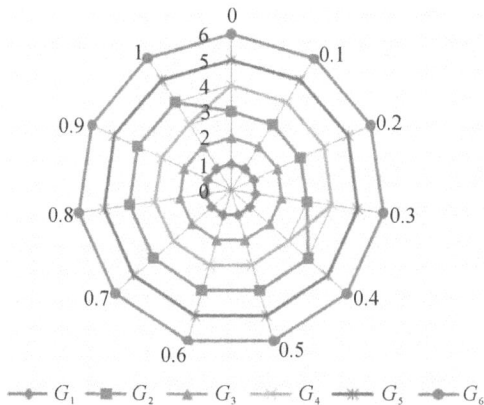

图 3.16　态势 3 中不同决策心理的威胁排序结果

可以看出,不同的心理行为会对威胁评估结果产生一定的影响。在态势 1 中,当后悔规避系数取 0.8 时,G_6 的威胁度超过了 G_2,这说明在态势 1 中 G_2 带给决策者的后悔感知效用比 G_6 更大,因此随着后悔规避心理的增强决策者会更加倾向于 G_6 的威胁大于 G_2。态势 2 中,随着后悔规避系数不断增大,G_4 的威胁排序不断升高,并在后悔规避系数取 0.6 时超过了 G_2。在态势 3 中,在后悔规避系数取 0.4 时,G_4 的威胁度超过了 G_2。可以发现,不同的决策者都会根据自己的心理状态选择不同的后悔规避系数,进而得到的评估结果也不尽相同,这说明通过引入后悔理论可以在威胁评估中考虑决策者的心理因素,得到的结果更加符合战场实际。另外,在实际作战决策过程中可能存在多个决策者共同决策的情况,这些决策者可能会选择不同的后悔系数,这时可以将多个决策者的评估结果进行综合分析,进而得到最为合理的威胁评估结果。

3.5　本章小结

针对联合防空作战中大规模空袭背景下的空中集群威胁评估问题,本章在战场态势评估的基础上提出了一种基于战场态势变权的空中集群威胁评估方法。其基本思路是针对集群作战能力建立空中集群威胁评估指标体系,根据空袭目标知识图谱构建指标量化模型,确定指标常权后根据当前战场态势对指标进行变权处理,最后在考虑决策者心理行为的基础上,进一步综合考虑相对距离和曲线相似性,计算得到各空中集群的威胁度。

（1）所建立的空中集群威胁评估指标体系能够充分反映空中集群的作战能力和威胁程度。所构建的基于目标知识图谱和"单机→编队→集群"3 级层次聚合的指标量化模型能够充分考虑集群内各目标的性能参数和不同目标之间的作用关系，能够实现对空中集群作战能力的有效描述。

（2）聚类 AHP 法克服了传统 AHP 法在确定主观权重时存在的不足，通过 AHP 法聚类分析判断专家给出主观权重的可靠性，减少了主观经验对权重的影响。通过余弦相似度改进的熵权法充分考虑了指标之间的相关性，得到了更加合理的客观权重。针对主客观组合赋权中组合系数难以确定的问题，采用博弈论的思想建立优化模型，提高了主客观权重组合系数确定的科学性。同时通过对指标进行变权处理能够充分反映战场态势对空中集群威胁度的影响。

（3）所提的基于后悔理论改进的灰色 TOPSIS 法能够充分反映决策者的心理因素，同时在评估过程中综合考虑了相对距离差异和曲线相似性，克服了灰色关联分析和 TOPSIS 法的评估结果不一致的不足。

第4章 考虑集群影响和时间偏好的目标动态威胁评估

在第2章和第3章的基础上,本章提出考虑集群影响和时间偏好的目标动态威胁评估方法。①在考虑集群与目标相互作用的基础上建立目标威胁评估指标体系,并基于模糊集的思想对指标进行量化处理;②采用主客观博弈组合方法确定指标权重;③在考虑决策者心理行为和决策偏好的基础上建立基于改进VIKOR(多准则妥协解排序)法的目标威胁评估模型;④为了充分反映目标威胁的动态变化,在目标威胁评估的基础上,根据时间度准则构建基于信息熵-时间度和变异系数-时间度的时间序列权重优化模型,通过多时刻信息融合实现考虑时间偏好的目标动态威胁评估。

4.1 考虑集群影响的目标威胁评估指标体系构建

根据传统经验和现有研究,防空作战中通常选取目标类型、航路捷径、飞行高度、飞行速度和飞抵时间这些因素作为评估指标,这些因素作为目标不同方面的属性能够充分反映目标对于防空方的威胁程度。但是,这些指标仅考虑了目标本身的属性威胁,而没有考虑当前战场态势的情况和空中集群对目标的影响,这与大规模空袭的作战实际不符。

在大规模空袭作战中,空中集群作为一个综合性的作战群体,会对作用范围内的空袭目标产生直接或间接的影响。例如:空中集群的火力打击能力和电子对抗能力越强,对防空方的抗击作战效能压制越明显,进而影响防空武器对目标的拦截能力,导致目标威胁度有所增大;空中集群的信息处理能力和综合保障能力越强,能够在空袭过程中取得更大的信息优势,强化空袭目标的协同作战能力和续航能力,对目标的作战效能提升越明显,从而也提升了目标的威胁程度。因此,本章将空中集群对目标的影响引入目标威胁评估过程,建立考虑集群影响的目标威胁评估指标体系,如图 4.1 所示。

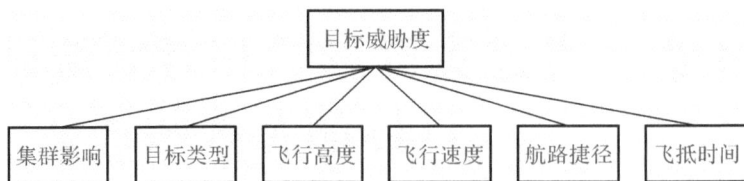

图 4.1 目标威胁评估指标体系

同时,由于目标威胁具有典型的模糊性和非线性特点,所以采用模糊数学中隶属度的方式对指标信息进行量化处理。

4.1.1 集群影响

空中集群的作战能力越强,对于防空武器系统的抗击效能的压制越明显,对目标作战效能的提升越突出,对作用范围内的目标威胁程度影响和提升越大。根据第 3 章相关理论和方法,空中集群威胁度反映了空中集群的作战能力,因此定义集群影响的威胁隶属函数为

$$u(k) = S_k \qquad (4.1)$$

式中:S_k 为第 k 个空中集群的威胁度。

4.1.2 目标类型

防空作战中通常将目标分为 5 类:第一类主要包括空地导弹、反辐射导弹、巡航导弹和战术弹道导弹等,其威胁程度最大;第二类主要包括大型轰炸机和隐身飞机等,威胁程度很大;第三类主要包括歼轰机、歼击机、预警指挥机和电子干扰机等,威胁程度大;第四类主要包括小型机、武装直升机和不明飞机等,此类目标的威胁程度中等;第五类主要包括假目标、诱饵和侦察机,该类目标的威胁小。根据作战实际和传统经验,将 5 类目标的威胁隶属度值分别定义为 0.92、0.85、0.55、0.43、0.04。

相比于飞行高度、飞行速度等其他威胁指标,目标类型并不能根据战场传感器的数据直接得到,而需要根据相应算法进一步处理识别。为此,笔者提出基于双层随机森林的空袭目标识别算法,具体见 4.2 节。

4.1.3 航路捷径

相对于保卫目标的航路捷径越小,目标进攻企图越明显。当航路捷径为 0 时,目标的进攻企图最强,对我方的威胁度也最大。定义航路捷径威胁隶属度函数为

$$\mu(p) = e^{-kp^2}, \ -30 \leqslant p \leqslant 30 \tag{4.2}$$

式中:$k = 5 \times 10^{-3}$;$p(\mathrm{km})$ 为航路捷径。

航路捷径的威胁隶属度函数曲线如图 4.2 所示。

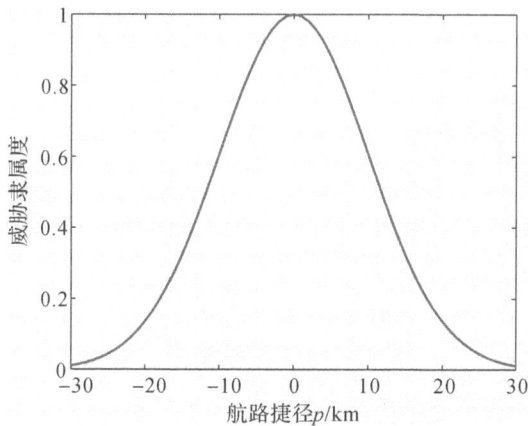

图 4.2 航路捷径与威胁隶属度函数曲线图

4.1.4 飞行高度

目标的飞行高度越低,威胁程度越高,因此目标威胁值与飞行高度成反比关系。定义飞行高度威胁隶属度函数为

$$\mu(h) = \begin{cases} 1, & 0 \leqslant h < 1 \\ e^{-k(h-1)^2}, & 1 \leqslant h \leqslant 30 \end{cases} \tag{4.3}$$

式中:$k = 10^{-8}$;$h(\mathrm{km})$ 为飞行高度。

飞行高度的威胁隶属度函数曲线如图 4.3 所示。

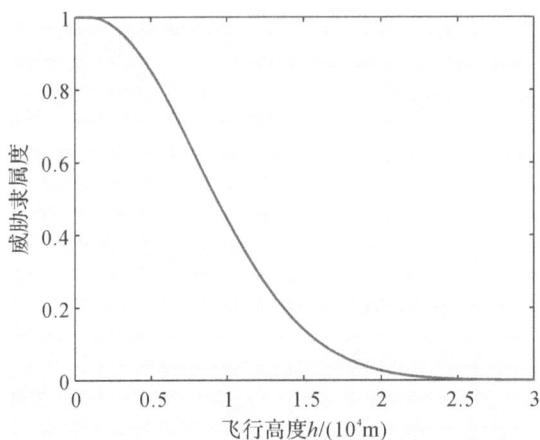

图 4.3　飞行高度与威胁隶属度函数曲线图

4.1.5　飞行速度

目标的飞行速度影响着防空武器系统的抗击难度,速度越快,威胁度越高。定义飞行速度威胁隶属度函数为

$$u(v) = 1 - e^{\alpha v}, v > 0 \tag{4.4}$$

式中:$\alpha = -0.005$;v(m/s) 为目标飞行速度。

飞行速度的威胁隶属度函数曲线如图 4.4 所示。

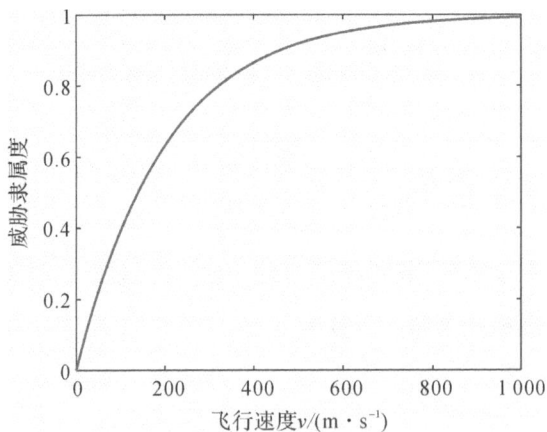

图 4.4　飞行速度与威胁隶属度函数曲线图

4.1.6　飞抵时间

目标的飞抵时间直接影响我方防空系统反应的时间,飞抵时间越小,威胁程度就越大。飞抵时间可以同时反映临近飞行和离远飞行两种情况。定义飞抵时间威胁隶属度函数为

$$u(t)=\begin{cases} e^{-k_1 t^2},0 \leqslant t \leqslant 1\ 800 \\ \dfrac{1}{1+k_2 t^3}, -600 \leqslant t < 0 \end{cases} \tag{4.5}$$

式中:$k_1 = 2 \times 10^{-6}$; $k_2 = 10^{-7}$; $t(s)$ 为飞抵时间。

飞抵时间的威胁隶属度函数曲线如图 4.5 所示。

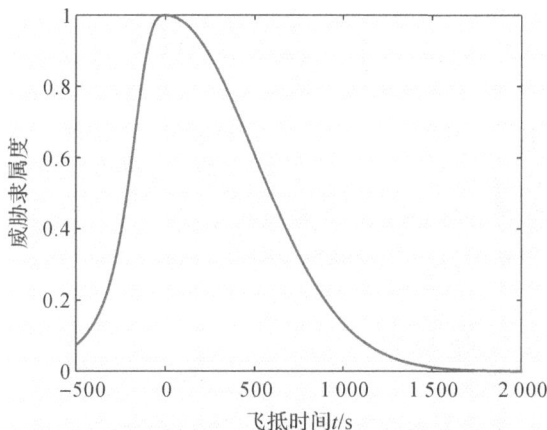

图 4.5　飞抵时间与威胁隶属度函数曲线图

4.2　基于双层随机森林的空袭目标识别算法

目前,对于空袭目标类型的识别算法主要包括 D - S (Dempster - Shafer)证据推理、贝叶斯网络、聚类算法、多属性决策、支持向量机(SVM)和模糊神经网络、BP(反向推演)神经网络、概率神经网络(PNN)等神经网络类算法。其中:D - S证据推理存在高冲突证据组合和证据独立性问题;贝叶斯网络在对飞行高度、速度和发现距离等连续性数据进行离散化处理的过程中存在主观性较强的问题;BP神经网络模型对于样本数据量要求较高,且普遍存在收敛速度较慢和

容易过拟合的缺点;而 SVM 虽然具有较强的泛化能力,但参数的调试以及核函数的选择是一大难点,不同核函数和参数的选择对于识别结果差异较大。

随机森林(Random Forest)属于机器学习中的有监督学习,是通过集成学习的思想将多个决策树进行集成的一种算法,在处理分类问题上具有准确率高、泛化能力强和对于数据集要求低等优点,因此较为适合解决空袭目标识别问题。战场传感器能够获得空袭目标的飞行高度、飞行速度、发现距离、加速度、RCS、航线特征和电磁辐射等较多的识别特征因素。如果将全部特征代入模型容易影响目标的识别性能模型,尤其是无用的特征会对识别过程造成干扰,进而降低目标识别的准确率、稳定性和识别速度,因此需要对特征进行筛选,去除冗余特征,选择对于识别模型更加重要的特征。但是,目前的识别方法往往依靠主观经验选择特征,存在主观性强、可解释性差以及忽略了特征与模型的适应性等缺点。

本章根据传统经验和归纳分析,提取空袭目标的飞行高度、飞行速度、发现距离、加速度、RCS、航线特征和电磁辐射等常见的因素作为识别特征,并在传统随机森林的基础上进一步充分挖掘数据中的信息,通过计算基尼指数变化量对特征进行重要性评估和降维,提出基于双层随机森林的空袭目标识别算法;通过仿真实验与传统随机森林、神经网络模型和 SVM 进行对比与分析,证明该算法在提高空袭目标识别的速度和准确率上的有效性。

4.2.1　随机森林概述

随机森林是一种基于集成学习的组合分类算法,首先采用 Bootstrap 重采样的方式从样本数据进行有放回的抽样,然后用抽取的样本构建决策树,在以决策树为基学习器构建 Bagging 集成学习的基础上,进一步在决策树的训练过程中加入随机属性选择,最后通过投票得到最终的分类和预测结果。随机森林的算法结构如图 4.6 所示,算法流程如下:

(1)利用 Bootstrap 法进行样本采样,随机生成 T 个训练集;

(2)利用每个训练集生成对应的决策树,假设样本的属性个数为 M,从 M 个属性中随机选取 $m(m < M)$ 个属性作为每棵决策树的分裂属性集,每次分裂时选择这 m 个属性中最优的划分属性进行分裂;

(3)每棵树都尽最大可能生长而不进行剪枝;

(4)将测试集样本分别放入 T 棵决策树进行测试并得到对应的类别结果;

(5)采用投票的算法将 T 棵决策树输出最多的类别作为测试集样本最终的所属类别。

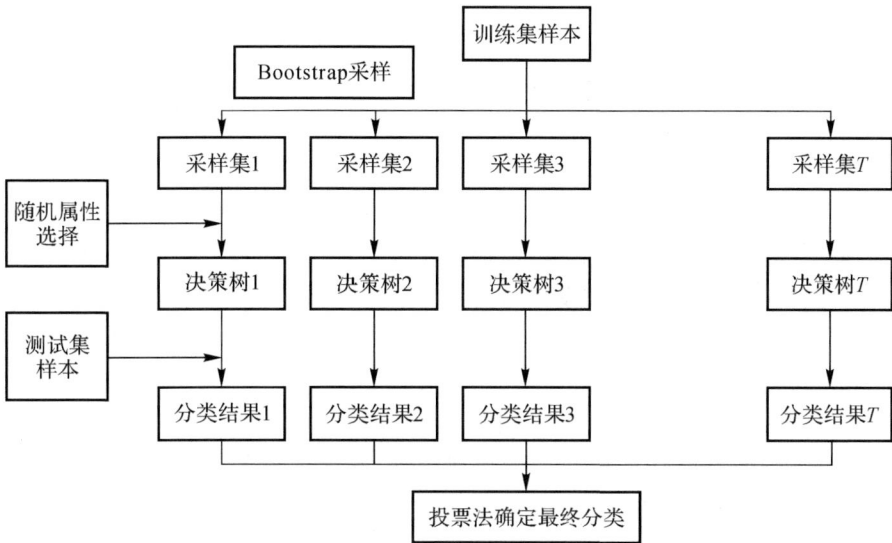

图 4.6　随机森林算法结构

决策树是一种常见的有监督学习的分类算法,基本思想是构造一个类似流程图的树形结构,通过采取将学习样本从树的根节点排列到某个叶子节点的方式进行分类。首先从根节点开始通过基尼指数选择最优划分属性,在非叶子节点进行属性值的对比测试,然后根据测试结果确定相应分支,最后在叶子节点得到类别结果。决策树的结构如图 4.7 所示。

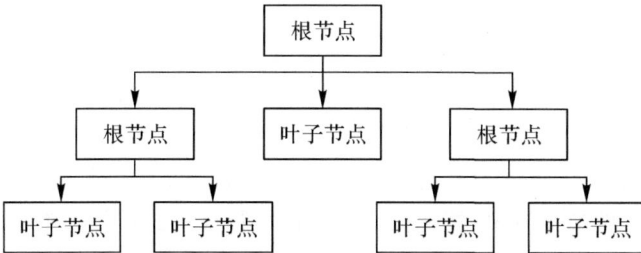

图 4.7　决策树结构

Bootstrap 的基本思想是在给定包含 n 个样本的原数据集中,每次有放回地从原数据集中随机抽取一个样本,将其复制放入新的数据集,然后将该样本放回原数据集中。此过程重复 n 次后,得到一个包含 n 个样本的新数据集,由于是有放回抽取,所以新数据集内的样本可能包含重复的样本。

Bagging 是一种基于 Bootstrap 的并行式的集成学习算法,基本策略是首先利用 Bootstrap 采样随机生成 T 个训练集,然后基于每个采样集训练出一个对应的基学习器,然后将测试集放入每个基学习器进行测试分类,最后采取投票的算法将所有基学习器的结果进行结合。

4.2.2 空袭目标识别特征

防空作战中对空袭目标的识别特征有很多:徐浩等和狄方旭等提取了飞行高度、飞行速度、航迹特征和发现距离作为识别特征;张明等和梁复台等考虑飞行高度、飞行速度、航迹特征和电磁辐射作为识别特征;范海雄等提取了飞行高度、飞行速度、发现距离、航迹特征、电磁辐射和 RCS 作为识别特征;贺正洪等考虑飞行高度、飞行速度、航迹特征、电磁辐射和雷达反射面积作为目标识别的主要特征;黄剑锋等提取了飞行速度、发现距离、飞行高度、航迹特征和电磁辐射作为识别主要特征;陈绍顺和白咸帅考虑飞行高度、飞行速度、加速度和 RCS 作为目标识别的主要特征。

通过归纳分析发现,飞行高度、发现距离、飞行速度、加速度、RCS、航迹特征和电磁辐射是空袭目标识别中考虑的主要特征,这些特征能够充分反映目标的典型特性,提高目标识别精度,因此本章选取这 7 个特征作为空袭目标识别的特征集。

4.2.3 基于双层随机森林的目标识别模型

1.特征评估与优选

随机森林中对特征评估的基本思想为:首先判断每个特征在随机森林中的每棵决策树生长过程中所做贡献的大小,然后比较特征之间贡献的大小。而贡献的计算方式采用每一个特征在森林中所有决策树上的基尼指数变化量总和来表示该特征所做的贡献率,将特征贡献率作为特征重要性评估的依据。

2.数据降维与目标识别

对第一层随机森林得到的特征重要性进行分析,舍去重要性低的特征,对原数据集进行降维处理,在新的数据集上构建第二层随机森林进行训练和目标识别。假设第 i 棵决策树在测试集 x 上的识别结果为 $[h_i^1(x); h_i^2(x); h_i^3(x); h_i^4(x); h_i^5(x)]$,则随机森林得到的最终识别结果为

$$H(x) = \mathrm{argmax} \sum_{i=1}^{T} h_i^j(x) \qquad (4.6)$$

式中：T 为森林中决策树的数量；$h_i^j(x)$ 是第 i 棵决策树在类别 j 上的识别结果。

3. 识别结果评价

采用识别准确率对随机森林的识别结果进行评价，识别准确率定义为

$$\text{acc}[H(x)] = \frac{1}{m} \sum_{i=1}^{m} I[H(x_j) = y_j] \tag{4.7}$$

式中：$H(x_j)$ 为随机森林在类别 j 上的识别结果；y_j 为实际结果；m 为测试目标个数；I 为逻辑运算，等式成立为 1，否则为 0。

4.2.4　仿真实验

为了验证所提算法的有效性，这里给出一个仿真实验对双层随机森林算法的识别性能进行验证和分析。

1. 数据选择与预处理

从目标威胁数据库选取了 30 批空袭目标，空情数据如表 4.1 所示。采用留出法区分训练集和测试集，其中前 20 批目标数据为训练集，后 10 批目标数据为测试集。

表 4.1　空情数据

序号	H/m	R/km	v/(m·s^{-1})	加速度/(m·s^{-2})	RCS/m^2	航迹特征	电磁特征	目标类型
1	28 000	240	1 500	20	10	爬升	无	1
2	28 000	200	300	25	18	平直	有	2
3	20 000	210	800	10	2	分岔	有	3
4	120	180	80	0	15	平直	有	4
5	2 000	220	300	15	3	下滑	无	5
6	30 000	220	2 200	17	15	爬升	无	1
7	3 000	200	400	30	8	俯冲	有	2
8	2 500	200	80	5	0.5	平直	有	3
9	80	200	80	0	20	下滑	有	4
10	8 000	200	800	10	6	下滑	无	5
11	27 500	240	1 350	17	9.5	爬升	有	1
12	26 000	200	320	27	15	爬升	无	2

序号	H/m	R/km	$v/(m \cdot s^{-1})$	加速度/ $(m \cdot s^{-2})$	RCS/m^2	航迹特征	电磁特征	目标类型
13	19 500	205	700	9	3.5	分岔	有	3
14	135	180	75	2	13	平直	无	4
15	1 850	220	270	16	4.5	俯冲	有	5
16	30 500	215	1 950	14	16	平直	无	1
17	2 700	200	450	27	9.5	俯冲	无	2
18	2 550	200	95	6	1.5	平直	有	3
19	85	190	85	3	16	俯冲	有	4
20	7 500	210	760	11	7	分岔	无	5
21	800	230	60	0	20	下滑	有	4
22	26 000	270	2 200	25	14	平直	无	1
23	4 000	210	400	15	5	下滑	无	5
24	2 000	220	100	10	0.5	平直	有	3
25	12 000	220	500	40	18	俯冲	有	2
26	2 200	230	110	9	0.6	平直	无	3
27	25 000	260	2 100	23	12	平直	无	1
28	4 100	220	450	12	8	下滑	有	5
29	11 500	210	530	45	19	爬升	有	2
30	850	230	65	0	25	俯冲	有	4

由于航迹特征和电磁辐射没有具体的数值,所以需要对这两类数据进行数值化预处理。

航迹特征中等高平直飞行数值化为1,爬升或俯冲数值化为2,下滑数值化为3,分岔数值化为4。

电磁特征中有电磁辐射数值化为1,无电磁辐射数值化为0。

2. 双层随机森林识别仿真

构建第一层随机森林,各识别特征的重要性的计算步骤如下。

Step1:将训练数据放入规模为100棵决策树的随机森林进行训练,得到训练好的随机森林模型。

Step2:得到森林中每棵决策树上每一节点的基尼指数,其中节点 m 的基尼指数定义为

$$\text{GI}_m = \sum_{k=1}^{K} \sum_{k' \neq k} P_{mk} P_{mk'} = 1 - \sum_{k=1}^{K} P_{mk}^2 \qquad (4.8)$$

式中:K 表示类别集合;P_{mk} 为当前节点 m 中第 k 类样本所占的比例。

Step3:计算每一特征的节点贡献率,将特征 j 在节点 m 的贡献率用节点 m 分支前、后的基尼指数变化量来表示,有

$$\text{VIM}_{jm}^{(\text{Gini})} = \text{GI}_m - \text{GI}_l - \text{GI}_r \qquad (4.9)$$

式中:GI_l 和 GI_r 分别为分支后两个新节点的基尼指数;m 为特征 j 在第 i 棵决策树中出现的节点集合。

Step4:计算每一特征的累计贡献率,将特征 j 的累计贡献率定义为

$$\text{VIM}_{ij}^{(\text{Gini})} = \sum_{m \in M} \text{VIM}_{jm}^{(\text{Gini})} \qquad (4.10)$$

Step5:计算每一特征的重要性,将特征 j 的重要性定义为

$$\text{VIM}_j = \frac{\displaystyle\sum_{i=1}^{n} \text{VIM}_{ij}^{(\text{Gini})}}{\displaystyle\sum_{j \in C} \sum_{i=1}^{n} \text{VIM}_{ij}^{(\text{Gini})}} \qquad (4.11)$$

式中:n 为森林中决策树的数量;C 为识别特征集合。

最终得到 7 个识别特征的重要性程度分别为(2.759 3,1.889 7,2.284 9,3.794 3,3.348 8,0.591 0,0.617 0),对比情况如图 4.8 所示。

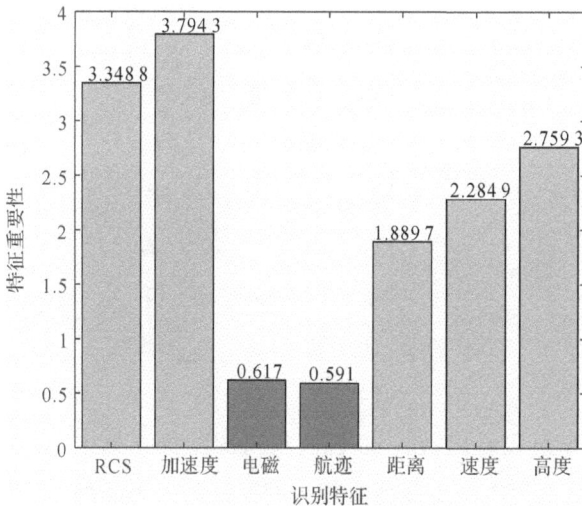

图 4.8　特征重要性对比

从图 4.8 中可以看出,航迹特征和电磁特征的重要性明显低于其他特征。这说明,这两个特征在随机森林的目标识别模型中作用不大,因此舍去这两个特征及对应的数据,对训练和测试数据进行降维处理。

根据随机森林算法思想,通过降维后的训练数据构建第二层随机森林对测试目标进行识别的步骤如下:

Step1:利用 Bootstrap 法进行降维后的样本采样,随机生成 100 个采样集;

Step2:利用每个采样集生成对应的决策树,将降维后的 5 个属性作为每棵决策树的分裂属性集,每次分裂时选择最优的划分属性进行分裂;

Step3:每棵树都尽最大可能生长而不进行剪枝;

Step4:将测试集样本分别放入 100 棵决策树进行测试并得到对应的类别结果;

Step5:对于 100 个分类结果采用投票法得到测试样本最终的所属类别。

实验条件:Intel(R) Core(TM) i5 - 10210U,1.60 GHz,四核,内存 16GB,操作系统为 Windows10,64 位,仿真软件为 MATLAB2019a。在上述实验环境中仿真得到最终识别结果为矩阵 $\boldsymbol{H}$(其中,h_{ij} 表示目标,i 识别为类别 j 的决策树数量)。

$$\boldsymbol{H} = \begin{bmatrix} 9 & 2 & 4 & 76 & 9 \\ 63 & 34 & 1 & 0 & 2 \\ 0 & 11 & 7 & 1 & 81 \\ 4 & 0 & 58 & 3 & 35 \\ 17 & 58 & 0 & 0 & 25 \\ 7 & 1 & 46 & 4 & 42 \\ 73 & 24 & 1 & 0 & 2 \\ 9 & 15 & 8 & 6 & 62 \\ 9 & 72 & 1 & 0 & 18 \\ 14 & 2 & 4 & 73 & 7 \end{bmatrix}$$

分析矩阵 $\boldsymbol{H}$ 可以看出:在 100 棵决策树的随机森林中,对于目标 1,有 9 棵决策树的识别结果为类型 1;2 棵决策树的识别结果为类型 2;4 棵决策树的识别结果为类型 3;76 棵决策树的识别结果为类型 4;9 棵决策树的识别结果为类型

5,所以目标 1 的最终识别结果为类型 4。

同理可得测试集的 10 批目标识别结果分别为 (4,1,5,3,2,3,1,5,2,4),即目标 1 和目标 10 为第四类目标,目标 2 和目标 7 为第一类目标,目标 3 和目标 8 为第五类目标,目标 4 和目标 6 为第三类目标,目标 5 和目标 9 为第二类目标,识别结果与实际情况一致。

4.2.5　对比分析

1.特征降维方法对比

特征降维方法对于机器学习模型的识别性能和泛化能力具有一定的影响。为了对比基尼指数降维的有效性,将主成分分析、基尼指数降维和未降维的随机森林模型进行对比分析,对于指定的空袭目标识别问题,将每种方法分别重复实验 50 次,用公式

$$\text{Right}(k) = \frac{1}{50} \sum_{i=1}^{50} \text{acc}\left[H(x)\right]_i^k \qquad (4.12)$$

式中:$\text{acc}\left[H(x)\right]_i^k$ 表示第 k 种方法在第 i 次实验的识别正确率。

分别计算第 k 种降维方法得到随机森林模型的识别正确率。主成分分析结果和实验对比结果分别如表 4.2 和图 4.5 所示。

表 4.2　主成分分析结果

特征	成分 1	成分 2
飞行高度	0.856	0.058
发现距离	0.708	−0.098
飞行速度	0.921	−0.136
加速度	0.558	0.283
RCS	0.182	0.783
航迹特征	−0.194	−0.485
电磁特征	−0.533	0.469

可以发现，无特征降维方法的识别正确率为 0.989，主成分分析的识别正确率为 0.760，所提方法的识别正确率为 0.999，仅在第 94 次实验时出现了识别正确率波动的情况。由于主成分分析是将原始特征进行线性组合得到新的成分，会损失较多的数据信息，而所提方法从随机森林原理出发，得到的特征与随机森林模型的契合度更高。同时，相比于传统随机森林，降维后的模型对于模型的识别稳定性也有所提高。

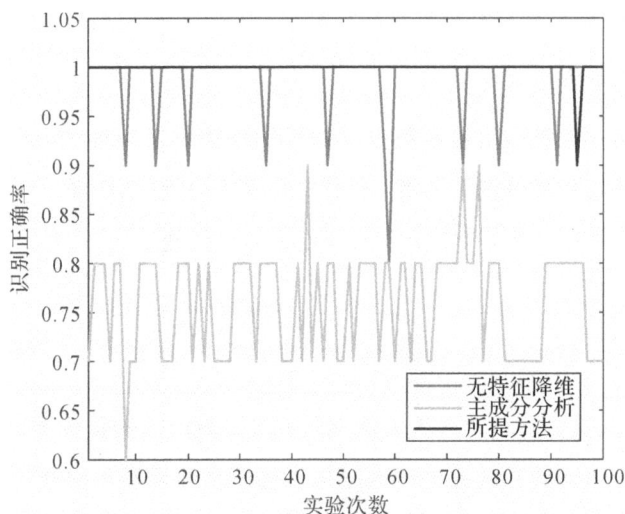

图 4.9 不同特征降维方法对比

2.目标识别算法对比

分别将本章中提出的双层随机森林和传统随机森林、白咸帅等的 PNN 神经网络和李航的 SVM 算法分别用于实验数据集的目标识别。

由于随机森林模型无须对数据进行归一化处理，能够简化识别流程并节约运算资源，而 PNN 神经网络和 SVM 均需要对数据进行归一化处理，因此对于训练和测试数据，将归一化公式定义为

$$\hat{x} = \frac{x - x_{\min}}{x_{\max} - x_{\min}} \tag{4.13}$$

为了验证所提方法的有效性，分别用 3 种方法进行目标识别，得到 3 种方法的识别结果如图 4.10 所示。

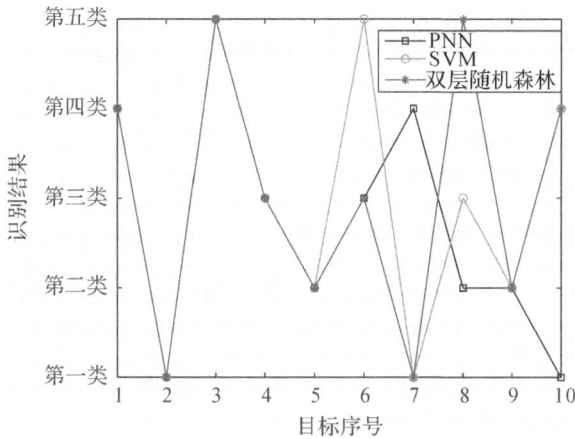

图 4.10　不同算法识别结果对比

可以看出,PNN 神经网络对于目标 7、目标 8 和目标 10 的识别结果与真实值不同,SVM 对于目标 6 和目标 8 的识别结果与真实结果不同,而双层随机森林的识别结果与实际一致,这说明所提算法相比于其他的识别算法具有更好的识别性能。

此外,时效性也是评价识别模型的重要评价标准。实验环境为:Intel(R) Core(TM) i5 - 10210U,1. 60 GHz,四核,内存 16 GB,操作系统为 Windows10,64 位,仿真软件为 MATLAB 2019a。在上述实验条件下对 3 种方法进行实验,记录每种方法的运行时间,得到 3 种方法的识别速度对比如表 4.3 所示。

表 4.3　识别速度对比

识别算法	所用时间/s
PNN 神经网络	0.050 1
SVM	12.332 4
双层随机森林	0.007 1

可以发现,在识别速度方面,SVM 由于需要进行交叉验证寻找超参数,因此识别的时间成本较高,难以满足作战实际。PNN 神经网络和双层随机森林的识

别时间都在 0.1 s 以下,满足作战实际的需求,但双层随机森林的所有时间要远小于 PNN 神经网络,约为其的 1/10,在识别过程中随着目标规模的增大会具有更大的优势。因此,综合对比发现,双层随机森林在目标类型识别中表现优秀,相比于 PNN 神经网络和 SVM,双层随机森林不仅能保证快速、准确地识别目标,并且在目标数据处理上还省去了归一化处理步骤,简化了流程,能够在保证准确率的同时具有较高的识别速度。

3.模型泛化能力分析

为了减少单次留出法造成的样本数据集偶然性,验证模型的泛化能力,采用多次留出法构建 10 个新的数据集作为实验样本,其中将前 20 批目标作为训练集,后 10 批目标作为测试集,将每个数据集分别代入双层随机森林模型实验 50 次,实验结果如表 4.4 所示。

表 4.4 不同样本集的识别结果

样本集	平均识别时间/s	平均识别准确率/(%)
数据集 1	0.006 2	99.1%
数据集 2	0.006 4	90.4%
数据集 3	0.006 5	94.2%
数据集 4	0.007 3	100%
数据集 5	0.006 3	99.2%
数据集 6	0.006 5	91.2%
数据集 7	0.006 3	93.5%
数据集 8	0.006 1	99.6%
数据集 9	0.007 1	95.4%
数据集 10	0.006 8	100%

由表 4.3 可以得到,在 10 个样本数据集中,双层随机森林得到的平均识别准确率均在 90% 以上,平均时间都在 0.01 s 以下,这说明识别模型在不同样本集中都能够保持较高的准确率和识别速度,但在数据集 2 和数据集 6 中的准确率低于其他样本集,这可能是由于样本的随机性导致训练集不全面引起的。因此,可以认为所提的目标识别模型具有较强的泛化能力和鲁棒性。

4.3　基于改进 VIKOR 法和时间偏好的目标动态威胁评估模型

VIKOR 法是由 Opricovic 于 1998 年提出的一种妥协折中排序方法，其基本思想是综合考虑群体效用的最大化和个体遗憾的最小化，能够充分平衡群体与个体之间的关系，同时能够通过折中系数反映不同的决策偏好，提高了决策的弹性，从而使得评估结果更为合理，在威胁评估问题中有了广泛的应用。但是，与其他多属性决策方法一样，VIKOR 法同样也是建立在假设决策者完全理性的基础上，而没有考虑决策者的心理行为因素，因此本章采取后悔理论对 VIKOR 法进行改进，得到基于改进 VIKOR 的目标威胁评估步骤如下。

Step1：确定威胁隶属度矩阵的正负理想点。

取 $z^{+} = \begin{bmatrix} z_1^{+} & z_2^{+} & \cdots & z_n^{+} \end{bmatrix}^{\mathrm{T}}$ 和 $z^{-} = \begin{bmatrix} z_1^{-} & z_2^{-} & \cdots & z_n^{-} \end{bmatrix}^{\mathrm{T}}$ 分别作为正、负理想点，其中：

$$z_j^{+} = \{\max_i z_{ij} \mid i = 1, 2, \cdots, m\} \tag{4.14}$$

$$z_j^{-} = \{\min_i z_{ij} \mid i = 1, 2, \cdots, m\} \tag{4.15}$$

Step2：计算感知效用值。

根据期望效用理论，决策者的感知效用值随着欣喜值和后悔值的变化产生波动，由本身的效用值、后悔值和欣喜值 3 部分组成，第 i 个目标对于第 j 个指标的感知效用表达式为

$$U_{ij} = z_{ij} + R(z_{ij} - z_j^{+}) + R(z_{ij} - z_j^{-}) \tag{4.16}$$

式中：$R(z_{ij} - z_j^{+})$ 为后悔值；$R(z_{ij} - z_j^{-})$ 为欣喜值；$R(\cdot)$ 为后悔欣喜函数，为单调递增的凹函数，且满足 $R'(\cdot) > 0$，$R''(\cdot) < 0$ 和 $R(0) = 0$。

以正理想点作为参考计算待评估目标的后悔值为

$$h_{ij} = 1 - \mathrm{e}^{-\delta(z_{ij} - z_j^{+})} \tag{4.17}$$

以负理想点作为参考计算待评估目标的欣喜值为

$$v_{ij} = 1 - \mathrm{e}^{-\delta(z_{ij} - z_j^{-})} \tag{4.18}$$

式中：$\delta(\delta > 0)$ 为后悔规避系数，δ 越大则决策者的后悔规避心理越强。

根据后悔和欣喜值得到感知效用矩阵为

$$\boldsymbol{U} = \begin{bmatrix} u_{11} & u_{12} & \cdots & u_{1n} \\ u_{21} & u_{22} & \cdots & u_{2n} \\ \vdots & \vdots & & \vdots \\ u_{m1} & u_{m2} & \cdots & u_{mn} \end{bmatrix}$$

式中：$u_{ij} = z_{ij} + h_{ij} + v_{ij}$。

Step3：确定感知效用矩阵的正负理想解。

从感知效用矩阵 $\boldsymbol{U}$ 中取 $\boldsymbol{u}^+ = \begin{bmatrix} u_1^+ & u_2^+ & \cdots & u_n^+ \end{bmatrix}^{\mathrm{T}}$ 为正理想解，取 $u^- = \begin{bmatrix} u_1^- & u_2^- & \cdots & u_n^- \end{bmatrix}^{\mathrm{T}}$ 作为负理想解。其中：

$$u_j^+ = \{\max_i u_{ij} \mid i = 1, 2, \cdots, m\} \tag{4.19}$$

$$u_j^- = \{\min_i u_{ij} \mid i = 1, 2, \cdots, m\} \tag{4.20}$$

Step4：计算群体效用值 S_i、个体遗憾值 R_i 和折中值 Q_i。

$$S_i = \sum_{j=1}^n W_j \frac{u_j^+ - u_{ij}}{u_j^+ - u_j^-} \tag{4.21}$$

$$R_i = \max_j [W_j \frac{u_j^+ - u_{ij}}{u_j^+ - u_j^-}] \tag{4.22}$$

$$Q_i = \mu \frac{S_i - S^-}{S^+ - S^-} + (1-\mu) \frac{R_i - R^-}{R^+ - R^-} \tag{4.23}$$

式中：$S^- = \min_i S_i$；$S^+ = \max_i S_i$；$R^- = \min_i R_i$；$R^+ = \max_i R_i$；$\mu \in [0,1]$ 为折中系数；W_j 为第 j 个指标的权重，由所提主客观博弈组合赋权方法得到。

Step5：根据群体效用值 S_i、个体遗憾值 R_i 和折中值 Q_i 对目标进行威胁排序，Q_i 值越小表示对应目标的威胁程度越大。由于折中值越小表示威胁程度越大，所以目标威胁值为

$$F_i = 1 - Q_i \tag{4.24}$$

在防空作战的实际过程中，由于目标速度、高度、航路捷径等指标信息时刻在改变，威胁程度也随着时间动态变化，所以仅凭当前时刻的目标信息对目标进行威胁评估显然不够准确，需要对时间序列赋予权重，进而实现融合多时刻信息的动态威胁评估。目前对于时间序列的权重也有了一些研究，比如：张媛媛等运用正态分布的累计分布函数计算出时间序列权重，但计算步骤较为复杂且不够准确；刘勇等直接运用主观方法得到的时间序列权重具有受主观经验影响较大的缺点；张堃等及张浩为等采用泊松分布逆形式的方法得到时间序列权重，但得到的权重只与时刻数有关，无法灵活反映时间偏好。为了得到更加灵活、合理的时间序列权重，引入时间度准则反映时间偏好，其定义为

$$\lambda = \sum_{k=1}^p \frac{p-k}{p-1} w_k \tag{4.25}$$

式中：w_k 为第 k 个时刻的权重；p 为时刻数。

可以看出，时间度体现了多时刻信息融合时对时序的重视和偏好程度：当时间度接近 0 时，反映决策者更加偏好当前时刻的信息；当时间度接近 1 时，反映决策者更加偏好历史时刻的信息；当时间度为 0.5 时，反映决策者重视整个时序

的信息,无时刻偏好。在给定时间度的情况下,为了使得到的时间权重向量在充分反映样本的信息量的同时能够减小数据的波动性,求得一组较为稳定的时间权重向量,分别根据信息熵最大和变异系数最小的原则建立优化模型,进而得到时间序列权重,最后将时间序列权重与不同时刻的目标威胁值进行综合得到最终的目标威胁评估结果。具体步骤如下。

Step1:建立信息熵-时间度优化模型。

为了使时间序列权重能够充分反映样本的信息量,根据信息熵最大的原则建立非线性规划模型如下:

$$
\max\left(-\sum_{k=1}^{p} w_k \ln w_k\right) \\
\text{s} \cdot \text{t.} \begin{cases} \lambda = \sum_{k=1}^{p} \dfrac{p-k}{p-1} w_k \\ \sum_{k=1}^{p} w_k = 1, k = 1,2,\cdots,p \end{cases} \tag{4.26}
$$

Step2:建立变异系数-时间度优化模型。

为了使时间序列权重能够在充分反映时间序列差异性的基础上寻找一组最稳定的权重向量使其波动最小,引入变异系数来反映数据的波动量大小。因此,根据变异系数最小的原则建立非线性规划模型如下:

$$
\min\left[\dfrac{\sum_{k=1}^{p} \dfrac{1}{p-1}\left(v_k - \dfrac{1}{p}\sum_{k=1}^{p} v_k\right)^2}{\left|\dfrac{1}{p}\sum_{k=1}^{p} v_k\right|}\right] \\
\text{s} \cdot \text{t.} \begin{cases} \lambda = \sum_{k=1}^{p} \dfrac{p-k}{p-1} v_k \\ \sum_{k=1}^{p} v_k = 1, k = 1,2,\cdots,p \end{cases} \tag{4.27}
$$

Step3:组合确定时间序列权重。

为了使时间序列权重在充分反映时序差异性的基础上同时兼顾信息量最大和波动性最小两方面的原则,得到最终时间序列权重为

$$
\boldsymbol{\eta} = \lambda_1 \boldsymbol{w} + \lambda_2 \boldsymbol{v} \tag{4.28}
$$

式中:$\lambda_1 = \lambda_2 = 0.5$,表示信息量和波动性的重要程度一致。

Step4:确定目标动态威胁值。

将时间序列权重与折中值综合,得到最终动态威胁评估结果。假设时序内

有 p 个时刻,第 i 个目标在第 j 个时刻的威胁值为 F_{ij},则目标在该时间序列内的威胁值为

$$F_i^* = \sum_{j=1}^{p} F_{ij} \eta_j \tag{4.29}$$

4.4　基于改进 RSR 的目标威胁
等级判断模型

所提威胁评估方法得到的评估结果主要以威胁值排序的形式为主,而缺乏对威胁排序的分析和威胁等级的划分。威胁等级的划分能够在排序的基础上进一步对目标进行等级的判断,更加有利于后续的火力分配,但目前对于威胁等级的划分大都采取划分等级阈值、确定等级边界和依据主观经验等方式,具有较大的主观性。

秩和比法(RSR)是一种对指标进行编秩,以平均秩次作为基本单位的一种综合评价方法。然而,RSR 法在使用整次编秩时仅考虑数据之间的相对大小,无法体现数据之间的差异性,容易损失原始数据的信息。针对 RSR 法存在的不足,本章采用目标威胁评估代替编秩过程,将所得目标威胁值作为 RSR 值进行后续威胁等级的判断。

基于改进 RSR 的目标威胁等级判断流程如下。

Step1:将所得目标威胁值作为 RSR 值,编制 RSR 值分布表,列出各 RSR 值的频数 f,计算累计频数 $\sum f$。

Step2:对 RSR 值编秩并计算平均秩次 $\bar{R}$ 和累计频率 $\bar{R}/n$。

Step3:将累计频率换算为概率单位 Probit,Probit 为累计频率对应的标准正态离差加 5。

Step4:以 Probit 为自变量,RSR 值为因变量,计算直线回归方程,有

$$\text{RSR} = a + b \times \text{Probit} \tag{4.30}$$

Step5:将 Probit 代入回归方程,计算 RSR 校正值并进行排序,按照合理分档原则对目标威胁等级进行划分,并通过方差分析进行,即检验各等级之间保持方差齐性且具有明显差异。

4.5　实验仿真分析

4.5.1　仿真实验

在同一仿真验证典型场景下和空中集群威胁评估的基础上,以防空群内某一火力单元抗击空中集群 $G_1 \sim G_6$ 中的部分空袭目标为例,对所提目标威胁评估方法进行仿真验证。假设战场传感器探测到了 10 批空袭目标的连续 3 个时刻的空情信息,且 10 批目标分别在集群 G_1、G_4、G_6 的作用和影响范围内,其中集群 G_1、G_4、G_6 的威胁度已在 3.4.1 节中得到,10 批目标的空情数据如表 4.5 所示。

表 4.5　目标空情数据

时刻	目标	集群影响	目标类型	飞行高度/(10^4 m)	飞行速度(m·s⁻¹)	航路捷径/km	飞抵时间/s
T_1	X_1	G_1	第一类	3 000	1 600	8	180
	X_2	G_4	第四类	270	620	18	350
	X_3	G_1	第五类	7 300	300	15	784
	X_4	G_6	第三类	2 800	700	11	−252
	X_5	G_4	第三类	8 500	420	12	1 500
	X_6	G_4	第二类	7 200	300	15	820
	X_7	G_6	第二类	15 000	250	18	1 000
	X_8	G_6	第三类	11 000	300	20	750
	X_9	G_1	第四类	8 000	420	5	600
	X_{10}	G_4	第二类	6 800	720	−13	540
T_2	X_1	G_1	第一类	2 800	1 700	5	165
	X_2	G_4	第四类	265	650	16	330
	X_3	G_1	第五类	7 000	330	12	750
	X_4	G_6	第三类	2 300	800	9	−260
	X_5	G_4	第三类	8 300	430	11	1 400
	X_6	G_4	第二类	7 000	310	14	810
	X_7	G_6	第二类	14 500	260	16	900
	X_8	G_6	第三类	10 000	320	15	650
	X_9	G_1	第四类	7 800	450	5	550
	X_{10}	G_4	第二类	6 500	750	−11	520

时刻	目标	集群影响	目标类型	飞行高度/(10^4 m)	飞行速度(m·s^{-1})	航路捷径/km	飞抵时间/s
	X_1	G_1	第一类	2 500	1 800	2	140
	X_2	G_4	第四类	250	700	16	320
	X_3	G_1	第五类	6 700	340	11	740
	X_4	G_6	第三类	2 000	950	6	−270
T_3	X_5	G_4	第三类	8 000	450	10	1 300
	$X6$	G_4	第二类	6 800	320	13	800
	X_7	G_6	第二类	14 000	270	14	800
	X_8	G_6	第三类	8 000	350	10	500
	X_9	G_1	第四类	7 500	460	5	500
	X_{10}	G_4	第二类	6 200	750	−10	500

根据隶属度函数得到评估指标的隶属度如表 4.6 所示。

表 4.6　评估指标隶属度

时刻	目标	集群影响	目标类型	飞行高度/(10^4 m)	飞行速度(m·s^{-1})	航路捷径/km	飞抵时间/s
	X_1	0.595 2	0.920 0	0.960 8	0.999 7	0.726 1	0.937 3
	X_2	0.523 6	0.430 0	1.000 0	0.955 0	0.197 9	0.782 7
	X_3	0.595 2	0.040 0	0.672 4	0.776 9	0.324 7	0.292 5
	X_4	0.370 6	0.550 0	0.968 1	0.969 8	0.546 1	0.384 6
	X_5	0.523 6	0.550 0	0.569 8	0.877 5	0.486 8	0.011 1
T_1	X_6	0.523 6	0.850 0	0.680 9	0.776 9	0.324 7	0.260 6
	X_7	0.370 6	0.850 0	0.140 9	0.713 5	0.197 9	0.135 3
	X_8	0.372 6	0.550 0	0.367 9	0.776 9	0.135 3	0.324 7
	X_9	0.595 2	0.430 0	0.612 6	0.877 5	0.882 5	0.486 8
	X_{10}	0.523 6	0.850 0	0.714 3	0.972 7	0.429 6	0.558 1

时刻	目标	集群影响	目标类型	飞行高度/(10⁴ m)	飞行速度(m·s⁻¹)	航路捷径/km	飞抵时间/s
T_2	X_1	0.595 2	0.920 0	0.968 1	0.999 8	0.882 5	0.947 0
	X_2	0.523 6	0.430 0	1.000 0	0.961 2	0.278 0	0.804 3
	X_3	0.595 2	0.040 0	0.697 7	0.808 0	0.486 8	0.324 7
	X_4	0.370 6	0.550 0	0.983 2	0.981 7	0.667 0	0.362 6
	X_5	0.523 6	0.550 0	0.586 9	0.883 5	0.546 1	0.019 8
	X_6	0.523 6	0.850 0	0.697 7	0.787 8	0.375 3	0.269 2
	X_7	0.370 6	0.850 0	0.161 6	0.727 5	0.278 0	0.197 9
	X_8	0.372 6	0.550 0	0.444 9	0.798 1	0.324 7	0.429 6
	X_9	0.595 2	0.430 0	0.629 8	0.894 6	0.882 5	0.546 1
	X_{10}	0.523 6	0.850 0	0.739 0	0.976 5	0.546 1	0.582 3
T_3	X_1	0.595 2	0.920 0	0.977 8	0.999 9	0.980 2	0.961 6
	X_2	0.523 6	0.430 0	1.000 0	0.969 9	0.278 0	0.814 8
	X_3	0.595 2	0.040 0	0.722 6	0.817 9	0.546 1	0.334 5
	X_4	0.370 6	0.550 0	0.990 0	0.991 3	0.835 3	0.336 9
	X_5	0.523 6	0.550 0	0.612 6	0.894 6	0.606 5	0.034 0
	X_6	0.523 6	0.850 0	0.714 3	0.798 1	0.429 6	0.278 0
	X_7	0.370 6	0.850 0	0.184 5	0.740 8	0.375 3	0.278 0
	X_8	0.372 6	0.550 0	0.612 6	0.826 2	0.606 5	0.606 5
	X_9	0.595 2	0.430 0	0.655 4	0.899 7	0.882 5	0.606 5
	X_{10}	0.523 6	0.850 0	0.763 1	0.976 5	0.606 5	0.606 5

假设有 8 名专家参与指标权重确定,对于给定测试向量和专家的结果向量构成的矩阵($\boldsymbol{X}_0, \boldsymbol{X}_1, \cdots, \boldsymbol{X}_7, \boldsymbol{X}_8$)为

$$\begin{bmatrix} 0.438 & 0.470 & 0.415 & 0.469 & 0.436 & 0.483 & 0.476 & 0.407 & 0.452 \\ 0.622 & 0.687 & 0.657 & 0.697 & 0.639 & 0.691 & 0.619 & 0.658 & 0.635 \\ 0.854 & 0.860 & 0.878 & 0.809 & 0.887 & 0.843 & 0.880 & 0.895 & 0.861 \\ 0.383 & 0.327 & 0.332 & 0.353 & 0.333 & 0.400 & 0.384 & 0.350 & 0.349 \end{bmatrix}$$

8 名专家得到的指标权重判断矩阵分别为

$$\mathbf{A}_1 = \begin{bmatrix} 1 & 2 & 3 & 3 & 3 & 4 \\ 1/2 & 1 & 2 & 1 & 1 & 2 \\ 1/3 & 1/2 & 1 & 1/2 & 1 & 2 \\ 1/3 & 1 & 2 & 1 & 2 & 1 \\ 1/3 & 1 & 1 & 1/2 & 1 & 1 \\ 1/4 & 1/2 & 1/2 & 1 & 1 & 1 \end{bmatrix}$$

$$\mathbf{A}_2 = \begin{bmatrix} 1 & 1 & 2 & 2 & 3 & 3 \\ 1 & 1 & 2 & 2 & 2 & 3 \\ 1/2 & 1/2 & 1 & 3 & 2 & 2 \\ 1/2 & 1/2 & 1/3 & 1 & 1 & 1 \\ 1/3 & 1/2 & 1/2 & 1 & 1 & 2 \\ 1/3 & 1/3 & 1/2 & 1 & 1/2 & 1 \end{bmatrix}$$

$$\mathbf{A}_3 = \begin{bmatrix} 1 & 1 & 2 & 3 & 2 & 4 \\ 1 & 1 & 2 & 2 & 2 & 2 \\ 1/2 & 1/2 & 1 & 2 & 1/2 & 2 \\ 1/3 & 1/2 & 1/2 & 1 & 1/2 & 2 \\ 1/2 & 1/2 & 2 & 2 & 1 & 1 \\ 1/4 & 1/2 & 1/2 & 1/2 & 1 & 1 \end{bmatrix}$$

$$\mathbf{A}_4 = \begin{bmatrix} 1 & 2 & 3 & 2 & 3 & 4 \\ 1/2 & 1 & 2 & 1/2 & 2 & 2 \\ 1/3 & 1/2 & 1 & 1/2 & 2 & 2 \\ 1/2 & 2 & 2 & 1 & 1 & 2 \\ 1/3 & 1/2 & 1/2 & 1 & 1 & 1 \\ 1/4 & 1/2 & 1/2 & 1/2 & 1 & 1 \end{bmatrix}$$

$$\mathbf{A}_5 = \begin{bmatrix} 1 & 2 & 2 & 3 & 3 & 3 \\ 1/2 & 1 & 2 & 1 & 2 & 2 \\ 1/2 & 1/2 & 1 & 1 & 2 & 2 \\ 1/3 & 1 & 1 & 1 & 1 & 2 \\ 1/3 & 1/2 & 1/2 & 1 & 1 & 2 \\ 1/3 & 1/2 & 1/2 & 1/2 & 1/2 & 1 \end{bmatrix}$$

$$\boldsymbol{A}_6 = \begin{bmatrix} 1 & 1/2 & 3 & 2 & 2 & 3 \\ 2 & 1 & 4 & 3 & 3 & 4 \\ 1/3 & 1/4 & 1 & 1/2 & 1/2 & 2 \\ 1/2 & 1/3 & 1/2 & 1 & 1 & 2 \\ 1/2 & 1/3 & 2 & 1 & 1 & 2 \\ 1/3 & 1/4 & 1/2 & 1/2 & 1/2 & 1 \end{bmatrix}$$

$$\boldsymbol{A}_7 = \begin{bmatrix} 1 & 2 & 1/2 & 2 & 3 & 3 \\ 1/2 & 1 & 1/3 & 2 & 2 & 2 \\ 2 & 3 & 1 & 4 & 5 & 6 \\ 1/2 & 1/2 & 1/4 & 1 & 2 & 2 \\ 1/3 & 1/2 & 1/5 & 1/2 & 1 & 1 \\ 1/3 & 1/2 & 1/6 & 1/2 & 1 & 1 \end{bmatrix}$$

$$\boldsymbol{A}_8 = \begin{bmatrix} 1 & 1 & 2 & 3 & 2 & 3 \\ 1 & 1 & 2 & 2 & 1 & 2 \\ 1/2 & 1/2 & 1 & 2 & 1 & 2 \\ 1/3 & 1/2 & 1/2 & 1 & 1/2 & 1/2 \\ 1/2 & 1 & 1 & 2 & 1 & 2 \\ 1/3 & 1/2 & 1/2 & 2 & 1/2 & 1 \end{bmatrix}$$

对专家的结果进行聚类分析得到距离矩阵为

$$\boldsymbol{d} = \begin{bmatrix} 0.0000 & 0.1569 & 0.1368 & 0.0457 & 0.0629 & 0.2422 & 0.3354 & 0.1463 \\ 0.1569 & 0.0000 & 0.0769 & 0.1536 & 0.1002 & 0.1559 & 0.2590 & 0.0818 \\ 0.1368 & 0.0769 & 0.0000 & 0.1447 & 0.0961 & 0.1535 & 0.3092 & 0.0443 \\ 0.0457 & 0.1536 & 0.1447 & 0.0000 & 0.0614 & 0.2377 & 0.3167 & 0.1567 \\ 0.0629 & 0.1002 & 0.0961 & 0.0614 & 0.0000 & 0.2106 & 0.2846 & 0.1048 \\ 0.2422 & 0.1559 & 0.1535 & 0.2377 & 0.2106 & 0.0000 & 0.3927 & 0.1842 \\ 0.3354 & 0.2590 & 0.3092 & 0.3167 & 0.2846 & 0.3927 & 0.0000 & 0.2892 \\ 0.1463 & 0.0818 & 0.0443 & 0.1567 & 0.1048 & 0.1842 & 0.2892 & 0.0000 \end{bmatrix}$$

聚类谱系图如图 4.11 所示。

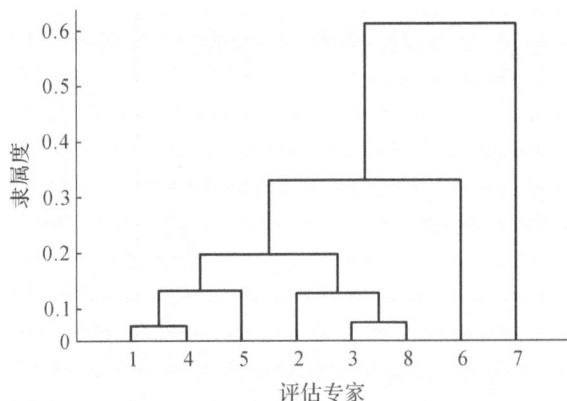

图 4.11　专家聚类谱系图

取阈值 $R=0.17$,得到专家聚类结果为
$$A=\{1,4,5\};B=\{2,3,8\};C=\{6\};D=\{7\}$$
得到的专家类别权重为
$$\boldsymbol{\lambda}=\begin{bmatrix}0.150\ 1 & 0.148\ 3 & 0.146\ 0 & 0.142\ 5 & 0.157\ 3 & 0.050\ 0 & 0.050\ 0 \\ 0.155\ 7\end{bmatrix}^{\mathrm{T}}$$

得到的专家能力权重为
$$\boldsymbol{\gamma}=\begin{bmatrix}0.114\ 2 & 0.114\ 3 & 0.099\ 6 & 0.136\ 8 & 0.119\ 4 & 0.157\ 3 & 0.108\ 9 \\ 0.149\ 5\end{bmatrix}^{\mathrm{T}}$$

得到的 8 名专家的最终权重为
$$\boldsymbol{\psi}=\begin{bmatrix}0.132\ 2 & 0.131\ 3 & 0.122\ 8 & 0.139\ 7 & 0.138\ 4 & 0.103\ 7 & 0.079\ 4 \\ 0.152\ 5\end{bmatrix}^{\mathrm{T}}$$

得到的指标主观权重为
$$\boldsymbol{\zeta}=\begin{bmatrix}0.295\ 1 & 0.216\ 0 & 0.156\ 4 & 0.125\ 8 & 0.124\ 2 & 0.082\ 6\end{bmatrix}^{\mathrm{T}}$$
得到的指标客观权重为
$$\boldsymbol{\upsilon}=\begin{bmatrix}0.020\ 4 & 0.268\ 2 & 0.101\ 0 & 0.005\ 8 & 0.178\ 0 & 0.426\ 6\end{bmatrix}^{\mathrm{T}}$$
由博弈论方法得到主观权重和客观权重的线性组合系数为
$$w=0.357\ 7\ ,v=0.642\ 3$$

进而得到的指标权重为
$$\boldsymbol{\eta}=\begin{bmatrix}0.118\ 7 & 0.249\ 5 & 0.120\ 8 & 0.048\ 7 & 0.158\ 8 & 0.303\ 6\end{bmatrix}^{\mathrm{T}}$$
取后悔规避系数为 0.5,计算得到 3 个时刻的感知效用矩阵分别为

$$\boldsymbol{U}_1 = \begin{bmatrix} 0.701\,4 & 1.276\,0 & 1.277\,3 & 1.133\,0 & 0.900\,5 & 1.308\,0 \\ 0.560\,8 & 0.329\,5 & 1.349\,2 & 1.046\,1 & -0.179\,5 & 1.022\,4 \\ 0.701\,4 & -0.512\,7 & 0.727\,8 & 0.690\,3 & 0.093\,4 & 0.043\,3 \\ 0.251\,8 & 0.571\,9 & 1.290\,8 & 1.075\,0 & 0.548\,6 & 0.236\,6 \\ 0.560\,8 & 0.571\,9 & 0.522\,8 & 0.893\,2 & 0.429\,2 & -0.577\,9 \\ 0.560\,8 & 1.147\,4 & 0.744\,5 & 0.690\,3 & 0.093\,4 & -0.024\,7 \\ 0.251\,8 & 1.147\,4 & -0.395\,7 & 0.559\,7 & -0.179\,5 & -0.297\,8 \\ 0.255\,9 & 0.571\,9 & 0.103\,5 & 0.690\,3 & -0.317\,7 & 0.111\,4 \\ 0.701\,4 & 0.329\,5 & 0.609\,0 & 0.893\,2 & 1.194\,2 & 0.445\,8 \\ 0.560\,8 & 1.147\,4 & 0.810\,0 & 1.080\,7 & 0.312\,3 & 0.588\,6 \end{bmatrix}$$

$$\boldsymbol{U}_2 = \begin{bmatrix} 0.701\,4 & 1.276\,0 & 1.283\,9 & 1.127\,1 & 1.143\,3 & 1.318\,0 \\ 0.560\,8 & 0.329\,5 & 1.342\,4 & 1.052\,0 & -0.074\,9 & 1.054\,8 \\ 0.701\,4 & -0.512\,7 & 0.769\,7 & 0.746\,8 & 0.367\,2 & 0.101\,1 \\ 0.251\,8 & 0.571\,9 & 1.311\,6 & 1.092\,0 & 0.730\,0 & 0.180\,7 \\ 0.560\,8 & 0.571\,9 & 0.549\,0 & 0.898\,7 & 0.488\,4 & -0.570\,0 \\ 0.560\,8 & 1.147\,4 & 0.769\,7 & 0.705\,7 & 0.134\,1 & -0.017\,0 \\ 0.251\,8 & 1.147\,4 & -0.359\,1 & 0.581\,6 & -0.074\,9 & -0.171\,2 \\ 0.255\,9 & 0.571\,9 & 0.257\,1 & 0.726\,7 & 0.026\,1 & 0.319\,6 \\ 0.701\,4 & 0.329\,5 & 0.635\,2 & 0.920\,7 & 1.143\,3 & 0.555\,5 \\ 0.560\,8 & 1.147\,4 & 0.850\,4 & 1.081\,8 & 0.488\,4 & 0.627\,4 \end{bmatrix}$$

$$\boldsymbol{U}_3 = \begin{bmatrix} 0.701\,4 & 1.276\,0 & 1.294\,1 & 1.121\,4 & 1.276\,3 & 1.332\,7 \\ 0.560\,8 & 0.329\,5 & 1.334\,9 & 1.062\,8 & -0.142\,6 & 1.061\,9 \\ 0.701\,4 & -0.512\,7 & 0.809\,7 & 0.759\,2 & 0.429\,1 & 0.105\,7 \\ 0.251\,8 & 0.571\,9 & 1.316\,5 & 1.104\,7 & 1.003\,4 & 0.110\,8 \\ 0.560\,8 & 0.571\,9 & 0.591\,6 & 0.914\,6 & 0.552\,5 & -0.556\,1 \\ 0.560\,8 & 1.147\,4 & 0.793\,5 & 0.720\,2 & 0.185\,7 & -0.014\,6 \\ 0.251\,8 & 1.147\,4 & -0.318\,9 & 0.602\,5 & 0.069\,6 & -0.014\,6 \\ 0.255\,9 & 0.571\,9 & 0.591\,6 & 0.777\,3 & 0.552\,5 & 0.661\,1 \\ 0.701\,4 & 0.329\,5 & 0.677\,2 & 0.924\,7 & 1.093\,3 & 0.661\,1 \\ 0.560\,8 & 1.147\,4 & 0.888\,6 & 1.075\,9 & 0.552\,5 & 0.661\,1 \end{bmatrix}$$

取折中系数为 0.5，计算得到 10 批空袭目标 3 个时刻的群体效用值、个体遗憾值和折中值，得到目标评估结果如表 4.7 所示。

表 4.7 目标评估结果

目标	T_1			T_2			T_3		
	Q	S	R	Q	S	R	Q	S	R
X_1	0.000 0	0.035 8	0.030 9	0.000 0	0.004 2	0.004 2	0.000 0	0.003 0	0.003 0
X_2	0.453 8	0.366 8	0.144 3	0.524 4	0.377 0	0.158 8	0.544 8	0.377 0	0.158 8
X_3	0.856 6	0.649 3	0.249 5	0.850 1	0.621 0	0.249 5	0.876 5	0.613 9	0.249 5
X_4	0.579 3	0.466 2	0.172 5	0.623 2	0.459 0	0.182 9	0.660 6	0.446 8	0.196 4
X_5	0.916 8	0.596 9	0.303 6	0.926 2	0.601 0	0.303 6	0.951 0	0.593 6	0.303 6
X_6	0.655 3	0.464 7	0.214 6	0.691 0	0.479 6	0.214 7	0.712 5	0.470 9	0.216 6
X_7	0.917 3	0.708 9	0.258 5	0.892 9	0.704 4	0.239 5	0.855 2	0.657 7	0.216 6
X_8	0.783 3	0.691 1	0.192 6	0.711 4	0.634 8	0.160 5	0.563 6	0.491 4	0.117 6
X_9	0.425 6	0.342 4	0.138 8	0.441 3	0.323 3	0.132 0	0.462 0	0.326 9	0.132 0
X_{10}	0.355 9	0.305 3	0.115 8	0.382 9	0.290 4	0.111 0	0.386 8	0.280 9	0.107 9

得到的 3 个时刻的目标威胁值分别为

$$\boldsymbol{F}_1 = \begin{bmatrix} 1 & 0.455\ 2 & 0.123\ 5 & 0.339\ 4 & 0.049\ 0 & 0.287\ 5 & 0.144\ 8 \\ & 0.436\ 4 & 0.538\ 0 & 0.613\ 2 \end{bmatrix}^{\text{T}}$$

$$\boldsymbol{F}_2 = \begin{bmatrix} 1 & 0.475\ 6 & 0.149\ 9 & 0.376\ 8 & 0.073\ 8 & 0.309\ 0 & 0.107\ 1 \\ & 0.288\ 6 & 0.558\ 7 & 0.617\ 1 \end{bmatrix}^{\text{T}}$$

$$\boldsymbol{F}_3 = \begin{bmatrix} 1 & 0.455\ 2 & 0.123\ 5 & 0.339\ 4 & 0.049\ 0 & 0.287\ 5 & 0.144\ 8 \\ & 0.436\ 4 & 0.538\ 0 & 0.613\ 2 \end{bmatrix}^{\text{T}}$$

为了充分反映整个时序的动态信息,且更加重视近期时刻的数据,取时间度为 0.2,由式(4.25)~式(4.28)得到的时间权重向量为

$$\boldsymbol{w} = \begin{bmatrix} 0.057\ 6 & 0.284\ 8 & 0.657\ 6 \end{bmatrix}^{\text{T}}$$

由式(4.29)求得 10 批目标的动态威胁值分别为

$$\boldsymbol{F} = \begin{bmatrix} 1 & 0.466\ 3 & 0.132\ 2 & 0.354\ 7 & 0.058\ 0 & 0.296\ 9 & 0.130\ 5 \\ & 0.381\ 6 & 0.546\ 0 & 0.616\ 1 \end{bmatrix}^{\text{T}}$$

得到的目标威胁排序为

$$X_1 > X_{10} > X_9 > X_2 > X_8 > X_4 > X_6 > X_3 > X_7 > X_5$$

将目标威胁值作为 RSR 值,得到 RSR 分布如表 4.8 所示。

表 4.8　RSR 分布表

目标序号	RSR	f	$\sum f$	$\bar{R}$	R/n	标准正态离差	Probit
X_5	0.058 0	1	1	1	0.100 0	$-1.281\ 6$	3.718 4
X_7	0.130 5	1	2	2	0.200 0	$-0.841\ 6$	4.158 4
X_3	0.132 2	1	3	3	0.300 0	$-0.524\ 4$	4.475 6
X_6	0.296 9	1	4	4	0.400 0	$-0.253\ 3$	4.746 7
X_4	0.354 7	1	5	5	0.500 0	0.000 0	5.000 0
X_8	0.381 6	1	6	6	0.600 0	0.253 3	5.253 3
X_2	0.466 3	1	7	7	0.700 0	0.524 4	5.524 4
X_9	0.546 0	1	8	8	0.800 0	0.841 6	5.841 6
X_{10}	0.616 1	1	9	9	0.900 0	1.281 6	6.281 6
X_1	1.000 0	1	10	10	0.975 0	1.960 0	6.960 0

得到直线回归结果如图 4.12 所示。

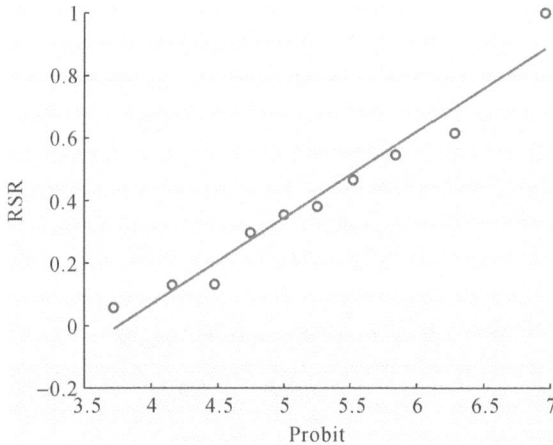

图 4.12　直线回归结果

直线回归方程为

$$y = 0.276\ 2x - 1.037\ 0$$

得到回归检验结果中相关系数 R^2 为 0.954 1，F 检验统计量为 166.325 5，回归的 p 值为 $1.235\ 7 \times 10^{-6}$，回归方程具有统计学意义。

将 Probit 代入回归方程,得到校正的 RSR 值为

$$\mathbf{RSR} = \begin{bmatrix} -0.009\,9 & 0.111\,6 & 0.199\,2 & 0.274\,1 & 0.344\,1 & 0.414\,1 \\ 0.488\,9 & 0.576\,6 & 0.698\,1 & 0.885\,5 \end{bmatrix}^{\mathrm{T}}$$

按照传统经验,一般将目标威胁程度划分为极高、高、中等、低 4 个等级,以便于后续指挥员的指挥决策。根据合理分档原则得到威胁等级划分结果如表 4.9 所示。

表 4.9　威胁等级划分表

威胁等级	百分位数 P	概率单位 Y	RSR 值
低	6.681 以下	3.5 以下	$-0.070\,2$ 以下
中等	6.681	3.5	$-0.070\,2$
高	50	5	0.344 1
极高	93.319	6.5	0.758 4

由此得到目标威胁等级判断结果如表 4.10 所示。

表 4.10　目标威胁等级判断结果

目标	X_1	X_2	X_3	X_4	X_5
威胁等级	极高	高	中等	高	低
目标	X_6	X_7	X_8	X_9	X_{10}
威胁等级	中等	中等	高	高	高

对等级判断结果进行方差齐性检验,所得结果分别如表 4.11 和表 4.12 所示。

表 4.11　方差齐性检验结果

RSR	莱文统计	自由度 1	自由度 2	显著性
基于平均值	0.146	1	6	0.715
基于平均数	0.330	1	6	0.587
基于中位数并具有调整后自由度	0.330	1	4.586 3	0.593
基于剪除后平均值	0.154	1	6	0.708

表 4.12　ANOVA 检验结果

RSR	二次方和	自由度	均方根	F	显著性
组间	0.640	3	0.213	19.263	0.002
组内	0.066	6	0.011		
总计	0.707	9			

通过表 4.11 可以看出方差齐性检验的显著性为 0.715,大于 0.05,这说明各等级之间具有方差齐性。通过表 4.12 可以看出,显著性为 0.02,小于 0.05,这说明可以认为各等级之间存在明显差异。因此,10 批目标的威胁等级划分具有统计性意义,威胁等级判断结果具有科学性和合理性。

4.5.2　对比分析

4.5.2.1　集群影响对比分析

现有的目标威胁评估方法没有考虑空中集群对目标威胁度的影响,这与大规模空袭的作战实际不相符。为了分析空中集群对目标威胁评估结果影响,采用不考虑集群影响的方法得到的目标威胁值为

$$\boldsymbol{F} = [1 \quad 0.472\,9 \quad 0.091\,6 \quad 0.421\,1 \quad 0.047\,9 \quad 0.295\,4 \quad 0.181\,5 \quad 0.450\,5 \\ 0.524\,6 \quad 0.627\,3]^{\mathrm{T}}$$

威胁排序为

$$X_1 > X_{10} > X_9 > X_2 > X_8 > X_4 > X_6 > X_7 > X_3 > X_5$$

两种方法的威胁评估和排序结果对比如图 4.13 所示。由图 4.13 可以看出,两种方法得到的目标威胁评估结果和排序结果均有所不同:目标 X_3 和目标 X_9 的威胁值有所增大,目标 X_4、目标 X_7 和目标 X_8 的威胁值有所减小,这是因为集群 G_1 对目标 X_3 和目标 X_9 产生了影响,目标 X_4、目标 X_7 和目标 X_8 受到了集群 G_6 的影响,而在当前战场态势下集群 G_1 的作战能力大于集群 G_6,因此集群 G_1 中的目标威胁程度会相对升高,集群 G_6 中的目标威胁程度会相对降低,同时导致了威胁排序结果在目标 X_3 和目标 X_7 的排序中发生了变化。这说明,经过集群影响的修正得到的威胁结果更加符合大规模空袭中战场实际。此外,受到同一集群影响的目标的威胁排序结果仍然不变,两种方法对于集群 G_4 中的目标 X_2、目标 X_5、目标 X_6 和目标 X_{10} 得到的威胁值虽然不同,但排序结果一致,均为 $X_{10} > X_2 > X_6 > X_5$。这说明,本章方法在考虑集群影响的同时确保了威胁评估结果的合理性。

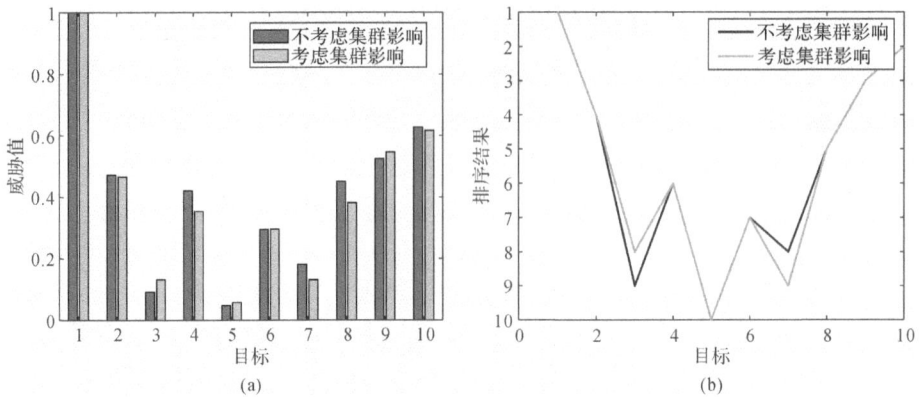

图 4.13　集群影响对比分析

(a)目标威胁评估结果对比;(b)目标威胁排序结果对比

4.5.2.2　决策偏好对比分析

相比于其他排序方法,VIKOR 法能够通过选择不同的折中系数来反映决策者在决策过程中对于群体效用和个体遗憾的决策偏好,能够在保证评估客观性的同时增加决策的灵活性和弹性。

当折中系数较小时,表示决策者在进行目标威胁评估时更加倾向于个体遗憾值;当折中系数较大时,表示决策者更加倾向于群体效用值;当折中系数等于0.5 时,表示决策者在个体遗憾值和群体效用值之间无明显偏好。为了分析决策偏好对目标威胁评估结果的影响,取不同折中系数得到的目标威胁值如表4.13 所示,威胁排序结果对比如图 4.14 所示。

表 4.13　不同折中系数对应的目标威胁值

u	X_1	X_2	X_3	X_4	X_5	X_6	X_7	X_8	X_9	X_{10}
0	1.000 0	0.488 1	0.181 2	0.377 0	0.000 0	0.293 8	0.260 9	0.566 3	0.573 3	0.650 8
0.1	1.000 0	0.483 8	0.171 4	0.372 6	0.011 6	0.294 4	0.234 8	0.529 4	0.567 9	0.643 8
0.2	1.000 0	0.479 4	0.161 6	0.368 1	0.023 2	0.295 0	0.208 7	0.492 5	0.562 4	0.636 9
0.3	1.000 0	0.475 0	0.151 8	0.363 7	0.034 8	0.295 6	0.182 6	0.455 5	0.556 9	0.630 0
0.4	1.000 0	0.470 6	0.142 0	0.359 2	0.046 4	0.296 3	0.156 5	0.418 6	0.551 4	0.623 0
0.5	1.000 0	0.466 3	0.132 2	0.354 7	0.058 0	0.296 9	0.130 5	0.381 6	0.546 0	0.616 1
0.6	1.000 0	0.461 9	0.122 4	0.350 3	0.069 6	0.297 5	0.104 4	0.344 7	0.540 5	0.609 2
0.7	1.000 0	0.457 5	0.112 5	0.345 8	0.081 2	0.298 2	0.078 3	0.307 8	0.535 0	0.602 2

续表

u	X_1	X_2	X_3	X_4	X_5	X_6	X_7	X_8	X_9	X_{10}
0.8	1.000 0	0.453 2	0.102 7	0.341 4	0.092 8	0.298 8	0.052 2	0.270 8	0.529 5	0.595 3
0.9	1.000 0	0.448 8	0.092 9	0.336 9	0.104 4	0.299 4	0.026 1	0.233 9	0.524 1	0.588 3
1	1.000 0	0.444 4	0.083 1	0.332 5	0.116 0	0.300 0	0.000 0	0.196 9	0.518 6	0.581 4

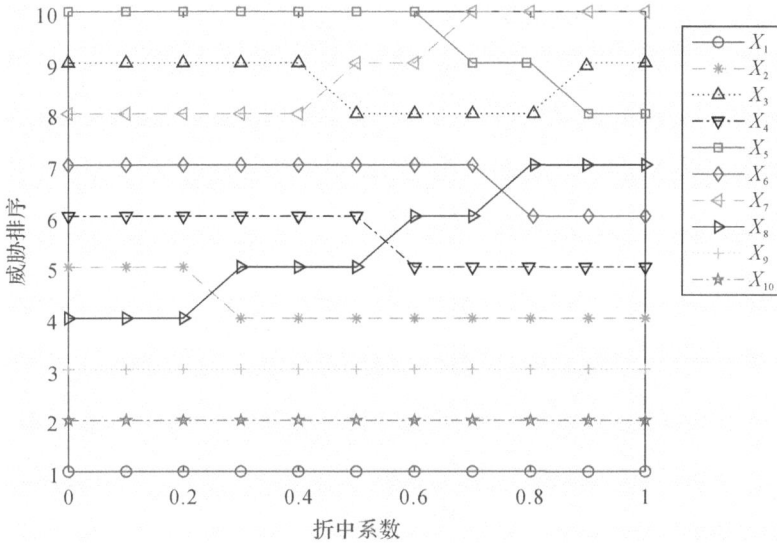

图 4.14　不同折中系数下的威胁排序

由表 4.13 和图 4.14 可以看出,针对不同的折中系数,决策者根据不同的偏好进行威胁评估,得到的威胁排序结果也不一样。随着折中系数的增大,决策者逐渐偏好于群体效用值,目标 X_7 和目标 X_8 的威胁排序逐渐降低,目标 X_2、目标 X_4、目标 X_5 和目标 X_6 的威胁排序结果均有不同程度的升高,目标 X_3 的威胁排序出现了先升高后降低的情况,这说明该方法能够根据决策者的不同偏好得到不同的威胁排序结果,具有一定的灵活性;同时,对于不同的折中偏好系数,威胁最大的始终是目标 X_1 和目标 X_{10},这说明方法在考虑决策偏好的同时具备较好的稳定性。

4.5.2.3　时间偏好对比分析

时间度主要反映了决策者对于不同时刻的偏好程度。当时间度较小时,表明决策者更加偏好距当前时刻较近的时刻信息;当时间度较大时,表明决策者更加偏好距当前时刻较远的历史时刻信息;当时间度为 0.5 时,表明决策者对于每个时刻的重视程度相同,偏好于整个时序内目标的整体信息。为了对比分析时间偏好对于威胁评估结果的影响,选取不同的时间度得到的目标折中值如表 4.14 所示,威胁评估对比结果如图 4.15 所示。

表 4.14 不同时间度对应的目标折中值

λ	X_1	X_2	X_3	X_4	X_5	X_6	X_7	X_8	X_9	X_{10}
0	0.000 0	0.528 9	0.842 6	0.650 3	0.980 4	0.711 3	0.768 4	0.454 2	0.442 3	0.364 2
0.1	0.000 0	0.525 6	0.839 2	0.640 3	0.981 6	0.709 0	0.776 1	0.474 5	0.439 6	0.363 2
0.2	0.000 0	0.519 3	0.835 4	0.629 0	0.982 9	0.706 1	0.783 3	0.492 4	0.436 1	0.360 6
0.3	0.000 0	0.509 3	0.831 5	0.616 5	0.984 8	0.702 6	0.790 2	0.507 3	0.431 8	0.356 0
0.4	0.000 0	0.498 7	0.827 4	0.603 6	0.986 7	0.698 9	0.796 9	0.521 8	0.427 3	0.351 1
0.5	0.000 0	0.487 5	0.823 2	0.590 5	0.988 4	0.695 1	0.803 4	0.535 8	0.422 6	0.345 9
0.6	0.000 0	0.476 1	0.819 2	0.577 4	0.990 6	0.691 4	0.810 1	0.549 6	0.418 0	0.340 6
0.7	0.000 0	0.464 1	0.815 1	0.564 0	0.992 7	0.687 5	0.816 7	0.562 9	0.413 2	0.334 9
0.8	0.000 0	0.451 5	0.810 8	0.550 0	0.994 7	0.683 4	0.823 1	0.575 7	0.408 2	0.329 0
0.9	0.000 0	0.435 2	0.806 4	0.535 4	0.997 3	0.678 8	0.829 1	0.585 6	0.402 3	0.321 0
1	0.000 0	0.415 9	0.801 6	0.519 2	1.000 0	0.673 5	0.834 7	0.593 1	0.395 8	0.311 5

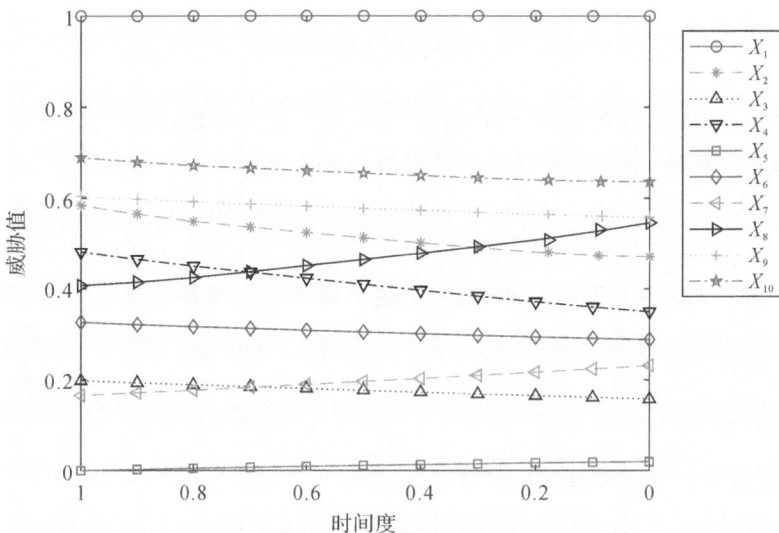

图 4.15 不同时间偏好的结果对比

由表 4.14 和图 4.15 可以看出,随着时间度的减小,目标 X_8 的威胁排序结果不断升高,"并在时间度为 0.7 和 0.3 时分别与 x_4 和 x_2 交叉",这说明目标 X_8 的威胁程度在整个时序内不断增大且超过了目标 X_4 和目标 X_2。另外,目标 X_7 随着时间度的减小威胁程度不断增大,而目标 X_2、目标 X_4 和目标 X_6 随着时间度的减小威胁程度不断减小,可以预测在将来的某一时刻目标 X_7 的威胁程度可能会超过目标 X_2、目标 X_4 和目标 X_6,这说明该方法能够充分融合时间序列内多个时刻的目标信息,得到合理的目标动态威胁评估结果。

为了进一步对比分析所提时间序列权重优化模型的有效性,采用张堃等和张浩为等提出的泊松分布逆形式方法得到的时间权重进行评估,得到的威胁排序结果为 $X_1 > X_{10} > X_9 > X_2 > X_4 > X_8 > X_6 > X_3 > X_7 > X_5$,与时间度为 $0.3 \sim 0.5$ 时得到的威胁排序结果一致,这说明本章方法得到的时间序列权重相比于其他方法能够更加充分反映决策者对于时间的偏好,保证有效性的同时具有更大的灵活性。

4.5.2.4　等级划分方法对比

为了验证本章方法在目标威胁等级划分的有效性,采用等距划分法和梯形划分法这两种常用的等级划分方法对目标进行威胁等级评定,等级划分结果对比如表 4.15 所示。

表 4.15　等级划分方法对比

划分方法	极高	高	中等	低
等距法	X_1	X_9、X_{10}	X_2、X_4、X_6、X_8	X_3、X_5、X_7
梯形法	X_1	X_9、X_{10}	X_2、X_4、X_8	X_3、X_5、X_6、X_7
本章方法	X_1	X_2、X_4、X_8、X_9、X_{10}	X_3、X_6、X_7	X_5

可以看出,3 种方法得到的威胁等级结果有所不同,主要体现在高、中等和低 3 个等级中。比如,等距法和梯形法将 X_3 和 X_7 的威胁等级定为低,但观察 X_3 和 X_7 的威胁值可以发现,X_3 和 X_7 的威胁值远大于 X_5,与 X_6 较为接近,这两种方法缩小了 3 个目标之间的差距,显然不符合实际。此外,两种方法在高威胁等级的判断扩大了相近目标之间的差距,等级划分结果也不够合理。而本章方法得到的威胁等级结果与目标威胁值的分布基本一致,能够充分反映不同目标的威胁差别,且满足统计学要求,得到的目标威胁等级结果更加符合战场实际。

4.6　本章小结

针对面向联合防空作战的大规模空袭目标威胁评估问题,本章在考虑态势、集群、目标三者之间耦合关系的前提下提出了一种目标动态威胁评估方法。其基本思路是建立了考虑集群影响的目标威胁评估指标体系并采用模糊集的方式进行量化,采用基于聚类 AHP 法和改进熵权的主客观博弈组合赋权方法确定指标权重,通过改进的 VIKOR 法计算目标威胁值,通过将不同时刻的目标威胁评估结果加权融合处理得到最终的目标动态威胁值,实现了目标的动态威胁评估,并根据统计分布对威胁等级进行划分。

(1)所构建的目标威胁评估指标体系不仅考虑了目标类型、飞行高度、飞行速度、航路捷径和飞抵时间等目标属性,还考虑了集群与目标的相互作用和影响以及目标的固有能力,避免了将目标独立于集群之外进行威胁评估而导致评估结果不合理的情况出现。

(2)所提双层随机森林的目标识别算法提高了随机森林的性能,能够去除冗余特征,在保证高识别准确率的同时具有较好的识别时效性,具有较强的泛化能力和鲁棒性,对后续目标威胁评估提供了科学支撑。

(3)所提基于改进 VIKOR 法的目标威胁评估模型能够充分考虑决策者的心理行为和决策偏好,使得威胁评估更加接近人的思维过程,能够在保证目标威胁评估的有效性的同时增加了评估过程的交互性和弹性。

(4)所提考虑时间偏好的目标动态威胁评估方法能够反映目标威胁程度在一段时间序列内的动态变化,构建的基于信息量最大而波动性最小的时间权重优化模型能够根据决策者的偏好灵活调整时间序列权重的分配,克服了传统时间权重仅由时刻数决定而无法反映时刻偏好的不足,具有更大的灵活性和更好的适应性。

(5)所提的目标威胁等级判断方法能够从数据分布的角度对目标威胁度之间的差异进行合理分辨,相比于现有威胁等级判断方法,所提方法得到的威胁等级判断结果具有更好的科学性和合理性。

第5章 基于改进正余弦优化支持向量回归的目标智能威胁评估框架

前文所提的威胁评估方法能够充分考虑态势、集群、目标三者之间的耦合关系以及目标动态变化等因素,得到科学、合理的目标威胁值。为了进一步提高目标威胁评估的效率,实现目标威胁的快速准确智能评估,本章构建基于改进正余弦优化支持向量回归的目标智能威胁评估框架。通过第2~4章所构建的威胁评估模型计算目标威胁值,建立基于目标空情数据和威胁值的样本数据库;采用佳点集初始化种群、非线性振幅调整因子、随机惯性权重、自适应终点权重以及最优邻域高斯扰动等策略对正余弦算法进行改进并验证改进的有效性;最后使用改进的正余弦算法(Improved Sine Cosine Algorithm,ISCA)对支持向量回归模型(Support Vector Regression,SVR)进行优化,训练并构建基于 ISCA - SVR 的目标智能威胁评估框架。

5.1 样本数据库建立

从 1.8 节中构建的仿真验证典型场景中选取 30 批空袭目标,其目标空情数据如表 5.1 所示。

表 5.1 目标空情数据

目标	集群影响	目标类型	飞行高度/m	飞行速度/(m·s⁻¹)	航路捷径/km	飞抵时间/s
1	3	第三类	15 000	400	9	250
2	2	第四类	13 000	700	15	200
3	1	第一类	3 000	1 500	6	180
4	5	第二类	2 500	1 200	18	200
5	4	第四类	1 000	280	20	500

目标	集群影响	目标类型	飞行高度/m	飞行速度/(m·s⁻¹)	航路捷径/km	飞抵时间/s
6	1	第五类	800	100	10	1 000
7	3	第四类	10 000	500	20	520
8	4	第三类	4 000	380	8	700
9	2	第四类	3 000	400	17	750
10	5	第三类	9 000	240	25	1 400
11	4	第五类	3 000	320	−5	250
12	3	第三类	11 000	720	0	510
13	2	第一类	600	1 600	8	180
14	5	第五类	5 000	280	−12	−300
15	1	第二类	12 000	420	20	1 600
16	3	第二类	7 000	500	10	−250
17	5	第四类	5 600	180	−18	480
18	1	第四类	9 000	300	15	800
19	5	第三类	300	600	−21	420
20	2	第三类	18 000	700	0	300
21	3	第一类	3 000	1 600	8	180
22	1	第四类	270	620	18	350
23	4	第五类	7 300	300	15	784
24	2	第三类	2 800	700	11	−252
25	5	第三类	8 500	420	12	1 500
26	3	第二类	7 200	300	15	820
27	5	第二类	15 000	250	18	1 000
28	1	第三类	11 000	300	20	750
29	2	第四类	8 000	420	5	600
30	4	第二类	6 800	720	−13	540

注：①航路捷径负值表示方向；②飞抵时间负值表示离远飞行。

通过前文所构建的空袭目标威胁评估模型计算目标的威胁值，得到由目标空情数据和威胁值组成的样本数据库如表5.2所示,其中集群影响、目标类型、飞行高度、飞行速度、航路捷径和飞抵时间为输入数据,目标威胁值为输出数据。

表5.2　目标样本数据库

目标	集群影响	目标类型	飞行高度	飞行速度	航路捷径	飞抵时间	威胁值
1	0.598 9	0.550 0	0.140 9	0.864 7	0.667 0	0.882 5	0.547 1
2	0.530 9	0.430 0	0.236 9	0.969 8	0.324 7	0.923 1	0.655 3
3	0.574 3	0.920 0	0.960 8	0.999 4	0.835 3	0.937 3	0.893 4
4	0.388 6	0.850 0	0.977 8	0.997 5	0.197 9	0.923 1	0.685 1
5	0.511 9	0.430 0	1.000 0	0.753 4	0.135 3	0.606 5	0.438 2
6	0.574 3	0.040 0	1.000 0	0.393 5	0.606 5	0.135 3	0.326 0
7	0.598 9	0.430 0	0.444 9	0.917 9	0.135 3	0.582 3	0.492 3
8	0.511 9	0.550 0	0.913 9	0.850 4	0.726 1	0.375 3	0.521 5
9	0.530 9	0.430 0	0.960 8	0.864 7	0.235 7	0.324 7	0.601 1
10	0.388 6	0.550 0	0.527 3	0.698 8	0.043 9	0.019 8	0.347 6
11	0.511 9	0.040 0	0.960 8	0.798 1	0.882 5	0.882 5	0.547 3
12	0.598 9	0.550 0	0.367 9	0.972 7	1.000 0	0.594 4	0.549 5
13	0.530 9	0.920 0	1.000 0	0.999 7	0.726 1	0.937 3	0.741 7
14	0.388 6	0.040 0	0.852 1	0.753 4	0.486 8	0.270 3	0.391 8
15	0.574 3	0.850 0	0.298 2	0.877 5	0.135 3	0.006 0	0.437 3
16	0.598 9	0.850 0	0.697 7	0.917 9	0.606 5	0.390 2	0.574 3
17	0.511 9	0.430 0	0.809 4	0.593 4	0.197 9	0.630 8	0.500 1
18	0.574 3	0.430 0	0.527 3	0.776 9	0.324 7	0.278 0	0.429 0
19	0.388 6	0.550 0	1.000 0	0.950 2	0.110 3	0.702 7	0.605 3
20	0.530 9	0.550 0	0.055 6	0.969 8	1.000 0	0.835 3	0.565 1
21	0.598 9	0.920 0	0.960 8	0.999 7	0.726 1	0.937 3	0.691 0
22	0.574 3	0.430 0	1.000 0	0.955 0	0.197 9	0.782 7	0.571 3
23	0.511 9	0.040 0	0.672 4	0.776 9	0.324 7	0.292 5	0.458 6

目标	集群影响	目标类型	飞行高度	飞行速度	航路捷径	飞抵时间	威胁值
24	0.530 9	0.550 0	0.968 1	0.969 8	0.546 1	0.384 6	0.559 4
25	0.388 6	0.550 0	0.569 8	0.877 5	0.486 8	0.011 1	0.476 6
26	0.598 9	0.850 0	0.680 9	0.776 9	0.324 7	0.260 6	0.521 1
27	0.388 6	0.850 0	0.140 9	0.713 5	0.197 9	0.135 3	0.486 8
28	0.574 3	0.550 0	0.367 9	0.776 9	0.135 3	0.324 7	0.481 8
29	0.530 9	0.430 0	0.612 6	0.877 5	0.882 5	0.486 8	0.560 7
30	0.511 9	0.850 0	0.714 3	0.972 7	0.429 6	0.558 1	0.597 9

注:各值均做了归一化处理,在(0-1)之间,无单位。

5.2 基于 ISCA – SVR 的目标智能威胁评估框架构建

信息化条件下的空防对抗作战呈现高博弈对抗性、高环境复杂性、高实时响应性的"三高"特点,对于空袭目标威胁评估的时效性、准确率和智能化水平提出了更高的要求。根据现有研究对目标威胁估计特点和威胁估计方法的分析,机器学习中的支持向量机(Support Vector Machines,SVM)以结构风险最小化为原则,具备良好的非线性映射能力,相比其他威胁估计方法在解决非线性和高维度问题方面更具优势,这与目标威胁估计具有的非线性特点和高精度要求相契合,因此较为适合解决目标威胁估计问题。支持向量机针对分类和回归问题分别具有支持向量分类(Support Vector Classification,SVC)模型和支持向量回归(Support Vector Regression,SVR)模型,对于目标威胁评估主要采用支持向量回归(SVR)模型。SVR 模型中的参数设置对于模型效果的影响较大,尤其是惩罚参数 C 和核函数参数 g 这两个核心参数的寻优是 SVR 模型的关键问题。目前常采用智能优化算法进行参数寻优,进而提升模型预测效果。正余弦算法(Sine Cosine Algorithm,SCA)是由澳大利亚学者 Mirjalili 于 2016 年提出的一种基于种群的新型随机优化算法,该方法具有参数少、简单易用和扩展性好的特点。SCA 算法通过正弦和余弦的周期模式能够较好地实现全局搜索和局部寻优的平衡,寻优过程简单、高效,在神经网络和支持向量机的参数寻优中也有较好的表现。但是,与其他智能优化算法一样,正余弦算法同样存在过早收敛和容易陷入局部最优的不足,因此需要对其进行改进。为了提高威胁评估的准确性和经典 SCA 算法的优化性能,本章采用基于佳点集初始化种群、非线性振幅调整因子、随机惯性权重、自适应终点权重以及最优邻域高斯扰动等对传统正余弦算法进行改进,构建改进正余弦优化支持向量回归的智能威胁评估框架。

5.2.1　SVR 原理

SVR 的基本思想是通过核函数将非线性回归问题映射到高维空间中的线性回归问题,然后寻找一个最优的超平面,使所有样本与该超平面的距离最小。SVR 的原理如图 5.1 所示。其基本原理如下。

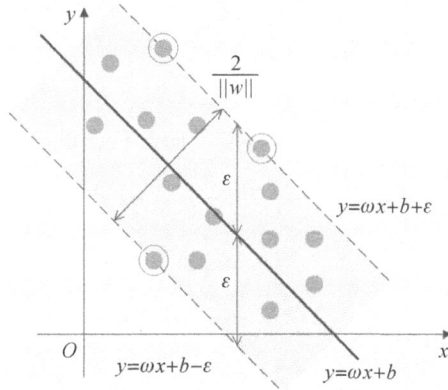

图 5.1　SVR 原理示意图

首先建立高维空间中的回归模型为

$$y = w\varphi(x) + b, \ x \in \mathbf{R}^d \tag{5.1}$$

式中:y 为预测值;x 为输入值;d 为输入变量的维度;$\varphi(x)$ 为映射函数;w 为回归权重;b 为偏置。

将 SVR 问题转化为

$$\min \frac{1}{2} \|w\|^2 + C \sum_{i=1}^{n} \{l_\varepsilon [f(x_i) - y_i]\} \tag{5.2}$$

式中:$\|w\|^2$ 为惩罚函数;C 为惩罚系数;l_ε 为损失函数。

$$l_\varepsilon(z) = \begin{cases} 0, |z| \leqslant \varepsilon \\ |z| - \varepsilon, 其他 \end{cases} \tag{5.3}$$

式中:ε 为不敏感函数参数。

引入松弛变量 δ、δ^*,则公式转化为

$$\min \frac{1}{2} \parallel \omega \parallel^2 + C \sum_{i=1}^{n} (\delta_i + \delta_i^*) \Bigg\}$$

$$\text{s. t.} \begin{cases} f(x_i) - y_i \leqslant \varepsilon + \delta_i \\ y_i - f(x_i) \leqslant \varepsilon + \delta_i^* \\ \delta_i \geqslant 0, \delta_i^* \geqslant 0, i = 1,2,\cdots,n \end{cases} \tag{5.4}$$

引入 Lagrange 乘子得到拉格朗日函数,求得 SVR 的对偶问题为

$$\max \sum_{i=1}^{n} y_i(a_i - a_i^*) - \varepsilon \sum_{i=1}^{n} y_i(a_i + a_i^*) - \frac{1}{2} \sum_{i=1}^{n} \sum_{j=1}^{n} (a_i - a_i^*)(a_j - a_j^*) K(x_i, x)$$

$$\text{s. t.} \begin{cases} \sum_{i=1}^{n} (a_i - a_i^*) = 0 \\ 0 \leqslant a_i \\ a_i^* \leqslant C \end{cases} \Bigg\}$$

$$\tag{5.5}$$

式中:$K(x_i, x)$ 为核函数。这里选择高斯径向基核函数

$$K(x_i, x) = \exp(-\frac{\parallel x_i - x_j \parallel^2}{2\sigma}) = \exp(-g \parallel x_i - x_j \parallel^2) \tag{5.6}$$

得到 SVR 的解为

$$f(x) = \sum_{i=1}^{n} (a_i - a_i^*) K(x_i, x) + b \tag{5.7}$$

可以看出,选择合适的 (C, g) 对于 SVR 模型的性能具有巨大的影响,因此本章选择改进的正余弦优化算法对 SVR 得出超参数进行寻优。

5.2.2 改进正余弦算法(ISCA)

5.2.2.1 SCA 原理

SCA 本质上是基于种群的优化算法,而基于种群的优化算法的关键都是两个阶段:探索和利用。探索阶段,算法以较大的步长进行全局搜索;而在利用阶段,算法侧重于局部寻优。SCA 使用下式进行位置更新,其示意图如图 5.2 所示。

$$X_i^{t+1} = \begin{cases} X_i^t + r_1 \times \sin(r_2) \times |r_3 P_i^t - X_i^t|, r_4 < 0.5 \\ X_i^t + r_1 \times \cos(r_2) \times |r_3 P_i^t - X_i^t|, r_4 \geqslant 0.5 \end{cases} \tag{5.8}$$

式中:X_i^t 为第 t 次迭代中当前解在第 i 个维度上的位置;r_2、r_3、r_4 为随机数。

$$r_i = a - a \times \frac{t}{T_{\max}} \tag{5.9}$$

式中:t 为当前迭代次数;$T_{\max}$ 为最大迭代次数;a 为常数,通常取 2。

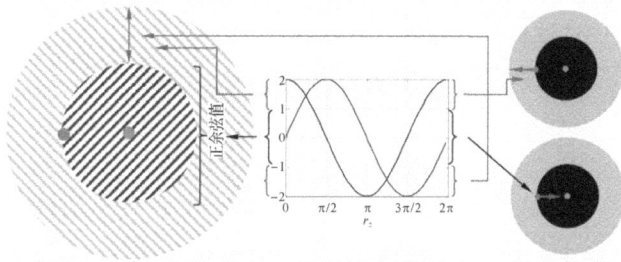

图 5.2　正余弦算法示意图

分析位置更新公式可以看出,参数 r_1 决定了下一位置的所在区域,该区域既可以位于解和终点之间的空间内,也可以不在。当 $r_1>1$ 时,侧重于全局寻优;当 $r_1<1$ 时,侧重于局部搜索。参数 $r_2\in[0,2\pi]$ 定义了朝向或背离终点的距离远近。参数 $r_3\in[0,2]$ 为终点引入了随机权重,可以随机强调($r_3>1$)或弱化($r_3<1$)终点在距离计算中起到的作用。参数 $r_4\in[0,1]$ 用于以相等的概率在正弦和余弦之间进行切换。

5.2.2.2　ISCA

由于目标威胁评估具有典型的模糊性和非线性的特点,因此利用 SVR 模型进行威胁估计时,本质是将目标数据映射到高维空间中的线性模型中。通过式(5.2)～式(5.5)可以看出,惩罚系数 C 影响模型的复杂性和稳定性,C 过小容易产生较大的误差,出现欠拟合的情况,而 C 过大虽然会提高学习精度,但会降低泛化能力,容易出现过拟合的现象;核函数参数 g 主要反映了支持向量之间的相关性,g 越小,支持向量之间的联系越弱,泛化能力越差,而 g 越大,支持向量之间的联系越紧密,学习的精度就越低。因此,选择合适的 (C,g) 对于 SVR 模型的性能具有巨大的影响,本章在目前已有研究的基础上从佳点集初始化种群、非线性振幅调整因子、随机惯性权重、自适应终点权重和最优邻域高斯扰动等方面对正余弦算法进行改进,并通过 10 个常用的高维基准测试函数对 ISCA 进行有效性验证,证明改进后的正余弦算法能提高全局搜索能力、加强收敛速度并具有较好的稳定性。

1. 佳点集初始化种群

对于群智能优化算法,初始种群的分布情况会直接影响算法搜索的效果,种群的分布越均匀和多样,算法的性能会更好。而 SCA 采用的是随机分布的初始化种群,难以保证种群的多样性。因此,本章引入佳点集理论确定初始种群的分布。

佳点集理论由华罗庚先生提出,其理论优越性体现在用佳点集选择的样本的偏差小于随机选取样本的偏差。其基本原理如下。

设 G_s 为 s 维欧式空间的单位立方体,且 $r \in G_s$。若

$$p_n(k) = \{(\{r_1^{(n)} \times k\}, \cdots, \{r_i^{(n)} \times k\}, \cdots, \{r_s^{(n)} \times k\}), 1 \leqslant k \leqslant n\} \quad (5.10)$$

其偏差满足下式,则称 $p_n(k)$ 为佳点集,r 为佳点。

$$\varphi(n) = C(r, \varepsilon) n^{-1+\varepsilon} \quad (5.11)$$

式中:ε 为任意的正数;$C(r, \varepsilon)$ 是只和 r, ε 有关的常数。

令

$$r_k = \{2\cos(2\pi k/p)\}, 1 \leqslant k \leqslant d \quad (5.12)$$

式中:p 是满足 $(p-3)/2 \geqslant s$ 的最小素数。

假设 $x_1, x_2, \cdots, x_n$ 为 D_t 上的均匀分布,则 n 个点的偏差为

$$D(n, P_n) = O\{n^{\frac{1}{2}} [\log_2(\log_2)]^{\frac{1}{2}}\} \quad (5.13)$$

如果用佳点集方法取 n 个点,其偏差为 $O(n^{-1+\varepsilon})$,远小于随机方法取点的偏差,且佳点集理论产生的误差只与 n 有关,与维度无关,能够为高维计算提供有效的理论支撑。为了强化对比,选取二维空间的 80 个点 $\{P_1(X, Y), P_2(X, Y), \cdots, P_{80}(X, Y)/X \in [0, 1], Y \in [0, 1]\}$ 将佳点集、随机法和刘丽娟等在 ISCA 中采用的 Logistic 混沌映射初始化种群方法生成的点集对比,情况如图 5.3 所示。

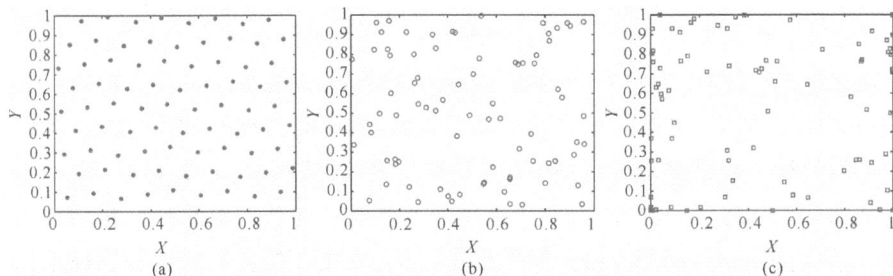

图 5.3 不同方法生成的点集对比

(a) 佳点集法; (b) 随机法; (c) 混沌映射法

通过对比可以看出,通过佳点集生成的初始化种群具有更强的多样性,能够在一定程度上提高 SCA 的探索能力和局部收敛能力。

2.非线性振幅调整因子

分析位置更新公式可以看出,r_1 主要用于协调全局探索能力和局部开发能

力。当 $r_1 > 1$ 时,算法将扩大搜索范围,体现全局搜索能力;当 $r_1 < 1$ 时将,缩小搜索范围,在局部进行精细搜索。经典 SCA 中 r_1 的值是随着迭代次数从 2 线性递减至 0,为了弥补线性递减策略在平衡算法全局搜索与局部寻优方面存在的不足,本章运用幂函数对公式中的 r_1 进行非线性变化,其公式为

$$r_1 = a \times [1 - (t/T_{\max})^\lambda] \tag{5.14}$$

式中:t 为当前迭代次数;$T_{\max}$ 为最大迭代次数;λ 为幂指数,这里取 0.7。

3. 随机惯性权重

惯性权重由于能够反映个体保持历史时刻状态的能力,所以在群智能算法中应用较广。惯性权重常以线性递减的方式进行更新,但是如果在算法初期找不到最好点,随着迭代的增加和权重迅速衰减,线性递减的惯性权重使得算法始终收敛不到最好点,容易陷入局部最优。为了克服这一不足,在个体位置更新方程中引入随机自身惯性权重,引入随机惯性后的个体更新方程为

$$X_i^{t+1} = \begin{cases} wX_i^t + r_1 \times \sin(r_2) \times |r_3 P_i^t - X_i^t|, & r_4 < 0.5 \\ wX_i^t + r_1 \times \cos(r_2) \times |r_3 P_i^t - X_i^t|, & r_4 \geqslant 0.5 \end{cases} \tag{5.15}$$

$$w = u_{\max} + (u_{\max} - u_{\min}) \cdot \mathrm{rand}() + \sigma \cdot \mathrm{randn}() \tag{5.16}$$

式中:$u_{\max}$ 为随机惯性权重最大值,取 0.9;$u_{\min}$ 为随机惯性权重最小值,取 0.4;$\mathrm{rand}()$ 为 $[0,1]$ 均匀分布的随机数;$\mathrm{randn}()$ 为正态分布的随机数;σ 用来衡量随机惯性权重与数学期望之间的偏差,取 0.3。

4. 自适应终点权重

通过分析位置更新公式可以看出,参数 r_3 主要反映了终点在位置更新时具有的权重,而经典 SCA 采用了随机分布的方法来强调($r_3 > 1$)或弱化($r_3 < 1$)终点在距离计算中起到的作用,难以有效平衡全局搜索与局部寻优之间的关系。通过 SCA 的寻优原理可以得到,在算法初期的全局搜索阶段,应以较大的步长进行大范围的搜索,弱化终点的作用,防止早熟;在后期的局部寻优阶段,应该强化终点的作用,加快收敛速度,更快地找到最优解。因此,本章引入余弦三角函数对 r_3 进行非线性的自适应变换,其公式为

$$r_3 = 2\cos\left[\left(1 - \frac{t}{T_{\max}}\right) \times \frac{\pi}{2}\right] \tag{5.17}$$

在迭代初期,终点权重 r_3 的值较小,并不强调终点在距离变化上的作用,能够增强初期的全局探索能力;在迭代后期,终点权重 r_3 的值较大,能够在局部开发阶段充分发挥终点的引导作用,实现更快的收敛速度。

5. 最优邻域高斯扰动

SCA 在位置更新的过程中,只有当更新后的位置优于当前最优位置时才

会更新,这样最优位置的更新不够及时,容易慢慢陷入局部最优。为克服这一不足,本章引入最优邻域高斯扰动策略,在每次迭代时将最优位置的周围采用高斯扰动的方式进行遍历搜索,寻找更好的最优位置。这样不仅可以跳出最优位置更新不及时导致的局部最优困境,还能在算法后期加快收敛速度,具体公式为

$$\tilde{X}(k) = X(k) + X(k) \cdot \text{Gaussian}(\mu, \sigma^2) \tag{5.18}$$

式中:$X(k)$ 为扰动前位置;$\tilde{X}(k)$ 为扰动后位置;k 为扰动次数,这里取 10;μ 为期望;σ^2 为方差。

对于扰动得到的新个体位置,采用贪心算法的思想进行处理,其公式为

$$X(t) = \begin{cases} \tilde{X}(t), f[\tilde{X}(t)] < f[X(t)] \\ X(t), f[\tilde{X}(t)] > f[X(t)] \end{cases} \tag{5.19}$$

如果扰动后的位置比原位置好,那么将扰动后的位置作为最优位置,否则最优位置保持不变。

5.2.2.3 ISCA 的有效性验证

为了验证 ISCA 的有效性,本章选取常用且具有代表性的 10 个常用的高维基准测试函数进行测试。其中:$F_1 \sim F_6$ 为单峰函数,主要用于测试算法收敛速度和求解精度;$F_7 \sim F_{10}$ 为多峰函数,主要用于测试算法全局搜索和跳出局部最优的能力。其函数表达式及最优解如表 5.3 所示。

表 5.3　基准测试函数

函数	表达式	$f_{\min}$
F_1	$\sum_{i=1}^{n} x_i^2$	0
F_2	$\sum_{i=1}^{n} \|x_i\| + \prod_{i=1}^{n} \|x_i\|$	0
F_3	$\sum_{i=1}^{n} \left(\sum_{j=1}^{i} x_j\right)^2$	0
F_4	$\max_i \{\|x_i\|, 1 \leqslant i \leqslant n\}$	0
F_5	$\sum_{i=1}^{n-1} [100 (x_{i+1} - x_i^2)^2 + (x_i - 1)^2]$	0

函数	表达式	$f_{\min}$
F_6	$$\sum_{i=1}^{n} i x_i^4 + \mathrm{random}(0,1)$$	0
F_7	$$\sum_{i=1}^{n} \left[x_i^2 - 10\cos(2\pi x_i) + 10 \right]$$	0
F_8	$$-20\exp\left(-0.2\sqrt{\frac{1}{n}\sum_{i=1}^{n} x_i^2}\right) - \exp\left[\frac{1}{n}\sum_{i=1}^{n}\cos(2\pi x_i)\right] + 20 + \mathrm{e}$$	0
F_9	$$\frac{1}{4\,000}\sum_{i=1}^{n} x_i^2 - \prod_{i=1}^{n}\cos\left(\frac{x_i}{\sqrt{i}}\right) + 1$$	0
F_{10}	$$\frac{\pi}{n}\left\{10\sin(\pi y_1) + \sum_{i=1}^{n-1}(y_i-1)^2\left[1+10\sin^2(\pi y_{i+1})\right] + (y_n-1)^2\right\} + \sum_{i=1}^{n} u(x_i,10,100,4)$$	0

　　首先验证每种改进策略的作用。在 5.2.2.2 节中从理论角度对 5 种改进策略的作用机制进行了分析,为了使实验结果与理论分析相互支撑,将 5 种改进策略分别应用于正余弦算法,并选取 F_1 和 F_7 分别作为单峰函数和多峰函数的代表进行测试,得到优化收敛曲线如图 5.4 和图 5.5 所示。

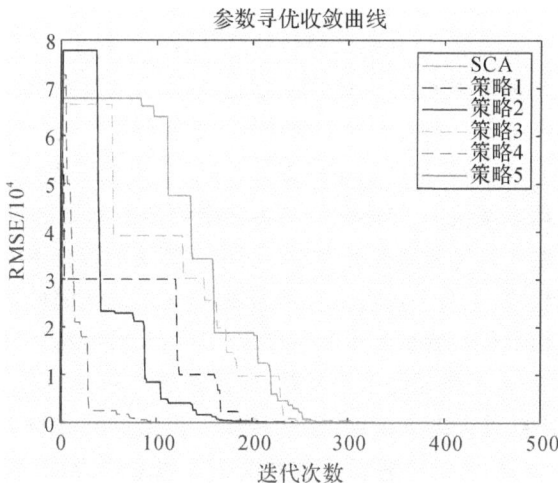

图 5.4　单峰函数上改进策略对比

参数寻优收敛曲线

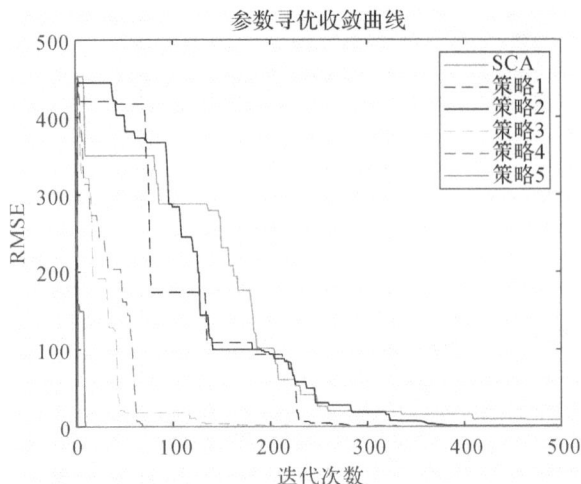

图 5.5　多峰函数上改进策略对比

分析每种改进策略的结果可以发现:通过策略 1 佳点集改进的正余弦算法在初期的下坠趋势较快,但随后出现了停滞现象,这说明佳点集初始化种群的作用是通过提高种群多样性有效提高算法初期全局寻优的速度,但缺乏跳出局部最优的能力。通过策略 2 非线性振幅调整因子改进的正余弦算法曲线在初始时下降速度较快,这是由于幂函数使 r_1 在算法初期保持了较大的值,强化了全局搜索能力,在后期虽然出现了停滞现象,但随着 r_1 的值逐渐减小算法能够有机会跳出局部最优的困境。通过策略 3 随机惯性权重改进的正余弦算法曲线呈现了阶梯式的下降,虽然收敛速度提高不明显,但在每次短暂的停滞后都能跳出局部最优,这说明随机惯性权重的作用是通过其能够保持历史状态的能力来避免算法陷入局部最优。通过策略 4 自适应终点权重改进的正余弦算法曲线能够保持较快的寻优速度和跳出局部最优的能力,但随着精度的不断提高,最后也出现了停滞现象,这说明自适应终点权重通过动态调整 r_3 的值来提高算法全局搜索和局部收敛能力是有一定效果的。通过策略 5 最优邻域扰动改进的正余弦算法曲线在单峰函数和多峰函数上的下降速度都较快,且几乎没有出现停滞现象,说明最优邻域扰动能够在提高寻优速度的同时跳出最优位置更新不及时导致的局部最优困境。

综合对比收敛速度和寻优精度来看,最优邻域高斯扰动对 SCA 的性能提升幅度最大,其次是自适应终点权重,最后是佳点集初始化种群、非线性振幅调整因子和随机惯性权重,且这三种策略的性能提升幅度较为接近。

将本章提出的 ISCA 与 SCA,刘勇等基于转换参数非线性递减的正余弦算法(PSCA),Mohamed 等中基于反向学习改进的正余弦算法(OBSCA),应用较为广泛的粒子群算法(PSO),以及较为新颖的生物地理学算法(BBO)和灰狼算法(GWO)进行对比。实验环境为:Intel(R) Core(TM) i5-10210U,1.60 GHz,四核,内存 16 GB,操作系统为 Windows10,64 位,仿真软件为 MATLAB2019a。设置参数为:种群规模为 30,迭代 500 次;PSO 中个体学习因子 $C_1=2$,社会学习因子 $C_2=2$,惯性权重 $\omega=0.9$,粒子最大速度 $V=6$;BBO 中突变概率 $P=0.1$。得到的测试函数图像及寻优收敛曲线对比情况如图 5.6 所示。

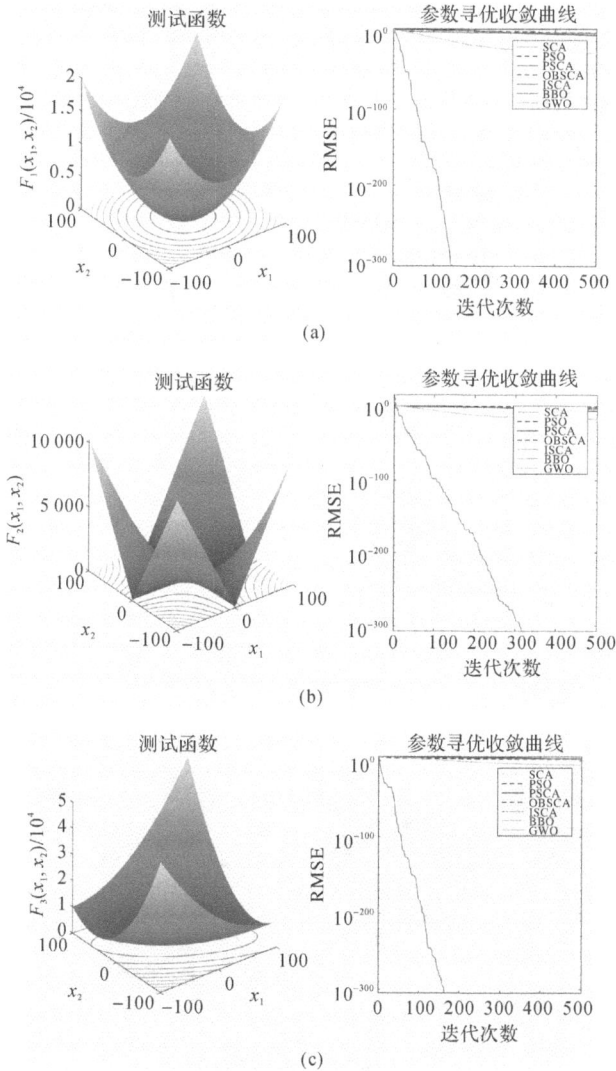

图 5.6　优化算法在测试函数上的对比情况

(a)F_1 图像及参数收敛曲线;　(b)F_2 图像及参数收敛曲线;　(c)F_3 图像及参数收敛曲线

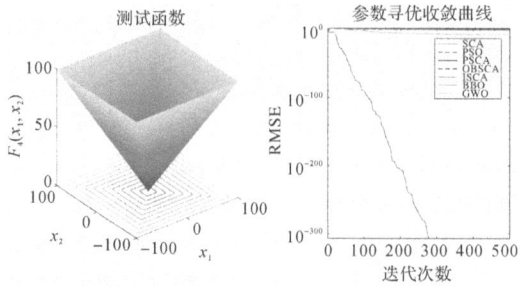

(d)

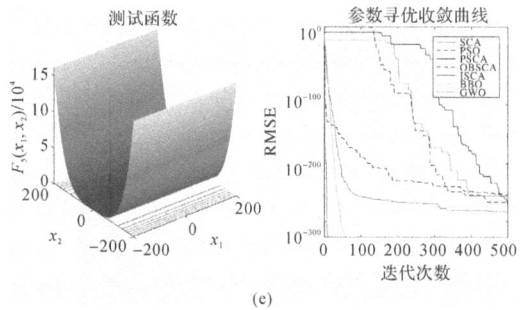

(e)

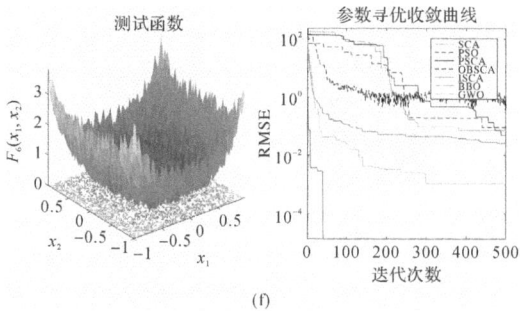

(f)

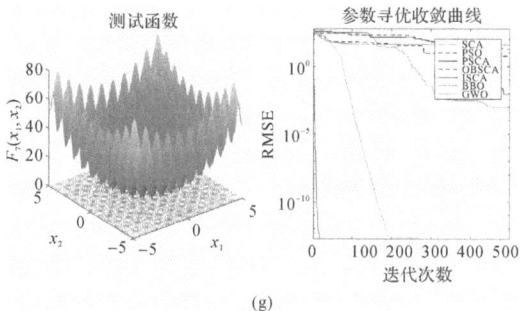

(g)

续图 5.6　优化算法在测试函数上的对比情况

(d)F_4 图像及参数收敛曲线；　(e)F_5 图像及参数收敛曲线；

(f)F_6 图像及参数收敛曲线　(g)F_7 图像及参数收敛曲线；

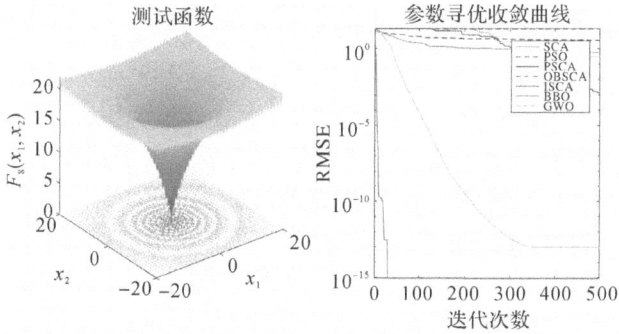

(h)

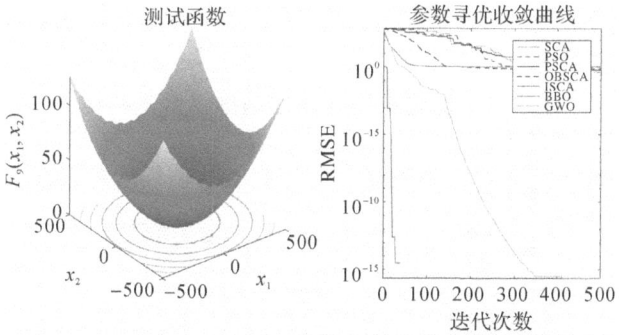

(i)

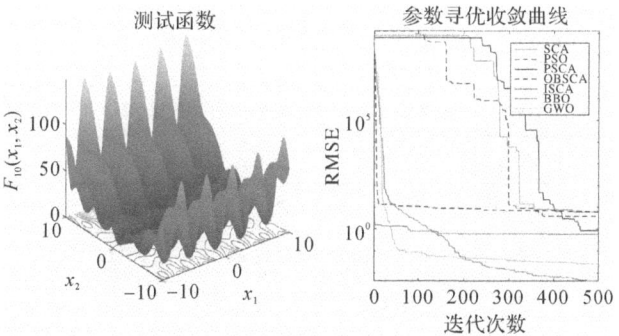

(j)

续图 5.6　优化算法在测试函数上的对比情况

(h)F_8 图像及参数收敛曲线；　(i)F_9 图像及参数收敛曲线　(j)F_{10} 图像及参数收敛曲线

对比 SCA、PSCA、OBSCA 和 ISCA 的结果可以发现，SCA 对于改进策略较为敏感，不管是反向学习、非线性振幅调整因子还是其他改进策略，每种策略对于 SCA 的性能提升效果都较为显著，这说明 SCA 具有较好的扩展性，对其进行优化能够取得较大收益和效果。另外，PSCA 和 OBSCA 仅采用了单一的策略进行改进，算法性能提升有限。从实验结果来看，ISCA 相比于 SCA 通过增加种群多样性、引入动态权重和最优邻域扰动等策略提高了算法全局搜索、局部收敛、寻优速度和跳出局部最优的能力，这说明从不同角度对于正余弦算法进行优化相比于单一的优化策略能够使算法性能有更加全面的提高。通过 7 种算法的收敛曲线可以看出，ISCA 在 $F_1 \sim F_9$ 上相比其他 6 种算法具有更加突出的表现，在保证收敛精度的同时具有更快的收敛速度，仅在 F_{10} 上的表现略差于 BBO 和 GWO。尤其在单峰函数上 ISCA 保持了较高的寻优速度且几乎没有停滞现象，在多峰函数上相比其他算法能够迅速跳出局部最优，不断向最优解靠近。为进一步对比算法的性能，对每种算法运行 30 次，求出运行结果的最小值、最大值、均值和标准差如表 5.4 所示。

表 5.4   优化算法在测试函数上的运行结果

函数	维度	变量值域	优化算法	平均值	标准差	最大值	最小值
F_1	30	$[-100,100]$	SCA	6.588 2	9.048 5	$4.195\ 6 \times 10$	$7.386\ 8 \times 10^{-3}$
			PSCA	$1.436\ 6 \times 10^{-1}$	$2.897\ 8 \times 10^{-1}$	1.339 8	$2.843\ 7 \times 10^{-4}$
			OBSCA	9.625 3	$1.725\ 5 \times 10$	$7.144\ 1 \times 10$	$1.610\ 1 \times 10^{-3}$
			PSO	4.615 1	1.551 8	8.974 9	2.266 6
			ISCA	0	0	0	0
			BBO	2.334 9	$5.103\ 6 \times 10^{-1}$	3.532 2	1.660 4
			GWO	$1.474\ 2 \times 10^{-27}$	$1.939\ 3 \times 10^{-27}$	$7.247\ 4 \times 10^{-27}$	$2.890\ 7 \times 10^{-29}$
F_2	30	$[-10,10]$	SCA	$3.574\ 0 \times 10^{-2}$	$1.028\ 3 \times 10^{-2}$	$5.620\ 2 \times 10^{-1}$	$3.627\ 2 \times 10^{-5}$
			PSCA	$9.086\ 3 \times 10^{-4}$	$1.682\ 3 \times 10^{-3}$	$6.818\ 5 \times 10^{-3}$	$2.831\ 4 \times 10^{-6}$
			OBSCA	$1.933\ 6 \times 10^{-2}$	$2.732\ 6 \times 10^{-2}$	$1.114\ 1 \times 10^{-1}$	$8.064\ 8 \times 10^{-4}$
			PSO	$1.228\ 7 \times 10$	3.563 9	$2.172\ 5 \times 10$	7.381 5
			ISCA	0	0	0	0
			BBO	$5.047\ 8 \times 10^{-1}$	$5.809\ 4 \times 10^{-2}$	$6.181\ 3 \times 10^{-1}$	$3.939\ 3 \times 10^{-1}$
			GWO	$1.055\ 6 \times 10^{-16}$	$7.934\ 2 \times 10^{-17}$	$3.982\ 6 \times 10^{-16}$	$1.735\ 1 \times 10^{-17}$

函数	维度	变量值域	优化算法	平均值	标准差	最大值	最小值
F_3	30	$[-100,100]$	SCA	6.9588×10^3	3.9473×10^3	1.3783×10^4	1.4171×10^2
			PSCA	7.5650×10^3	7.1392×10^3	3.1921×10^4	3.8492×10^2
			OBSCA	8.0575×10^3	5.6895×10^3	2.5819×10^4	1.3014×10^3
			PSO	2.3895×10^2	8.1445×10	4.2500×10^2	8.2801×10
			ISCA	0	0	0	0
			BBO	4.5880×10^2	1.7347×10^2	8.0258×10^2	1.7889×10^2
			GWO	4.0559×10^{-5}	1.2183×10^{-4}	6.1306×10^{-4}	7.5740×10^{-9}
F_4	30	$[-100,100]$	SCA	3.5988×10	1.0849×10	5.8268×10	1.4693×10
			PSCA	3.5847×10	2.2279×10	9.0259×10	4.6176
			OBSCA	3.1113×10	1.1400×10	4.9124×10	5.6934
			PSO	4.7672	1.6311	8.1582	1.8500
			ISCA	0	0	0	0
			BBO	1.5210	1.7652×10^{-1}	1.9185	1.2093
			GWO	7.0176×10^{-7}	8.9529×10^{-7}	5.0700×10^{-6}	5.3668×10^{-8}
F_5	30	$[-30,30]$	SCA	2.4494×10^4	4.1212×10^4	1.9566×10^5	1.1272×10^2
			PSCA	6.8671×10^3	1.9715×10^4	9.3269×10^4	2.9194×10
			OBSCA	8.0987×10^3	1.6016×10^4	7.4773×10^4	2.9036×10
			PSO	1.2328×10^3	5.3126×10^2	2.4254×10^3	3.7413×10^2
			ISCA	2.8279×10	5.1881×10^{-1}	2.8928×10	2.7235×10
			BBO	3.4795×10^2	4.8661×10^2	1.9310×10^3	5.2188×10
			GWO	2.7032×10	6.9685×10^{-1}	2.8550×10	2.6016×10
F_6	30	$[-1.28,1.28]$	SCA	1.2252×10^{-1}	1.3261×10^{-1}	4.5386×10^{-1}	1.3759×10^{-2}
			PSCA	9.5863×10^{-2}	6.5795×10^{-2}	2.4611×10^{-1}	1.0925×10^{-2}
			OBSCA	8.9461×10^{-2}	5.7675×10^{-2}	2.7136×10^{-1}	1.3082×10^{-2}
			PSO	2.3185	3.5227	1.3115×10	3.3218×10^{-1}
			ISCA	5.6735×10^{-4}	2.3080×10^{-3}	1.2742×10^{-2}	4.4555×10^{-6}
			BBO	1.6280×10^{-2}	6.6032×10^{-3}	3.6576×10^{-2}	8.1861×10^{-3}
			GWO	2.1826×10^{-3}	1.0791×10^{-3}	4.4482×10^{-3}	5.3491×10^{-4}

函数	维度	变量值域	优化算法	平均值	标准差	最大值	最小值
F_7	30	$[-5.12, 5.12]$	SCA	3.2057×10	3.0372×10	1.2308×10^2	9.4183×10^{-3}
			PSCA	2.9007×10	2.7019×10	8.2329×10	7.5535×10^{-5}
			OBSCA	3.0991×10	2.9997×10	1.0703×10^2	2.2012×10^{-2}
			PSO	1.0085×10^2	3.8759×10	1.7452×10^2	2.8925×10
			ISCA	0	0	0	0
			BBO	5.3233×10	1.4926×10	9.8446×10	3.3249×10
			GWO	3.0569	4.0169	1.4406×10	5.6843×10^{-14}
F_8	30	$[-32, 32]$	SCA	1.4398×10	8.9579	2.0350×10	4.5801×10^{-2}
			PSCA	1.2988×10	9.7050	2.0370×10	2.8531×10^{-3}
			OBSCA	1.8506×10	5.3304	2.0355×10	5.8184×10^{-2}
			PSO	3.8119	3.5828×10^{-1}	4.8955	3.2106
			ISCA	8.8818×10^{-16}	0	8.8818×10^{-16}	8.8818×10^{-16}
			BBO	5.8516×10^{-1}	9.5433×10^{-2}	7.8263×10^{-1}	4.1777×10^{-1}
			GWO	1.0344×10^{-13}	1.7622×10^{-14}	1.7142×10^{-13}	7.9048×10^{-14}
F_9	30	$[-600, 600]$	SCA	1.0275	4.1399×10^{-1}	2.4555	3.3260×10^{-1}
			PSCA	5.1929×10^{-1}	3.2550×10^{-1}	1.0510	9.3578×10^{-4}
			OBSCA	9.0330×10^{-1}	4.0592×10^{-1}	1.9311	2.0457×10^{-1}
			PSO	4.1161×10^{-1}	7.7026×10^{-2}	5.5629×10^{-1}	2.8946×10^{-1}
			ISCA	0	0	0	0
			BBO	9.9325×10^{-1}	3.7994×10^{-2}	1.0357	9.1395×10^{-1}
			GWO	2.7494×10^{-3}	7.1483×10^{-3}	3.2741×10^{-2}	0.0000
F_{10}	30	$[-50, 50]$	SCA	2.2268×10^4	7.8594×10^4	4.0338×10^5	5.5731×10^{-1}
			PSCA	6.2921×10^3	2.7521×10^4	1.4701×10^5	6.9725×10^{-1}
			OBSCA	1.3030×10	4.0624×10	2.2573×10^2	5.8239×10^{-1}
			PSO	5.0550	2.3465	1.1150×10	1.0352
			ISCA	6.3480×10^{-1}	6.0865×10^{-2}	7.6388×10^{-1}	4.8991×10^{-1}
			BBO	7.3441×10^{-3}	2.4068×10^{-3}	1.3901×10^{-2}	2.8517×10^{-3}
			GWO	4.1935×10^{-2}	2.3302×10^{-2}	1.2885×10^{-1}	1.4020×10^{-2}

由表 5.4 可以看出,经过 30 次重复运行,ISCA 的各类指标都优于其他算法,尤其在 F_1、F_2、F_3、F_4、F_7、F_9 函数上实现了最大值、最小值、均值和标准差都为 0 的高精度和高稳定性,找到了函数的全局最优解。在 F_5、F_6 和 F_8 上,虽然 ISCA 并未寻到函数最优值,但在求解精度上远远高于其他六种算法,仅在 F_{10} 上求解精度略低于 BBO 和 GWO,这是由于 F_{10} 有多个不规则的局部最优解,说明 ISCA 在多峰函数的表现还有待进一步优化。对比迭代次数可以看出,ISCA 在 F_1~F_4 上经过 300 次左右就得到了全局最优解,远低于其他 6 种算法;从标准差结果对比来看,ISCA 的标准差在大部分测试函数上都远远小于其他 6 种算法,最小值为 0,最大仅为 $5.188\,1 \times 10^{-1}$,仅在 F_6 和 F_{10} 上略高于 GWO,说明 ISCA 具有较高的稳定性。总体来看,本章提出的 ISCA 具有较高的全局搜索和较快的收敛速度以及较高的稳定性,证明了改进算法的优越性。

5.2.3　目标智能威胁评估框架建立

根据改进的正余弦优化算法和支持向量回归模型建立了目标智能威胁评估框架,该框架实现威胁评估的具体步骤如下。

Step1:目标数据导入并进行预处理。

Step2:佳点集初始化 ISCA 的种群位置。

Step3:设置 ISCA 的种群规模,最大迭代次数,优化参数维度和取值范围。

Step4:按照改进后的个体位置更新方程进行迭代。

Step5:对最优位置进行邻域高斯扰动,采用贪心算法接受新解。

Step6:重复 Step4~Step5,直到达到最大迭代次数为止。

Step7:将得到最佳的 C 和 g 用于 SVR 模型训练和预测。

Step8:得到目标威胁评估值。

其算法流程如图 5.7 所示。

```
                        ┌─────────┐
                        │  开始   │
                        └─────────┘
                             │
                 ┌───────────────────────┐
                 │   数据导入与预处理     │
                 └───────────────────────┘
                             │
                 ┌───────────────────────┐
                 │   佳点集初始化种群位置  │
                 └───────────────────────┘
                             │
      ┌──────────────────────────────────────────────┐
      │  设置ISCA的种群规模, 最大迭代次数, 优化参数维度的取值范围 │
      └──────────────────────────────────────────────┘
                             │
      ┌──────────────────────────────────────────────┐
      │  将种群个体位置作为待优化的超参数(C, g), 代入SVR     │
      │  模型进行训练, 将RMSE作为适应度函数               │◄──┐
      └──────────────────────────────────────────────┘   │
                             │                             │
                 ┌───────────────────────┐                 │
                 │   更新算法参数和个体位置 │                 │
                 └───────────────────────┘                 │
                             │                             │
                 ┌───────────────────────┐                 │
                 │   对最优个体进行邻域高斯扰动 │◄──┐          │
                 └───────────────────────┘    │          │
                             │                 │          │
                 ┌───────────────────────┐    │          │
                 │    贪心策略接受新解     │    │          │
                 └───────────────────────┘    │          │
                             │                 │          │
                        ╱─────────╲            │          │
                       ╱ 是否为最大  ╲    否     │          │
                      ◄  扰动次数?   ╲─────────┘          │
                       ╲           ╱                      │
                        ╲─────────╱                       │
                             │ 是                          │
                        ╱─────────╲                       │
                       ╱ 是否为最大  ╲    否                │
                      ◄  迭代次数?   ╲────────────────────┘
                       ╲           ╱
                        ╲─────────╱
                             │ 是
      ┌──────────────────────────────────────┐
      │  将求得的最优超参数代入SVR模型进行目标   │
      │  威胁评估                             │
      └──────────────────────────────────────┘
                             │
                 ┌───────────────────────┐
                 │   得到目标威胁评估值    │
                 └───────────────────────┘
                             │
                        ┌─────────┐
                        │  结束   │
                        └─────────┘
```

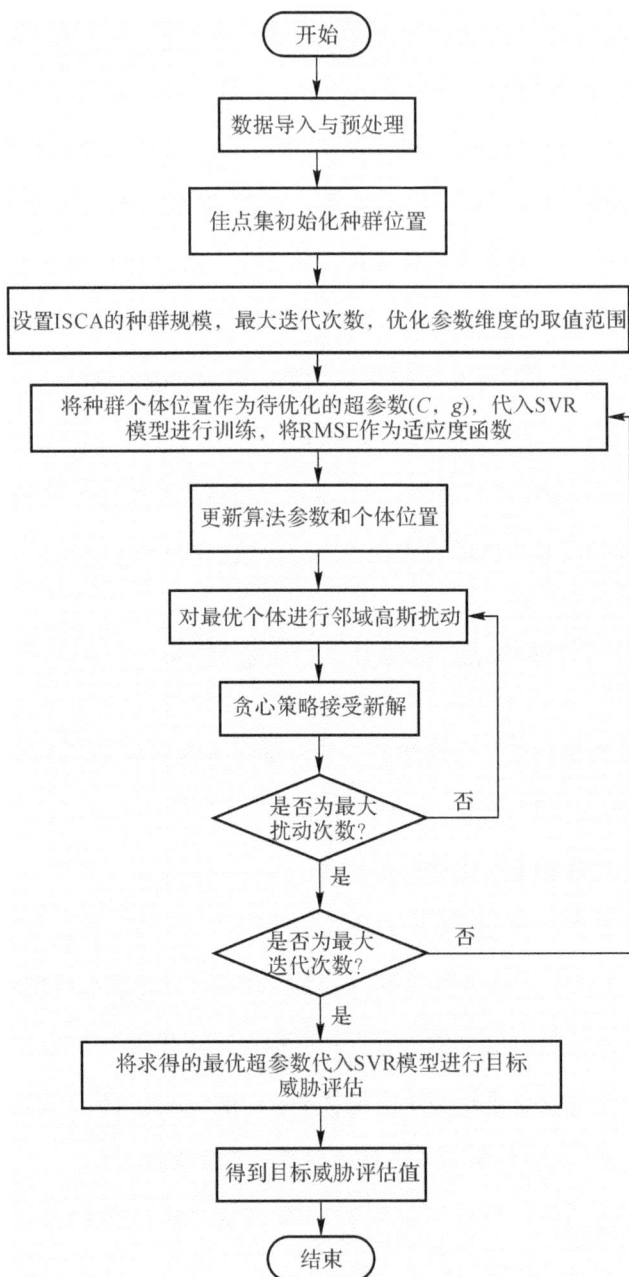

图 5.7 目标智能威胁评估流程

5.3　实验仿真分析

5.3.1　数据选择和划分

为了验证所提智能威胁评估框架的有效性,选择 5.1 节中构建的样本数据库作为实验数据,并采用留出法将样本集划分为两部分,其中前 20 批目标作为训练集数据,后 10 批目标作为测试集数据。

5.3.2　确定 SVR 超参数

在对 SVR 超参数进行寻优时,需要将训练集进一步划分成训练集和验证集,选择第 1～15 批目标作为训练集,第 16～20 批目标作为验证集,适应度函数使用均方根误差(RMSE),其公式为

$$\text{RMSE} = \sqrt{\frac{1}{n}\sum_{i=1}^{n}(y_i - y_i^*)^2} \tag{5.20}$$

将 ISCA – SVR 与 SCA – SVR、PSCA – SVR、OBSCA – SVR、PSO – SVR、BBO – SVR、GWO – SVR 的寻优结果进行对比。设置算法参数为:种群数量为 30,迭代次数为 50,待优化超参数的取值范围为 [0.01,100]。得到 7 种算法的寻优收敛曲线如图 5.8 所示,得到的超参数 (C, g) 的数值和 RMSE 如表 5.5 所示。

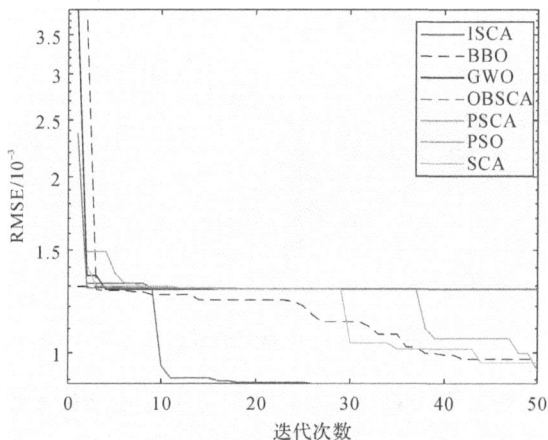

图 5.8　不同算法寻优收敛曲线

表 5.5　不同算法寻优结果

优化算法	C	g	RMSE
SCA – SVR	0.166 5	1.766 0	$9.613\ 2 \times 10^{-4}$
OBSCA – SVR	0.167 3	0.742 4	$9.748\ 0 \times 10^{-4}$
PSCA – SVR	0.162 8	0.947 1	$9.330\ 5 \times 10^{-4}$
ISCA – SVR	0.172 1	1.340 1	$8.860\ 7 \times 10^{-4}$
PSO – SVR	43.130 6	2.699 1	$1.284\ 0 \times 10^{-3}$
BBO – SVR	19.430 5	2.557 0	$1.284\ 5 \times 10^{-3}$
GWO – SVR	75.011 5	2.503 0	$1.283\ 6 \times 10^{-3}$

通过对比可以看出,本章提出的 ISCA 仅通过 20 次迭代就得到了最优值 $8.860\ 7 \times 10^{-4}$,相比于其他 6 种算法在具有较快收敛速度的同时也取得了更高的精度。为了进一步验证算法在 SVR 模型中是否寻到了最优值,采用网格搜索的方式以 0.01 的步长遍历超参数(C, g)所有的取值及对应的均方根误差,绘制寻优函数图像如图 5.9 所示,在 $C = 0.17$ 和 $g = 1.31$ 时得到均方根误差的最小值为 $8.896\ 7 \times 10^{-4}$。

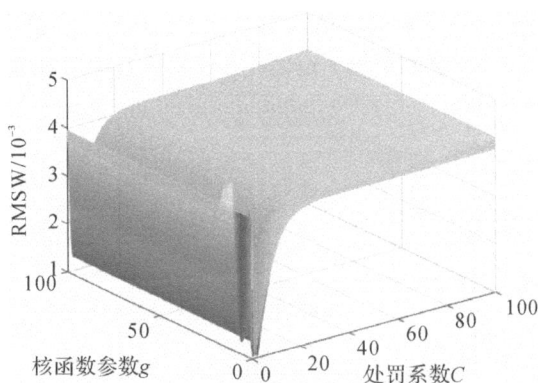

图 5.9　SVR 模型的寻优函数

通过对比网格搜索和 ISCA 得到的结果可以发现,ISCA 能够在更短的时间内寻得模型的最优值,证明了 ISCA 的有效性。

5.3.3　目标威胁评估

将 7 种算法求得的最优超参数分别代入 SVR 模型中,对测试集样本进行威胁评估,得到威胁评估结果如表 5.6 所示,误差对比情况如图 5.10 所示。

表 5.6　目标威胁评估结果

目标	SCA	OBSCA	PSCA	ISCA	PSO	BBO	GWO
1	0.695 4	0.658 8	0.668 7	0.694 5	0.785 2	0.785 8	0.785 9
2	0.568 5	0.565 3	0.567 5	0.572 1	0.578 8	0.581 1	0.582 0
3	0.465 1	0.454 9	0.455 9	0.458 8	0.483 8	0.480 9	0.479 8
4	0.558 5	0.549 7	0.553 1	0.560 3	0.576 2	0.577 6	0.578 1
5	0.478 3	0.475 5	0.475 7	0.476 9	0.493 9	0.492 1	0.491 6
6	0.517 9	0.520 6	0.520 7	0.521 5	0.528 1	0.528 4	0.528 7
7	0.490 1	0.482 1	0.483 5	0.487 5	0.511 7	0.510 5	0.510 1
8	0.483 0	0.483 4	0.482 8	0.482 0	0.491 7	0.490 6	0.490 3
9	0.560 2	0.549 0	0.553 0	0.562 0	0.584 0	0.586 0	0.586 7
10	0.596 0	0.585 2	0.589 6	0.599 4	0.621 6	0.624 5	0.625 5
RMSE	$1.009×10^{-5}$	$1.507×10^{-4}$	$6.998×10^{-5}$	$1.813×10^{-6}$	$1.203×10^{-3}$	$1.219×10^{-3}$	$1.226×10^{-3}$

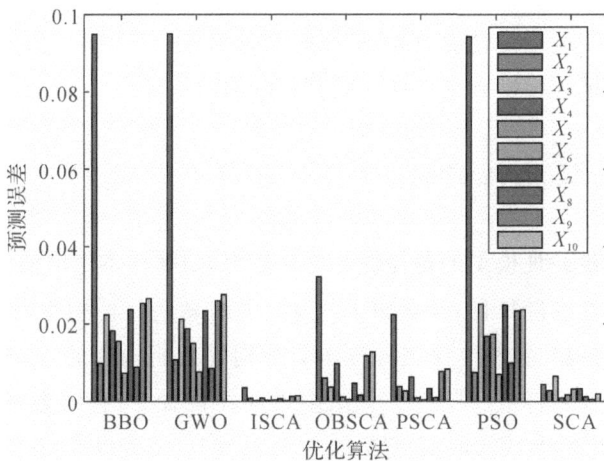

图 5.10　不同算法的误差结果对比

可以看出,ISCA - SVR 模型得到的目标威胁值与真实值更加接近,均方根误差最小且仅有 1.813×10^{-6},对于每个目标的预测误差也远小于其他优化算法,这说明智能威胁评估模型具有较高的准确性。

5.3.4　时效性分析

对于面向联合防空作战的大规模空袭目标威胁评估,除了空袭目标威胁评估的有效性,时效性也是评价模型性能的重要标准。为了验证模型的时效性,从加载数据开始,在实验环境为 Intel(R) Core(TM) i5 - 10210U,1.60 GHz,四核,内存 16 GB,操作系统为 Windows10,64 位,仿真软件为 MATLAB 2019a 的条件下重复实验 10 次,记录每次仿真运行时间如表 5.7 所示。

表 5.7　仿真实验运行时间

实验次数	1	2	3	4	5
运行时间/s	$3.791\ 0\times10^{-4}$	$1.967\ 0\times10^{-4}$	$1.752\ 0\times10^{-4}$	$1.843\ 0\times10^{-4}$	$1.866\ 0\times10^{-4}$
实验次数	6	7	8	9	10
运行时间/s	$1.755\ 0\times10^{-4}$	$1.874\ 0\times10^{-4}$	$1.716\ 0\times10^{-4}$	$1.869\ 0\times10^{-4}$	$1.763\ 0\times10^{-4}$

计算得到在该实验条件下仿真运行的平均时间为 $2.019\ 6\times10^{-4}$ s,满足联合防空作战的实际要求,这说明提出的智能威胁评估模型具有较低的时间成本。同时如果提高实验平台性能,那么所用时间也会进一步缩小。因此,可以认为该模型能够在保证评估准确性的同时具有较好的时效性。

5.3.5　泛化性分析

为了进一步验证模型的鲁棒性和泛化能力,消除样本选取的影响,避免样本带来的不稳定性和随机性,从集群 $G_1\sim G_5$ 中的剩余目标中重新选取 9 个不同的训练集和测试集,并将 9 个目标样本集分别代入所构建的智能威胁评估框架进行参数寻优和目标威胁估计。算法参数同样设置为:种群数量为 30,迭代次数为 50,待优化超参数的取值范围为 [0.01,100]。得到 9 个样本集的寻优收敛曲线和运行结果分别如图 5.11 和表 5.8 所示。

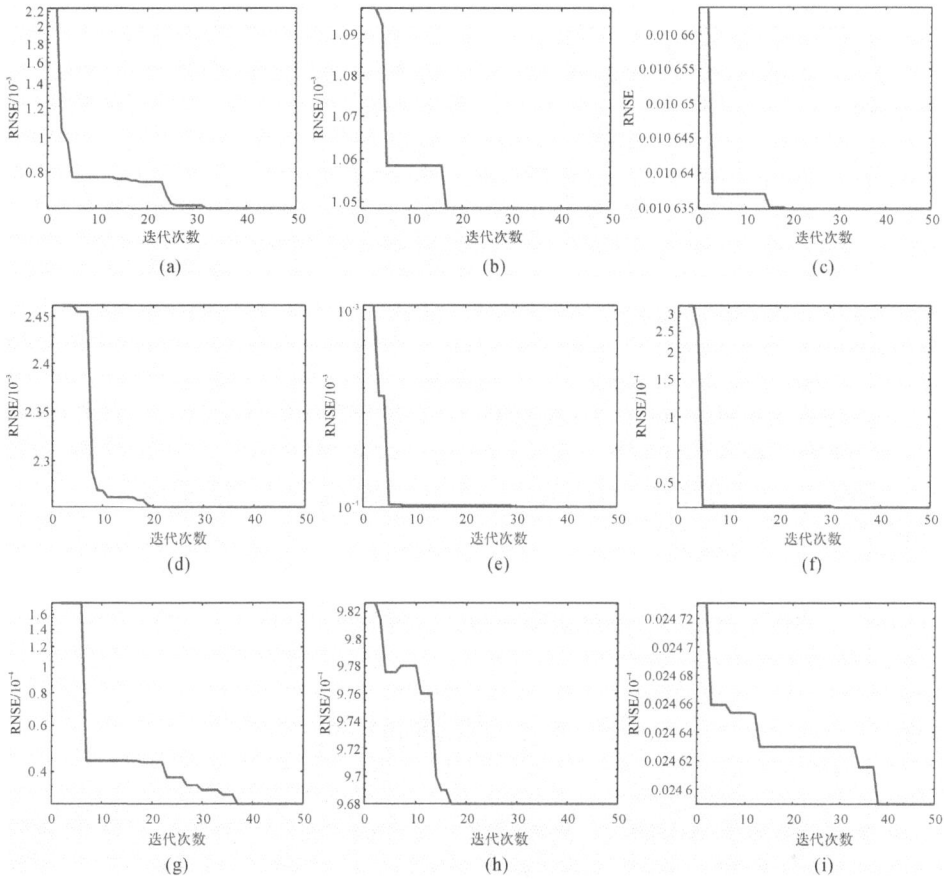

图 5.11 不同样本集的参数寻优收敛曲线

(a)样本集 1 的寻优收敛曲线；(b)样本集 2 的寻优收敛曲线；(c)样本集 3 的寻优收敛曲线；
(d)样本集 4 的寻优收敛曲线；(e)样本集 5 的寻优收敛曲线；(f)样本集 6 的寻优收敛曲线；
(g)样本集 7 的寻优收敛曲线；(h)样本集 8 的寻优收敛曲线；(i)样本集 9 的寻优收敛曲线

表 5.8　不同样本集的运行结果

样本集	C	g	RMSE
1	0.232 5	0.464 7	$7.084\ 1 \times 10^{-5}$
2	1.259 8	0.045 0	$1.120\ 1 \times 10^{-4}$
3	12.683 0	0.010 0	$7.615\ 0 \times 10^{-5}$
4	2.488 2	1.074 1	$1.589\ 5 \times 10^{-4}$

样本集	C	g	RMSE
5	3.129 3	0.023 3	$9.261\ 8 \times 10^{-6}$
6	1.194 2	0.071 0	$1.075\ 8 \times 10^{-4}$
7	0.249 8	0.449 1	$1.881\ 6 \times 10^{-5}$
8	1.651 6	0.577 4	$9.120\ 2 \times 10^{-5}$
9	3.145 5	0.016 0	$2.051\ 3 \times 10^{-4}$

通过表 5.8 可以看出,在从集群 $G_1 \sim G_5$ 剩余目标中选取的 9 个样本集中,由所建立的目标智能威胁评估框架得到的评估值与真实值的均方根误差均在 $1.000\ 0 \times 10^{-3}$ 以内,但由于样本集的分布差异会导致模型在不同样本集上的表现有所不同,其中最小为 $9.261\ 8 \times 10^{-6}$,最大为 $1.589\ 5 \times 10^{-4}$,均在可接受范围内,说明智能威胁评估框架在不同的目标样本集上均具有较高的准确率,因此可以认为该模型对于目标智能威胁评估是有效的。

5.4　本章小结

为了实现面向联合防空作战大规模空袭目标威胁评估的实时准确,提高目标威胁评估的智能化水平,本章构建了基于 ISCA - SVR 的目标智能威胁评估框架。其基本思路是选取多批目标的空情数据并根据所提目标威胁评估方法求出目标威胁值,将目标数据和目标威胁值构成样本数据库,将支持向量回归作为学习训练模型,通过改进正余弦算法确定模型的超参数,最后将测试目标代入训练完成的模型进行威胁值预测,进而实现空袭目标威胁值的自动评估分析。

(1)通过佳点集初始化种群、非线性振幅因子、随机惯性权重、自适应终点权重和最优邻域扰动等多项策略对传统正余弦算法进行改进,所得 ISCA 相比于传统正余弦算法和其他智能优化算法具有更高的全局搜索能力、更快的收敛速度以及更高的稳定性,提高了支持向量回归模型的性能。

(2)所提的目标智能威胁评估框架具有较好的鲁棒性和泛化能力,得到的空袭目标威胁值具有较高的精度,同时所用时间较短,能够基本满足信息化空防对抗环境中联合防空作战对大规模空袭目标威胁评估的高准确率和高时效性的要求,为未来智能化威胁评估的研究提供了方法和思路。

第6章 基于体系全局要素的目标威胁评估

在目标威胁评估的基础上,本章提出基于体系全局要素的目标威胁评估方法。①在考虑敌情、我情和战场环境等体系全局要素的基础上建立目标威胁评估指标体系,并构建相应的指标量化函数;②采用主客观博弈组合方法确定指标权重;③构建一种新的优势函数对传统 PROMETHEE(偏好顺序结构评论)法进行改进,提出基于改进 PROMETHEE 法的体系全局目标威胁评估方法;④通过仿真实验验证所提方法的有效性。

6.1 基于体系全局要素的目标威胁评估指标体系

面向联合防空作战的目标威胁评估不仅应该考虑空袭目标的威胁度,还应综合考虑敌情、我情和战场环境等诸多要素,才能准确反映空袭目标在体系全局下的威胁程度。前文提出的威胁评估方法充分考虑了敌方的作战能力、作战态势、目标属性和动态变化,对敌情已经有了较为准确的判断,得到了较为科学的空袭目标威胁度。在目标威胁评估的基础上,本章综合考虑目标威胁度、保卫要地等级、拦截打击条件、作战资源约束和战场环境影响等作为体系全局目标威胁评估的影响要素,构建面向联合防空作战的基于体系全局的目标威胁评估指标体系,如图 6.1 所示。

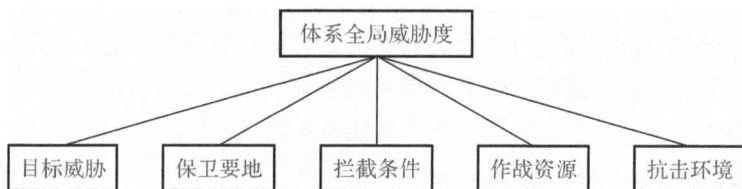

图 6.1 体系全局威胁指标体系

由于不同的威胁指标影响要素不同,所以需要构建不同的函数对其进行量化。

(1)目标威胁。目标威胁度可通过前文所提出的评估方法得到,无须进行进一步处理。

(2)保卫要地。防卫区域的保卫要地具有不同的重要程度。要地的重要程度可用要地划分的等级来区分,将保卫要地指定为 $1 \sim n$ 个优先级(值越小越重要)。1 为最高优先级,所对应保卫要地的重要程度最高;n 为最低优先级,所对应保卫要地的重要程度最低。目标攻击的要地等级越高,目标威胁程度越大。保卫要地的性质、类型、位置和形状等数据和优先等级,一般储存在数据库中,作战时直接调用即可。要地的重要性系数为 $[0,1]$ 内的实数,可由要地优先等级变换得到,其计算公式为

$$W_Y = \frac{n+1-R_j}{n} \tag{6.1}$$

式中:W_Y 为要地重要性系数;R_j 为第 j 个保卫要地的优先等级。

(3)拦截条件。拦截条件将直接影响防空武器系统对目标的打击能力,拦截条件越差,目标威胁度越高。防空作战中对来袭目标的拦截条件主要通过可拦截次数和单次拦截杀伤概率反映。可拦截次数主要通过防空武器系统的杀伤区范围、射击周期和目标速度反映,定义第 i 个火力单元的可拦截次数的计算公式为

$$n_{Ti} = \left\langle f \cdot \frac{R_{smax} - R_{smin}}{\lambda \cdot v_T} \right\rangle \tag{6.2}$$

式中:f 为系数,当防空武器系统仅允许离近射击或离远射击时取 1,当同时允许离近射击和离远射击时取 2;R_{smax} 为杀伤区远界;R_{smin} 为杀伤区近界;v_T 为来袭目标速度;λ 为射击周期;$\langle \cdot \rangle$ 表示向上取整。

拦截条件威胁度的量化值为

$$W_L = \sum_{i=1}^{k} (1 - P_{Ti})^{n_{Ti}} \tag{6.3}$$

式中:P_{Ti} 为第 i 个火力单元单次拦截的杀伤概率。

(4)作战资源。联合防空作战的作战资源分配也会影响体系全局的威胁程度,某一目标所对应的防空作战资源越少,则目标对应威胁度越大。联合防空作战资源主要包括抗击武器资源和指挥控制资源。抗击武器资源主要与目标所处火力区的火力单元数和抗击武器作战效能有关,抗击武器资源越小,对目标的抗击能力越弱,则目标威胁度越大;指挥控制资源主要与联合防空作战指挥控制系统在目标所处火力区的指挥控制程度有关,指挥控制资源越大,拦截能力越强,

目标威胁度越小。作战资源威胁度的量化公式为

$$W_{\mathrm{Z}} = \frac{1}{\alpha \sum\limits_{k=1}^{m} \bar{\omega}_k} \tag{6.4}$$

式中：α 为指挥控制系数，其值越大，表示空袭目标所在火力区的指挥控制程度越高；m 为目标所在区域能够同时拦截的火力单元数（火力重叠次数）；$\bar{\omega}_k$ 为第 k 个火力单元对于该空袭目标的作战效能。

（5）抗击环境。对于防空武器系统，抗击环境的不利度会直接影响防空作战效能，对某一空袭目标的抗击环境不利度越大，则空袭目标威胁程度越高。抗击环境的不利度主要包括气象条件、地形条件、自然环境等。如小遮蔽角的平整地形较为适宜防空武器系统作战实施及战斗队形展开，雷雨天气的气象条件则不利于防空武器系统的防护和作战。抗击环境威胁度的量化公式为

$$W_{\mathrm{H}} = \varphi \sum_{i=1}^{k} (1 - \mathrm{e}^{-\theta_i}) \tag{6.5}$$

式中：$\varphi \in [0,1]$ 为目标所在区域的气象条件不利度；θ_i 为第 i 个火力单元打击目标的遮蔽角。

6.2　基于改进 PROMETHEE 法的体系全局目标威胁评估模型

PROMETHEE 法是由 Brans 提出的一种基于两两比较和优先排序的多准则决策评估方法。其能够通过对比某一方案与其他所有方案的相对差异形成优势对比结果，进而实现各评价方案的评估和排序。相比于其他决策评估方法，PROMETHEE 法的优势在于实现方式简单，评估过程主要通过级别高于关系的方式，容易理解和接受。值得注意的是，PROMETHEE 法所得评估结果的科学性的关键在于优势函数的选择和指标权重的确定。对于指标权重的确定，采用所提的主客观博弈组合方法能够得到较为科学、合理的指标权重；对于优势函数的确定，目前共有 6 种优势函数可供选择，包括 Usual 型优势函数、Quasi 型优势函数、Linear 型优势函数、Level 型优势函数、U - sharp 型优势函数和 Gaussian 型优势函数。其中 Usual 型优势函数应用较为广泛，主要原因是其他 5 种优势函数均需要设置各类参数和阈值，这在实际评估中难以确定且主观性较强。假设 a 和 b 为同一集合中的两个样本，$f(\cdot)$ 为样本评估指标，$f(a)$ 为样本 a 在指标 $f(\cdot)$ 中的属性值，$f(b)$ 为样本 b 在指标 $f(\cdot)$ 中的属性值，则 Usual

型优势函数表达式为

$$p(d) = \begin{cases} 0, \forall d \leqslant 0 \\ 1, \forall d > 0 \end{cases} \tag{6.6}$$

式中：$d = f(a) - f(b)$；$p(d)$ 为样本 a 相比于样本 b 的优势函数值。

函数图像如图 6.2 所示。

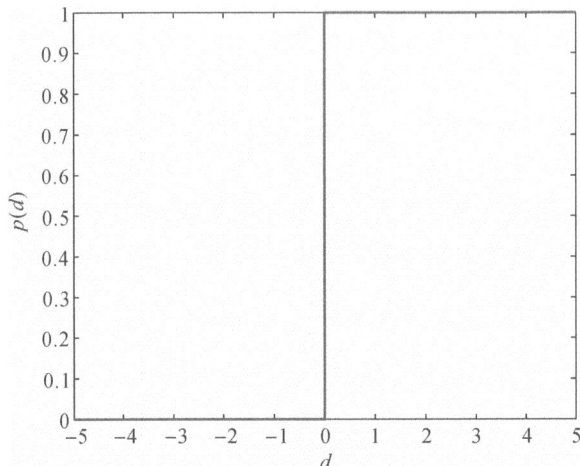

图 6.2　Usual 型优势函数图像

分析函数表达式可以发现，Usual 型优势函数虽然具有一定优势，但也存在一些不足，主要是由于仅当两个方案的数值相同时才认为两者之间无差异，而当两者不同时则认为较大一方具有绝对优势，且优势值恒等于 1，这样的方式难以描述方案之间差异的大小，显然不符合实际。因此，为了克服这一不足，使优势函数能够充分描述不同样本之间差异的大小，构建一种新的优势函数，其函数表达式为

$$p(d) = \begin{cases} 0, & \forall d \leqslant 0 \\ \dfrac{d}{\max\limits_{i}\{d\}}, & \forall d > 0 \end{cases} \tag{6.7}$$

式中：$d = f(a) - f(b)$；$\max\limits_{i}\{d\}$ 为所有样本差值的最大值；$p(d)$ 为样本 a 相比于样本 b 的优势函数值。

可以发现，所提优势函数同样不需要设置各类参数和阈值，同时能够充分反映样本之间差异的大小。为了验证所提改进优势函数的有效性，假设有 3 个样本分别为 $[A_1, A_2, A_3] = [0.9, 0.1, 0.8]$，由 Usual 型优势函数和所提优势函数得到 3 个样本之间的优势函数值如表 6.1 所示。

表 6.1　优势函数对比

样本	Usual 型优势函数	所提优势函数
$[A_1, A_2]$	1	1
$[A_1, A_3]$	1	0.125
$[A_2, A_1]$	0	0
$[A_2, A_3]$	0	0
$[A_3, A_1]$	0	0
$[A_3, A_2]$	1	0.875

可以看出,样本 A_1 虽然比样本 A_2 和 A_3 都大,但差异程度不同,A_1 和 A_2 的差异要远大于 A_1 和 A_3 的差异,但 Usual 型优势函数得到的 $[A_1, A_2]$ 和 $[A_1, A_3]$ 优势函数值都为 1,与实际情况不符。而所提优势函数得到的 $[A_1, A_2]$ 优势函数值则大于 $[A_1, A_3]$ 优势函数值,能够充分反映样本之间的差异大小,所得结果更加符合实际。

假设对于某一体系全局目标威胁评估问题,$X = \{X_1, X_2, \cdots, X_k\}$ 为待评估目标的集合,$C = \{C_1, C_2, \cdots, C_l\}$ 为评估指标的集合,$\omega = \{\omega_1, \omega_2, \cdots, \omega_n\}$ 为指标权重,则基于改进 PROMRTHEE 法的体系全局目标威胁评估步骤如下。

Step1:对指标进行量化得到威胁属性值矩阵 $\boldsymbol{Z}$ 。

Step2:采用成对比较的方法计算目标威胁属性值之间的差值 $d_j(X_m, X_n)$,其公式为

$$d_j(X_m, X_n) = z_j(X_m) - z_j(X_n) \tag{6.8}$$

式中:$z_j(X_m)$ 为目标 X_m 在评估指标 j 处的威胁属性值;$z_j(X_n)$ 为目标 X_n 在评估指标 j 处的威胁属性值。

Step3:优势函数表示在某一指标下,某一样本相比于另一样本好多少的量化值;而优势指数则表示在所有指标下,某一样本相比于另一样本好多少的综合量化。基于所构建的优势函数计算得到优势指数为

$$\pi(X_m, X_n) = \sum_{j=1}^{l} \omega_j p_j(X_m, X_n) \tag{6.9}$$

式中:ω_j 为第 j 个指标的权重,由所提的主客观博弈组合赋权方法得到;$p_j(X_m, X_n)$ 为在第 j 个指标下 X_m 相比于 X_n 的优势函数值。

Step4:分别计算目标 X_i 的流出量 $\varphi^+(X_i)$ 和流入量 $\varphi^-(X_i)$,其公式为

$$\varphi^+ (X_i) = \frac{1}{k-1} \sum_{x \in X} \pi(X_i, x) \qquad (6.10)$$

$$\varphi^- (X_i) = \frac{1}{k-1} \sum_{x \in X} \pi(x, X_i) \qquad (6.11)$$

Step5：基于流出量和流入量计算得到净流量为

$$\varphi(X_i) = \varphi^+ (X_i) - \varphi^- (X_i) \qquad (6.12)$$

Step6：根据净流量的大小对目标进行排序，净流量越大表示目标威胁度越大。

6.3 实验仿真分析

6.3.1 仿真实验1

在同一典型作战场景下和目标威胁评估的基础上对所提体系全局目标威胁评估方法进行仿真验证。选取第 5 章的 10 批目标在 1 个火力单元情况下的对应体系全局威胁要素共同构成体系全局要素数据，如表 6.2 所示。

表 6.2 体系全局要素数据

目标	目标威胁	要地等级	可拦截次数	单次拦截概率	指挥控制系数	火力重叠次数	武器作战性能	气象不利度	遮蔽角/(°)
X_1	0.810 8	1	2	0.82	0.8	1	0.74	0.8	0.7
X_2	0.537 2	3	1	0.87	0.9	1	0.69	0.8	1.2
X_3	0.340 6	4	2	0.73	0.8	1	0.82	0.8	0.9
X_4	0.501 1	3	2	0.91	0.8	1	0.71	0.8	0.5
X_5	0.361 6	2	1	0.84	0.8	1	0.85	0.7	0.4
X_6	0.475 9	2	1	0.76	0.9	1	0.89	0.7	0.6
X_7	0.397 7	5	1	0.87	0.8	1	0.66	0.8	0.4
X_8	0.472 4	1	3	0.78	0.8	1	0.78	0.8	0.6
X_9	0.540 4	5	2	0.82	0.8	1	0.73	0.8	1.1
X_{10}	0.605 4	4	2	0.83	0.7	1	0.86	0.9	0.6

根据式(6.1)～式(6.5)得到空袭目标威胁属性量化值,如表 6.3 所示。

表 6.3　威胁属性量化值

目标	目标威胁	保卫要地	拦截条件	作战资源	抗击环境
X_1	0.810 8	1.000 0	0.032 4	1.689 2	0.402 7
X_2	0.537 2	0.600 0	0.130 0	1.610 3	0.559 0
X_3	0.340 6	0.400 0	0.072 9	1.524 4	0.474 7
X_4	0.501 1	0.600 0	0.008 1	1.760 6	0.314 8
X_5	0.361 6	0.800 0	0.160 0	1.470 6	0.230 8
X_6	0.475 9	0.800 0	0.240 0	1.248 4	0.315 8
X_7	0.397 7	0.200 0	0.130 0	1.893 9	0.263 7
X_8	0.472 4	1.000 0	0.010 6	1.602 6	0.440 5
X_9	0.540 4	0.200 0	0.032 4	1.956 9	0.533 7
X_{10}	0.605 4	0.400 0	0.028 9	1.661 1	0.406 1

由式(6.7)～式(6.11)得到 10 批目标在各指标下的流出量和流入量,如表 6.4 所示。

表 6.4　10 批目标在不同指标下的流出量和流入量

X	目标威胁 流入量 $\varphi^+(X)$	目标威胁 流出量 $\varphi^-(X)$	保卫要地 流入量 $\varphi^+(X)$	保卫要地 流出量 $\varphi^-(X)$	拦截条件 流入量 $\varphi^+(X)$	拦截条件 流出量 $\varphi^-(X)$	作战资源 流入量 $\varphi^+(X)$	作战资源 流出量 $\varphi^-(X)$	作战资源 流入量 $\varphi^+(X)$	作战资源 流出量 $\varphi^-(X)$
X_1	0.724 3	0.000 0	0.555 6	0.000 0	0.023 8	0.273 5	0.159 6	0.085 3	0.164 4	0.135 6
X_2	0.159 2	0.081 5	0.166 7	0.166 7	0.284 9	0.067 1	0.093 3	0.142 7	0.558 0	0.000 0
X_3	0.000 0	0.386 9	0.055 6	0.333 3	0.120 8	0.176 5	0.051 7	0.235 8	0.321 1	0.048 5
X_4	0.108 1	0.115 6	0.166 7	0.166 7	0.000 0	0.366 2	0.238 0	0.051 7	0.045 7	0.314 5
X_5	0.005 0	0.342 2	0.333 3	0.055 6	0.399 3	0.038 3	0.034 8	0.303 3	0.000 0	0.553 1
X_6	0.078 3	0.145 4	0.333 3	0.055 6	0.744 9	0.000 0	0.617 0	0.046 8	0.312 1
X_7	0.022 0	0.273 9	0.000 0	0.555 6	0.284 9	0.067 1	0.405 2	0.009 9	0.011 1	0.452 9
X_8	0.075 0	0.150 4	0.555 6	0.000 0	0.001 2	0.355 4	0.088 5	0.150 0	0.240 1	0.083 2
X_9	0.164 5	0.079 3	0.000 0	0.555 6	0.023 8	0.273 5	0.494 2	0.000 0	0.480 9	0.008 6
X_{10}	0.287 4	0.048 5	0.055 6	0.333 3	0.018 7	0.285 3	0.133 2	0.102 6	0.170 2	0.129 8

由所提的主客观博弈组合赋权法得到指标权重为

$$[0.317\ 2 \quad 0.154\ 3 \quad 0.204\ 1 \quad 0.216\ 6 \quad 0.107\ 8)]^T$$

进而得到 10 批目标的净流量为

$$[0.283\ 7 \quad 0.118\ 6 \quad -0.187\ 4 \quad -0.065\ 8 \quad -0.108\ 1 \quad 0.011\ 4$$
$$-0.083\ 1 \quad -0.006\ 9 \quad 0.048\ 3 \quad -0.010\ 6]^T$$

根据净流量结果得到体系全局目标威胁排序为

$$X_1 > X_2 > X_9 > X_6 > X_8 > X_{10} > X_4 > X_7 > X_5 > X_3$$

6.3.2 仿真实验 2

在实验 1 中对 10 批目标在 1 个火力单元下的体系全局目标威胁评估进行了分析,为了进一步验证所提方法在联合防空作战过程中多个火力单元共同拦截更大规模空袭目标时的有效性,假设对于 50 批来袭目标($X_1 \sim X_{50}$)、10 个火力单元($D_1 \sim D_{10}$)的作战场景实际,使用所提威胁评估方法对体系全局目标进行威胁评估,体系全局要素信息如表 6.5 所示。

表 6.5　体系全局要素信息

目标	火力单元	目标威胁	要地等级	可拦截次数	杀伤概率	指挥控制系数	火力重叠次数	武器作战效能	气象不利度	遮蔽角/(°)
X_1	D_4	0.806 7	3	1	0.93	0.80	2	0.87	0.9	0.5
	D_{10}			1	0.88			0.72		1
X_2	D_7	0.331 6	4	3	0.79	0.85	3	0.61	0.8	0.3
	D_9			3	0.88			0.82		0.6
	D_5			2	0.94			0.65		0.6
X_3	D_1	0.370 3	3	1	0.84	0.78	3	0.64	0.9	1.2
	D_7			1	0.84			0.78		0.7
	D_3			1	0.78			0.68		1.1
X_4	D_6	0.904 9	3	1	0.72	0.75	2	0.70	0.9	0.9
	D_8			3	0.75			0.72		1.1
X_5	D_7	0.710 8	3	1	0.72	0.71	2	0.72	0.8	0.4
	D_6			2	0.82			0.72		1.3

目标	火力单元	目标威胁	要地等级	可拦截次数	杀伤概率	指挥控制系数	火力重叠次数	武器作战效能	气象不利度	遮蔽角/(°)
X_6	D_5	0.458 7	1	1	0.70	0.83	2	0.78	0.7	1.2
	D_3			2	0.93			0.65		0.3
X_7	D_5	0.562 1	3	1	0.86	0.79	2	0.66	0.7	0.8
	D_1			2	0.70			0.63		0.6
X_8	D_7	0.393 2	5	3	0.71	0.79	3	0.70	0.7	0.9
	D_{10}			3	0.75			0.83		0.5
	D_1			2	0.81			0.67		0.9
X_9	D_1	0.481 1	5	1	0.73	0.82	2	0.82	0.7	0.9
	D_9			1	0.70			0.81		0.9
X_{10}	D_3	0.474 7	2	3	0.88	0.71	3	0.85	0.7	0.7
	D_1			2	0.79			0.85		0.3
	D_9			2	0.90			0.69		0.8
X_{11}	D_2	0.519 0	2	3	0.81	0.76	2	0.69	0.8	0.7
	D_9			1	0.81			0.76		0.4
X_{12}	D_1	0.411 3	3	2	0.71	0.85	3	0.70	0.9	0.8
	D_4			1	0.71			0.85		0.7
	D_6			3	0.72			0.84		0.9
X_{13}	D_6	0.528 8	4	2	0.85	0.84	3	0.77	0.8	1.1
	D_7			1	0.76			0.68		1
	D_2			2	0.91			0.80		1.2
X_{14}	D_5	0.393 0	3	2	0.91	0.73	2	0.67	0.8	0.3
	D_2			1	0.94			0.74		0.5

目标	火力单元	目标威胁	要地等级	可拦截次数	杀伤概率	指挥控制系数	火力重叠次数	武器作战效能	气象不利度	遮蔽角/(°)
X_{15}	D_8	0.850 5	2	1	0.82	0.73	2	0.72	0.9	0.8
	D_3			3	0.76			0.76		1.3
X_{16}	D_7	0.376 6	5	3	0.76	0.72	1	0.90	0.9	1.1
X_{17}	D_9	0.878 0	1	2	0.83	0.70	1	0.83	0.9	0.7
X_{18}	D_1	0.559 4	1	1	0.89	0.78	1	0.89	0.9	0.6
X_{19}	D_{10}	0.348 4	1	3	0.79	0.83	2	0.67	0.9	0.3
	D_1			2	0.82			0.76		1.1
X_{20}	D_9	0.525 4	1	1	0.86	0.84	2	0.62	0.8	0.8
	D_4			3	0.93			0.83		0.5
X_{21}	D_1	0.761 6	4	2	0.74	0.81	3	0.78	0.8	0.7
	D_6			2	0.88			0.86		0.4
	D_{10}			2	0.84			0.90		1.1
X_{22}	D_4	0.796 8	3	1	0.81	0.72	1	0.88	0.7	0.7
X_{23}	D_9	0.646 9	1	1	0.92	0.83	1	0.72	0.7	1.3
X_{24}	D_7	0.731 7	5	2	0.80	0.73	2	0.60	0.9	0.3
	D_8			1	0.74			0.76		1.2
X_{25}	D_8	0.856 2	4	2	0.86	0.73	2	0.66	0.8	0.9
	D_1			3	0.86			0.67		0.8
X_{26}	D_3	0.352 9	4	2	0.78	0.72	3	0.70	0.8	1
	D_7			3	0.90			0.63		1
	D_5			3	0.95			0.82		0.4
X_{27}	D_{10}	0.502 2	1	2	0.95	0.73	3	0.82	0.8	1.2
	D_8			3	0.73			0.76		0.3
	D_6			2	0.76			0.70		0.6

目标	火力单元	目标威胁	要地等级	可拦截次数	杀伤概率	指挥控制系数	火力重叠次数	武器作战效能	气象不利度	遮蔽角/(°)
X_{28}	D_3	0.347 7	5	2	0.71	0.73	2	0.85	0.9	0.4
	D_7			1	0.85			0.77		1.3
X_{29}	D_9	0.437 3	5	3	0.73	0.74	2	0.89	0.8	0.9
	D_5			2	0.80			0.87		0.9
X_{30}	D_9	0.752 1	5	1	0.92	0.76	3	0.71	0.8	1
	D_1			2	0.84			0.76		1
	D_3			2	0.79			0.70		1.2
X_{31}	D_1	0.753 1	5	1	0.75	0.76	3	0.79	0.8	0.3
	D_6			2	0.81			0.84		1.1
	D_9			2	0.94			0.82		0.8
X_{32}	D_6	0.846 7	4	2	0.73	0.74	2	0.64	0.8	1
	D_2			2	0.82			0.85		0.5
X_{33}	D_2	0.669 5	3	1	0.91	0.75	1	0.61	0.7	0.8
X_{34}	D_8	0.362 4	1	2	0.71	0.88	2	0.72	0.9	1
	D_9			2	0.87			0.82		1.3
X_{35}	D_1	0.873 6	2	1	0.94	0.84	1	0.83	0.9	0.7
X_{36}	D_8	0.800 2	1	3	0.77	0.81	2	0.71	0.8	0.3
	D_{10}			2	0.73			0.82		0.3
X_{37}	D_4	0.491 6	1	3	0.87	0.74	3	0.87	0.9	0.9
	D_7			3	0.93			0.67		1.1
	D_1			2	0.85			0.64		1
X_{38}	D_3	0.646 2	5	1	0.92	0.74	2	0.67	0.8	0.6
	D_8			3	0.75			0.71		1.3

目标	火力单元	目标威胁	要地等级	可拦截次数	杀伤概率	指挥控制系数	火力重叠次数	武器作战效能	气象不利度	遮蔽角/(°)
X_{39}	D_8	0.910 9	2	3	0.89	0.72	2	0.69	0.9	0.8
	D_3			1	0.79			0.88		1.3
X_{40}	D_6	0.749 4	2	3	0.80	0.88	3	0.62	0.8	0.3
	D_5			3	0.74			0.78		0.5
	D_1			1	0.90			0.65		1.1
X_{41}	D_1	0.823 4	2	1	0.86	0.84	2	0.85	0.8	1.3
	D_5			2	0.88			0.65		1.1
X_{42}	D_3	0.593 7	3	3	0.90	0.81	2	0.75	0.7	0.6
	D_4			3	0.72			0.90		0.4
X_{43}	D_3	0.415 5	4	2	0.94	0.76	2	0.71	0.7	1.2
	D_2			1	0.82			0.61		1.1
X_{44}	D_4	0.373 9	1	1	0.89	0.73	2	0.66	0.7	0.5
	D_7			3	0.89			0.72		0.5
X_{45}	D_3	0.423 3	5	1	0.91	0.82	1	0.70	0.9	0.6
X_{46}	D_7	0.387 9	3	3	0.74	0.90	2	0.67	0.9	1.2
	D_5			2	0.81			0.88		1.2
X_{47}	D_5	0.413 4	5	1	0.85	0.73	2	0.80	0.9	0.9
	D_2			2	0.93			0.89		0.9
X_{48}	D_2	0.325 6	2	1	0.91	0.75	2	0.73	0.7	0.6
	D_7			1	0.92			0.88		1
X_{49}	D_3	0.681 1	3	1	0.85	0.78	1	0.60	0.9	1.1
X_{50}	D_6	0.469 1	1	2	0.85	0.71	3	0.78	0.9	0.7
	D_{10}			3	0.91			0.84		0.7
	D_8			1	0.71			0.67		0.8

通过计算得到威胁属性量化值，如表 6.6 所示。

表 6.6　威胁属性量化值

目标	目标威胁	保卫要地	拦截条件	作战资源	抗击环境
X_1	0.806 7	0.600 0	0.190 0	1.272 0	0.923 0
X_2	0.331 6	0.400 0	0.014 6	1.768 0	0.929 3
X_3	0.370 3	0.600 0	0.540 0	1.638 0	1.682 4
X_4	0.904 9	0.600 0	0.295 6	1.065 0	1.134 5
X_5	0.710 8	0.600 0	0.312 4	1.022 4	0.845 8
X_6	0.458 7	1.000 0	0.304 9	1.186 9	0.670 6
X_7	0.562 1	0.600 0	0.230 0	1.019 1	0.701 3
X_8	0.393 2	0.200 0	0.076 1	1.738 0	1.106 2
X_9	0.481 1	0.200 0	0.570 0	1.336 6	0.830 8
X_{10}	0.474 7	0.800 0	0.055 8	1.696 9	0.919 3
X_{11}	0.519 0	0.800 0	0.196 9	1.102 0	0.666 5
X_{12}	0.411 3	0.600 0	0.396 1	2.031 5	1.482 8
X_{13}	0.528 8	0.400 0	0.270 6	1.890 0	1.598 4
X_{14}	0.393 0	0.600 0	0.068 1	1.029 3	0.522 2
X_{15}	0.850 5	0.800 0	0.193 8	1.080 4	1.150 4
X_{16}	0.376 6	0.200 0	0.013 8	0.648 0	0.600 4
X_{17}	0.878 0	1.000 0	0.028 9	0.581 0	0.453 1
X_{18}	0.559 4	1.000 0	0.110 0	0.694 2	0.406 1
X_{19}	0.348 4	1.000 0	0.041 7	1.186 9	0.833 7
X_{20}	0.525 4	1.000 0	0.140 3	1.218 0	0.755 4
X_{21}	0.761 6	0.400 0	0.107 6	2.057 4	1.200 2
X_{22}	0.796 8	0.600 0	0.190 0	0.633 6	0.352 4
X_{23}	0.646 9	1.000 0	0.080 0	0.597 6	0.509 3
X_{24}	0.731 7	0.200 0	0.300 0	0.992 8	0.862 2
X_{25}	0.856 2	0.400 0	0.022 3	0.970 9	0.915 3

目标	目标威胁	保卫要地	拦截条件	作战资源	抗击环境
X_{26}	0.352 9	0.400 0	0.049 5	1.548 0	1.275 1
X_{27}	0.502 2	1.000 0	0.079 8	1.664 4	1.127 4
X_{28}	0.347 7	0.200 0	0.234 1	1.182 6	0.951 5
X_{29}	0.437 3	0.200 0	0.059 7	1.302 4	0.682 1
X_{30}	0.752 1	0.200 0	0.149 7	1.649 2	1.570 4
X_{31}	0.753 1	0.200 0	0.289 7	1.862 0	1.181 6
X_{32}	0.846 7	0.400 0	0.105 3	1.102 6	0.820 5
X_{33}	0.669 5	0.600 0	0.090 0	0.457 5	0.385 5
X_{34}	0.362 4	1.000 0	0.101 0	1.355 2	1.223 6
X_{35}	0.873 6	0.800 0	0.060 0	0.697 2	0.453 1
X_{36}	0.800 2	1.000 0	0.085 1	1.239 3	0.414 7
X_{37}	0.491 6	1.000 0	0.025 0	1.613 2	1.703 3
X_{38}	0.646 2	0.200 0	0.095 6	1.021 2	0.943 0
X_{39}	0.910 9	0.800 0	0.320 0	1.130 4	1.150 4
X_{40}	0.749 4	0.800 0	0.125 6	1.804 0	1.055 8
X_{41}	0.823 4	0.800 0	0.154 4	1.260 0	1.115 7
X_{42}	0.593 7	0.600 0	0.023 0	1.336 5	0.546 6
X_{43}	0.415 5	0.400 0	0.183 6	1.003 2	0.956 1
X_{44}	0.373 9	1.000 0	0.111 3	1.007 4	0.550 9
X_{45}	0.423 3	0.200 0	0.090 0	0.574 0	0.406 1
X_{46}	0.387 9	0.600 0	0.053 7	1.395 0	1.257 8
X_{47}	0.413 4	0.200 0	0.154 9	1.233 7	1.068 1
X_{48}	0.325 6	0.800 0	0.170 0	1.207 5	0.758 3
X_{49}	0.681 1	0.600 0	0.150 0	0.468 0	0.600 4
X_{50}	0.469 1	1.000 0	0.313 2	1.625 9	1.401 8

得到 50 批目标在各指标下的流入量和流出量,如表 6.7 所示。

表 6.7 50 批目标在不同指标下的流出量和流入量

X	$\varphi^+(X)$	$\varphi^-(X)$	$\varphi^+(X)$	$\varphi^-(X)$	$\varphi^+(X)$	$\varphi^-(X)$	$\varphi^+(X)$	$\varphi^-(X)$	$\varphi^+(X)$	$\varphi^-(X)$
X_1	0.409 5	0.017 1	0.148 0	0.163 3	0.124 5	0.070 3	0.121 8	0.091 1	0.113 8	0.106 3
X_2	0.000 2	0.436 1	0.056 1	0.326 5	0.000 0	0.267 7	0.357 3	0.010 3	0.116 4	0.104 1
X_3	0.005 3	0.373 7	0.148 0	0.163 3	0.697 4	0.001 1	0.286 8	0.022 7	0.581 5	0.000 3
X_4	0.563 8	0.000 2	0.148 0	0.163 3	0.273 3	0.025 4	0.059 8	0.161 2	0.214 6	0.047 3
X_5	0.285 3	0.060 1	0.148 0	0.163 3	0.299 9	0.021 2	0.050 6	0.179 2	0.085 9	0.136 7
X_6	0.046 5	0.260 8	0.494 9	0.000 0	0.287 8	0.022 8	0.092 1	0.115 7	0.038 1	0.221 2
X_7	0.129 1	0.163 1	0.148 0	0.163 3	0.178 4	0.050 9	0.050 0	0.180 7	0.045 3	0.205 3
X_8	0.012 4	0.340 8	0.000 0	0.525 5	0.017 4	0.172 2	0.340 4	0.012 6	0.199 6	0.053 7
X_9	0.061 2	0.236 4	0.000 0	0.525 5	0.751 3	0.000 0	0.147 8	0.075 9	0.081 0	0.143 1
X_{10}	0.056 7	0.243 1	0.301 0	0.061 2	0.008 4	0.200 5	0.317 9	0.016 2	0.112 4	0.107 6
X_{11}	0.090 5	0.199 6	0.301 0	0.061 2	0.133 5	0.066 7	0.068 6	0.146 3	0.037 2	0.223 4
X_{12}	0.019 9	0.316 9	0.148 0	0.163 3	0.443 9	0.011 7	0.515 4	0.000 3	0.439 8	0.009 4
X_{13}	0.098 8	0.190 4	0.056 1	0.326 5	0.236 4	0.034 3	0.428 8	0.003 3	0.520 6	0.002 9
X_{14}	0.012 3	0.341 1	0.148 0	0.163 3	0.013 5	0.183 0	0.052 1	0.176 2	0.012 0	0.307 3
X_{15}	0.474 8	0.006 0	0.301 0	0.061 2	0.129 4	0.068 3	0.063 3	0.154 9	0.223 5	0.044 2
X_{16}	0.007 0	0.364 4	0.000 0	0.525 5	0.000 0	0.269 1	0.007 4	0.374 7	0.024 2	0.260 4
X_{17}	0.518 8	0.002 1	0.494 9	0.000 0	0.001 7	0.243 1	0.003 1	0.413 2	0.004 5	0.352 0
X_{18}	0.126 6	0.165 3	0.494 9	0.000 0	0.040 1	0.133 1	0.011 5	0.349 3	0.001 1	0.384 0
X_{19}	0.001 4	0.408 0	0.494 9	0.000 0	0.004 5	0.222 4	0.092 1	0.115 7	0.081 9	0.141 8
X_{20}	0.095 8	0.193 8	0.494 9	0.000 0	0.068 8	0.105 8	0.102 1	0.105 9	0.059 2	0.178 3
X_{21}	0.347 6	0.033 8	0.056 1	0.326 5	0.038 5	0.135 5	0.531 6	0.000 0	0.253 1	0.036 2
X_{22}	0.395 5	0.020 3	0.148 0	0.163 3	0.124 5	0.070 3	0.006 2	0.382 8	0.000 0	0.423 5
X_{23}	0.213 8	0.099 9	0.494 9	0.000 0	0.019 4	0.167 0	0.004 0	0.403 4	0.010 5	0.315 4
X_{24}	0.310 1	0.048 4	0.000 0	0.525 5	0.280 1	0.024 1	0.046 0	0.193 4	0.091 6	0.130 0
X_{25}	0.483 7	0.005 0	0.056 1	0.326 5	0.000 6	0.254 1	0.043 2	0.204 6	0.110 9	0.109 2

X	$\varphi^+(X)$	$\varphi^-(X)$	$\varphi^+(X)$	$\varphi^-(X)$	$\varphi^+(X)$	$\varphi^-(X)$	$\varphi^+(X)$	$\varphi^-(X)$	$\varphi^+(X)$	$\varphi^-(X)$
X_{26}	0.002 0	0.400 8	0.056 1	0.326 5	0.006 5	0.210 1	0.243 9	0.037 2	0.300 5	0.027 0
X_{27}	0.077 0	0.215 5	0.494 9	0.000 0	0.019 3	0.167 3	0.300 5	0.019 5	0.210 7	0.048 8
X_{28}	0.001 3	0.409 1	0.000 0	0.525 5	0.184 1	0.049 1	0.090 8	0.117 2	0.125 9	0.096 9
X_{29}	0.033 8	0.285 4	0.000 0	0.525 5	0.009 9	0.194 7	0.133 8	0.083 8	0.040 7	0.215 1
X_{30}	0.335 1	0.037 8	0.000 0	0.525 5	0.078 1	0.097 9	0.292 5	0.021 3	0.500 7	0.004 1
X_{31}	0.336 4	0.037 4	0.000 0	0.525 5	0.264 4	0.027 3	0.412 0	0.005 0	0.241 8	0.039 0
X_{32}	0.468 9	0.006 8	0.056 1	0.326 5	0.036 6	0.137 8	0.068 7	0.146 1	0.077 9	0.147 8
X_{33}	0.238 2	0.085 0	0.148 0	0.163 3	0.025 4	0.154 7	0.000 0	0.488 8	0.000 5	0.399 0
X_{34}	0.003 7	0.385 9	0.494 9	0.000 0	0.033 3	0.142 4	0.155 8	0.072 1	0.267 6	0.033 0
X_{35}	0.511 6	0.002 5	0.301 0	0.061 2	0.010 0	0.194 3	0.011 8	0.347 7	0.004 5	0.352 0
X_{36}	0.400 2	0.019 1	0.494 9	0.000 0	0.022 4	0.160 6	0.109 0	0.099 7	0.001 6	0.378 1
X_{37}	0.068 9	0.225 8	0.494 9	0.000 0	0.001 0	0.249 5	0.274 6	0.026 4	0.596 9	0.000 0
X_{38}	0.213 0	0.100 4	0.000 0	0.525 5	0.029 3	0.148 3	0.050 4	0.179 7	0.122 2	0.099 6
X_{39}	0.574 1	0.000 0	0.301 0	0.061 2	0.312 7	0.020 0	0.076 2	0.135 8	0.223 5	0.044 2
X_{40}	0.331 7	0.039 2	0.301 0	0.061 2	0.054 7	0.118 7	0.377 9	0.008 0	0.174 7	0.066 9
X_{41}	0.434 0	0.012 4	0.301 0	0.061 2	0.083 1	0.094 2	0.117 2	0.094 2	0.204 5	0.051 4
X_{42}	0.159 9	0.138 9	0.148 0	0.163 3	0.000 7	0.252 9	0.147 7	0.075 9	0.015 4	0.292 1
X_{43}	0.021 9	0.311 5	0.056 1	0.326 5	0.116 8	0.074 3	0.047 5	0.188 2	0.128 0	0.095 5
X_{44}	0.006 2	0.368 3	0.494 9	0.000 0	0.041 6	0.131 8	0.048 1	0.186 2	0.016 0	0.289 5
X_{45}	0.026 0	0.302 0	0.000 0	0.525 5	0.025 4	0.154 7	0.002 8	0.417 4	0.001 1	0.384 0
X_{46}	0.010 5	0.348 2	0.148 0	0.163 3	0.007 7	0.203 6	0.173 6	0.064 5	0.289 3	0.028 8
X_{47}	0.020 9	0.314 2	0.000 0	0.525 5	0.083 6	0.093 9	0.107 5	0.101 3	0.180 6	0.063 5
X_{48}	0.000 0	0.446 3	0.301 0	0.061 2	0.100 8	0.083 3	0.098 6	0.109 1	0.060 0	0.176 9
X_{49}	0.251 1	0.077 7	0.148 0	0.163 3	0.078 4	0.097 6	0.000 1	0.482 3	0.024 2	0.260 4
X_{50}	0.053 0	0.249 2	0.494 9	0.000 0	0.301 2	0.021 0	0.280 8	0.024 4	0.384 7	0.015 5

指标权重保持不变,进而得到 50 批目标的威胁评估结果,如表 6.8 所示。

表 6.8　目标威胁评估结果

目标	净流量	目标	净流量	目标	净流量	目标	净流量	目标	净流量
X_1	0.140 6	X_{11}	$-0.020\ 9$	X_{21}	0.176 5	X_{31}	0.172 2	X_{41}	0.189 9
X_2	$-0.158\ 1$	X_{12}	0.149 7	X_{22}	0.000 5	X_{32}	0.059 9	X_{42}	$-0.061\ 4$
X_3	0.142 7	X_{13}	0.118 1	X_{23}	$-0.037\ 1$	X_{33}	$-0.129\ 0$	X_{43}	$-0.151\ 9$
X_4	0.223 1	X_{14}	$-0.200\ 0$	X_{24}	0.018 1	X_{34}	$-0.023\ 7$	X_{44}	$-0.116\ 3$
X_5	0.092 6	X_{15}	0.197 7	X_{25}	0.023 6	X_{35}	0.050 6	X_{45}	$-0.326\ 1$
X_6	0.037 6	X_{16}	$-0.354\ 4$	X_{26}	$-0.135\ 5$	X_{36}	0.130 6	X_{46}	$-0.097\ 8$
X_7	$-0.032\ 6$	X_{17}	0.064 7	X_{27}	0.080 6	X_{37}	0.094 0	X_{47}	$-0.162\ 2$
X_8	$-0.130\ 1$	X_{18}	$-0.069\ 3$	X_{28}	$-0.185\ 4$	X_{38}	$-0.095\ 2$	X_{48}	$-0.115\ 9$
X_9	0.025 6	X_{19}	$-0.108\ 7$	X_{29}	$-0.206\ 6$	X_{39}	0.285 2	X_{49}	$-0.081\ 1$
X_{10}	0.004 5	X_{20}	0.024 1	X_{30}	0.121 4	X_{40}	0.208 5	X_{50}	0.166 7

排序结果为

$$X_{39} > X_4 > X_{40} > X_{15} > X_{41} > X_{21} > X_{31} > X_{50} > X_{12} > X_3 > X_1 > X_{36} > X_{30} > X_{13} >$$
$$X_{37} > X_5 > X_{27} > X_{17} > X_{32} > X_{35} > X_6 > X_9 > X_{20} > X_{25} > X_{24} > X_{10} > X_{22} > X_{11} >$$
$$X_{34} > X_7 > X_{23} > X_{42} > X_{18} > X_{49} > X_{38} > X_{46} > X_{19} > X_{48} > X_{44} > X_{33} > X_8 > X_{26} >$$
$$X_{43} > X_2 > X_{47} > X_{28} > X_{14} > X_{29} > X_{45} > X_{16}$$

6.3.3　对比分析

6.3.3.1　评估方法分析

通过构建一个新的优势函数对传统的 PROMETHEE 法进行改进,克服了 Usual 型优势函数难以描述差异性大小的不足。为了验证方法改进的有效性,以仿真实验 1 为例,分别采用传统 PROMETHEE 法和所提方法对体系全局目标进行威胁评估,得到评估结果如表 6.9 所示,排序结果如图 6.3 所示。

表 6.9　不同方法评估结果

目标	PROMETHEE 法	本章方法
X_1	0.469 2	0.283 7
X_2	0.280 2	0.118 6
X_3	$-0.423\ 5$	$-0.187\ 4$
X_4	$-0.108\ 4$	$-0.065\ 8$
X_5	$-0.295\ 7$	$-0.108\ 1$
X_6	$-0.015\ 1$	0.011 4
X_7	$-0.138\ 0$	$-0.083\ 1$
X_8	$-0.163\ 6$	$-0.006\ 9$
X_9	0.294 2	0.048 3
X_{10}	0.100 8	$-0.010\ 6$

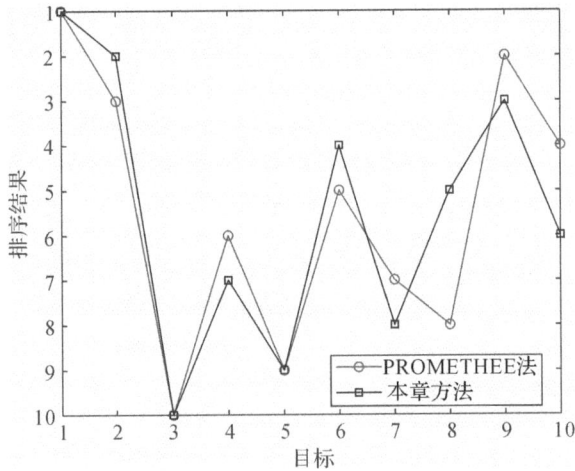

图 6.3　不同方法排序结果

可以看出,所提方法与 PROMETHEE 法得到的威胁排序结果有所不同,这主要是由于传统的 PROMETHEE 法中的优势函数忽略了不同目标之间的差异大小,将两个样本之间较大的样本统一确定为优势函数值为 1 的严格优势,而所提方法克服了这一不足。以目标威胁这一指标为例,目标 X_1 在该指标下的属性量化值比其他目标都大,但 PROMETHEE 法所得到的目标 X_1 相比于其他目标的优势函数值都为 1,没有对目标在该指标下的差异进行区分,必然影响了威胁评估结果的合理性。而笔者构建的优势函数得到的目标 X_1 相比于其他目标的优势函数值具有较好的区分度,增加了后续评估的科学性。

6.3.3.2　评估要素分析

相比于传统的目标威胁排序方法,基于体系全局要素的目标威胁排序进一步考虑了拦截打击条件、保卫要地重要程度、作战资源约束和抗击环境影响等因素,所得威胁评估结果与单目标威胁排序结果不同。为了分析评估要素对威胁评估结果的影响,在仿真实验 1 中对比目标威胁评估和考虑体系全局要素下的目标威胁评估两者的排序结果,如图 6.4 所示。

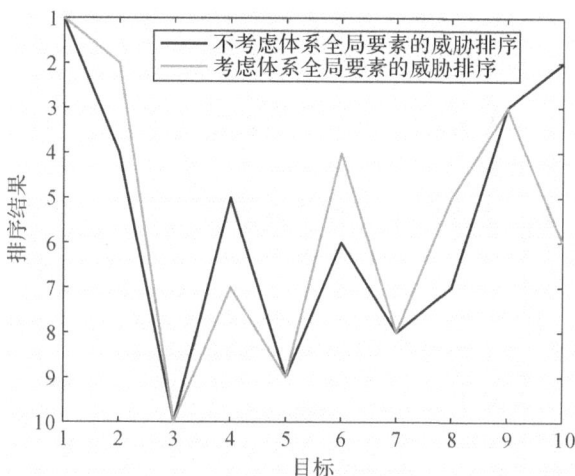

图 6.4　评估要素分析

由图 6.4 可以明显看出,考虑体系全局要素的空袭目标威胁排序结果与不考虑体系全局要素的威胁排序结果具有一定的差异,X_4 和 X_{10} 的威胁排名有所降低,X_2 和 X_6 的排名结果有所升高,这是由于体系全局威胁评估增加考虑了我方情况和环境情况。比如,X_4 的威胁值虽然大于 X_6,但 X_6 打击的要地等级高于 X_4,且拦截条件小于 X_4,防空武器系统的遮蔽角更大,抗击环境的不利度更高,因此在联合防空作战体系全局中 X_6 比 X_4 具有更大的威胁度,评估结果更加符合战场实际。

6.3.3.3　时效性分析

在威胁评估的过程中,时效性也是评价模型性能的重要参数。为了验证所提空袭目标威胁评估方法的时效性,在准确判断当前战场态势的基础上,从加载数据开始,在实验环境为 Intel(R) Core(TM) i5 – 10210U,1.60 GHz,四核,内存 16 GB,操作系统为 Windows10,64 位,仿真软件为 MATLAB 2019a 的条件下对空中集群威胁评估→目标动态威胁评估→体系全局威胁评估整个过程的仿真实验重复 10 次,记录每次实验的体系全局威胁排序方案生成时间,如表6.10所示。

表 6.10　仿真实验 1 的体系全局威胁排序方案生成时间

实验次数	1	2	3	4	5
所用时间/s	0.017 3	0.017 2	0.019 7	0.020 1	0.022 4
实验次数	6	7	8	9	10
所用时间/s	0.019 8	0.021 6	0.022 7	0.018 4	0.017 9

在同一实验环境下对仿真实验 2 重复实验 10 次,得到每次实验的体系全局威胁排序方案生成时间,如表 6.11 所示。

表 6.11　仿真实验 2 的体系全局威胁排序方案生成时间

实验次数	1	2	3	4	5
所用时间/s	0.030 4	0.029 7	0.033 5	0.031 4	0.031 6
实验次数	6	7	8	9	10
所用时间/s	0.035 8	0.028 7	0.026 1	0.028 4	0.031 2

由表 6.10 和表 6.11 可以看出,所提方法对于不同规模空袭目标下的体系全局威胁评估均有较好的时效性,仿真实验 1 所用的平均时间为 19.71 ms,仿真实验 2 所用的平均时间为 30.68 ms。虽然实验 2 中的空袭目标和火力单元远大于实验 1 的数量,威胁评估需要的空情数据量也更大,但所用时间增加不多,这主要是由于所提方法主要基于多属性决策,主要由各类函数的基本运算所组成,对数据规模大小的敏感性不强。同时,每次实验中体系全局威胁排序方案生成时间均在 50 ms 以下,这说明所提方法对于多个火力单元应对大规模空袭目标的情况也具有较好的适应性,满足联合防空作战应对大规模空袭目标威胁评估的时效性要求。当然,仿真运行时间与计算机的性能密切相关,对于处理性能更强的计算机体系全局排序方案的生成时间也会更短。

6.4　本章小结

　　针对面向联合防空作战的大规模空袭目标威胁评估问题,在目标威胁评估的基础上,综合考虑敌情、我情和战场环境等体系全局因素,本章提出了一种基于体系全局要素的体系全局威胁评估方法,构建了考虑空袭目标威胁度、保卫要地重要度、拦截打击条件有利度、作战资源约束和抗击环境影响等因素的体系全局威胁评估指标体系,并给出了评估指标的量化方法。针对传统 PROMRTHEE 法中优势函数存在的不足,通过构建一种新的优势函数提出了一种基于改进 PROMRTHEE 法的体系全局目标威胁评估方法。所提方法能够充分描述样本之间的差异大小,得到的威胁评估结果不仅考虑了空袭目标本身带来的威胁,还考虑了防空方诸多因素对目标威胁度的影响,空袭目标威胁评估结果更加符合联合防空作战的战场实际,且所提方法的时效性也能够满足联合防空作战要求。

参考文献

[1] 许可. "沙漠风暴"行动中美国海军陆战队空中作战回顾[J]. 军事历史，2020 (2)：116-119.

[2] 孙忠敏，薛军. 试析利比亚战争中联军的空袭作战[J]. 军事历史，2019 (1)：77-84.

[3] 马新星，辛庆伟，侯学隆. 现代空袭体系的特点及发展趋势[J]. 飞航导弹，2017(5)：67-71.

[4] 杜岳抗，张亮，孙泽鑫. 战略空袭与战略效果:连载五:海湾战争空袭行动的筹划设计与战略效果[J]. 空军军事学术，2020 (6)：24-27.

[5] 杜岳抗，韩文生，马权. 战略空袭与战略效果:连载一:"联盟力量"空袭行动的战略筹划和效果评估[J]. 空军军事学术，2020(2)：26-29.

[6] 王荣国. 大规模空袭[J]. 军事学术，2014(7)：79-80.

[7] 唐俊林，张栋，王玉茜，等. 防空作战多传感器任务规划算法设计[J]. 无人机系统技术，2019，2(5)：46-55.

[8] 张昌治. 新技术常规局部战争中抗击敌大规模空袭的战法[J]. 空军军事学术，1992(3)：6-8.

[9] 褚友清，熊飞，胡厉强. 城市遭敌不同规模空袭的特点及后果研究[J]. 民防苑，2007(增刊2)：39.

[10] 刘杰，陈海燕，高璞，等. 美英法空袭叙利亚作战特点分析及防空装备发展启示[J]. 空天防御，2018，1(4)：78-84.

[11] 丁铸. 基于群智能的区域防空作战指挥决策研究[D]. 南京:南京理工大学，2007.

[12] 孟宝宏，杨清杰，郑合锋. 利比亚战争中多国部队的信息作战行动[J]. 信息对抗学术，2011 (3)：17-18.

[13] ANTONY R T. Principles of data fusion automation[M]. Norwood,

MA，United States：Artech House，1995.

[14] ROY J. From data a fusion to situation analysis[J]. Proceedings of Fourth International Conference on Information Fusion，2001(2)：1 - 8.

[15] STEINBERG A，BOWMAN C，WHITE F. Revisions to the JDL data fusion model[J]. Sensor Fusion，1999(3719)：1 - 17.

[16] 王朔. 基于贝叶斯网络的舰艇导弹防御系统决策模型算法研究[D]. 长沙：国防科学技术大学，2005.

[17] 李卓，黄文斌. 基于集对分析方法的 UUV 威胁评估[J]. 火力与指挥控制，2009(增刊 1)：58 - 60.

[18] 徐克虎，孔德鹏，王国胜，等. 陆战目标威胁评估方法及其应用[M]. 北京：北京理工大学出版社，2020.

[19] 李灵之，徐克虎，张明双. 陆战分队火力协同控制技术现状及发展趋势[J]. 价值工程，2018，37(25)：266 - 268.

[20] CHEN Y G，KE H F，HE K. A new method for threat assessment and uncertainty analysis of air-raid-target-based on connection number[J]. Journal of Testing and Evaluation，2012，40(6)：1033 - 1040.

[21] GAO Y，LI D S，ZHONG H. A novel target threat assessment method based on three-way decisions under intuitionistic fuzzy multi-attribute decision making environment[J]. Engineering Applications of Artificial Intelligence，2020(87)：103276.

[22] ZHANG K，KONG W R，LIU P P，et al. Assessment and sequencing of air target threat based on intuitionistic fuzzy entropy and dynamic VIKOR [J]. Journal of Systems Engineering And Electronics，2018，29 (2)：305 - 310.

[23] DI R H，GAO X G，GUO Z G，et al. A threat assessment method for unmanned aerial vehicle based on bayesian networks under the condition of small data sets [J]. Mathematical Problems in Engineering，2018 (7)：1 - 17.

[24] 候夷，任小平，王长城，等. 基于动态贝叶斯网络的空袭目标威胁评估[J]. 兵工自动化，2019，38(12)：77 - 81.

[25] 杨爱武，李战武，徐安，等. 基于加权动态贝叶斯网络空战目标威胁评估[J]. 兵工自动化，2020，38(4)：87 - 94.

[26] 王芳，吴志泉，史红权. SVM 在空中目标威胁值评估中的应用[J]. 火

力与指挥控制，2017，42(9)：30 - 33.

[27] 井胜勇. 一种基于改进支持向量机的目标威胁估计方法[J]. 舰船电子工程，2018，38(1)：29 - 32.

[28] WANG G G, GUO L H, DUAN H. Wavelet neural network using multiple wavelet functions in target threat assessment[J]. Scientific World Journal, 2013,23(1):1 - 29.

[29] YUE L F, YANG R N, ZUO J L, et al. Air target threat assessment based on improved moth flame optimization - gray neural network model [J]. Mathematical Problems in Engineering, 2019, (8)：1 - 14.

[30] 白玉，李筱琳. 基于自回归小波神经网络的空中目标威胁评估[J]. 数字技术与应用，2020，38(3)：84 - 85.

[31] MA S D, ZHANG H Z, YANG G Q. Target threat level assessment based on cloud model under fuzzy and uncertain conditions in air combat simulation. [J] Aerospace Science and Technology, 2017(67)：49 - 53.

[32] 张银燕. 基于云模型理论的空中目标威胁评估方法[D]. 南京：解放军信息工程大学，2013.

[33] 粟飞，刘博，徐海峰. 基于集对分析的混合型多属性目标威胁评估[J]. 海军航空工程学院学报，2012，27(2)：219 - 222.

[34] LUO R N, HUANG S C, ZHAO Y, et al. Threat assessment method of low altitude slow small (LSS) targets based on information entropy and AHP[J]. Entropy, 2021, 23(10):1292.

[35] 雷英杰，王宝树，王毅. 基于直觉模糊推理的威胁评估方法[J]. 电子与信息学报，2007(9)：2077 - 2081.

[36] 杨远志，周中良，刘宏强，等. 基于信息熵和粗糙集的空中目标威胁评估方法[J]. 北京航空航天大学学报，2018，44(10)：2071 - 2077.

[37] 杨爱武，李战武，徐安，等. 基于 RS - CRITIC 的空战目标威胁评估[J]. 北京航空航天大学学报，2020，46(12):2357 - 2365.

[38] 李特，冯琦，张堃. 基于熵权灰色关联和 D - S 证据理论的威胁评估[J]. 计算机应用研究，2013，30(2):380 - 382.

[39] LU Y L, LEI X L, ZHOU Z P, et al. Approximate reasoning based on IFRS and DS theory with its application in threat assessment[J]. IEEE ACCESS, 2020(8)：160558 - 160568.

［40］ 邢清华，刘付显. 空防对抗中战场态势综合评估的一种新方法［J］. 系统
工程与电子技术，2006，28(12)：1841－1844.

［41］ HE Y, WEI G W, CHEN X D, et al. Bidirectional projection method
for multi-attribute group decision making under probabilistic uncertain
linguistic environment［J］. Journal of Intelligent ＆ Fuzzy Systems,
2021，41(1)：1429－1443.

［42］ TIAN Y, GUO Z X. A method based on cloud model and FCM
clustering for risky large group decision making ［J］. Journal of
intelligent ＆ fuzzy systems, 2022，43(3)：2647－2665.

［43］ 冯增辉，张金成，张凯，等. 基于云重心评判的战场态势评估方法［J］.
火力与指挥控制，2011，36(3)：13－15.

［44］ XU Z S, ZHAO N. Information fusion for intuitionistic fuzzy decision
making：an overview［J］. Information Fusion，2015(28)：10－23.

［45］ LI D Y, LIU C Y, GAN W Y. A new cognitive model：cloud model［J］.
International Journal of Intelligent Systems, 2009，24(3)：357－375.

［46］ LU Z M, SUN X K, WANG Y X，et al. Green supplier selection in
straw biomass industry based on cloud model and possibility degree［J］.
Journal of Cleaner Production, 2019(209)：995－1005.

［47］ 王坚强，杨恶恶. 基于蒙特卡洛模拟的直觉正态云多准则群决策方法
［J］.系统工程理论与实践，2013，33(11)：2859－2865.

［48］ LI W, LU Y Q, FAN C L, et al. Multi-criteria group decision-making
based on Intuitionistic normal cloud and cloud distance entropy［J］.
Entropy, 2022，24(10)：1396.

［49］ XU S D, GENG X L, DONG X Q. Improved FMEA approach for risk
evaluation based on cloud model ［J］. Computer Engineering and
Applications, 2018，54(2)：228－233.

［50］ LIU P D, LIU X. Multi-attribute group decision-making method based
on cloud distance operators with linguistic information［J］. International
Journal of Fuzzy Systems, 2017，19(4)：1011－1024.

［51］ 徐聪. 基于正态云模型的语言型多属性群决策研究［D］. 成都：西南交
通大学，2019.

［52］ 梁晓龙，李浩，孙强，等. 空中作战发展特征及对策［J］. 空军工程大学

学报(军事科学版),2014,14(3):4-7.

[53] 李威,卢盈齐,范成礼,等. 基于战场态势变权的空中集群威胁评估[J]. 空军工程大学学报(自然科学版),2022,23(3):89-96.

[54] 李柯,马亚平,崔同生,等. 信息的量化与联合作战模拟中武器装备作战能力指数[J]. 计算机仿真,2004,22(3):26-32.

[55] 王朕,曹建亮. 信息化条件下联合作战效能评估[J]. 四川兵工学报,2009,30(4):91-93.

[56] 汪培庄. 模糊集与随机集落影[M]. 北京:北京师范大学出版社,1985.

[57] 杜鹏枭,卢盈齐. 惩罚与激励变权的空中目标威胁评估[J]. 现代防御技术,2017,45(5):109-113.

[58] 李威,卢盈齐. 基于聚类组合赋权的空袭目标威胁评估方法[J]. 现代防御技术,2022,50(3):17-24.

[59] ZHU D,WANG R,DUAN J,et al. Comprehensive weight method based on game theory for identify critical transmission lines in power system [J]. International Journal of Electrical Power & Energy Systems,2021(124):106362.

[60] RADULESCU C Z,RADULESCU I C. An extended TOPSIS approach for ranking cloud service providers[J]. Studies in Informatics and Control,2017,26(2):183-192.

[61] FANG S X,WANG A M. Measurement of corporate social responsibility of automobile enterprises based on AHP-GRA model[J]. Journal of Intelligent & Fuzzy Systems,2020,38(6):6947-6956.

[62] LOOMES G,SUGDEN R. Regret theory:an alternative of rational choice under uncertainty[J]. Economic Journal,1982,92(4):805-824.

[63] BELL D E. Regret in decision making under uncertainty[J]. Operations Research,1982,30(5):961-981.

[64] 李为民,辛永平,赵全习,等. 防空作战运筹分析[M]. 北京:解放军出版社,2013.

[65] 雷英杰,路艳丽,孔韦韦,等.直觉模糊集理论及应用[M]. 北京:科学出版社,2014.

[66] 冯卉,邢清华,宋乃华. 一种基于区间数的空中目标威胁评估技术[J]. 系统工程与电子技术,2006,28(8):1201-1203.

[67] 申卯兴,曹泽阳,周林. 现代军事运筹[M]. 北京:国防工业出版社,2013.

[68] 董杰,蔡群,丁锋,等.基于权值改进 D－S 证据理论的对空目标识别融合[J].现代防御技术,2014,44(2):185－196.

[69] 徐浩,刑清华.基于改进证据相关系数的空中目标类型融合识别[J].装甲兵工程学院学报,2017,31(5):66－70.

[70] 狄方旭,王小平,李瑾,等.基于参数学习贝叶斯网络的对敌空中目标融合识别[J].弹道与制导学报,2014(6):127－130.

[71] 张明,李波,刘学全,等.云计算下基于贝叶斯网络的多传感器目标识别[J].太赫兹科学与电子信息学报,2014,12(5):740－744.

[72] 范海雄,刘付显.基于 VD－AiNet 聚类算法的空袭目标类型识别[J].现代防御技术,2011(6):57－62.

[73] 贺正洪,雷英杰,王刚.基于直觉模糊聚类的目标识别[J].系统工程与电子技术,2011,33(6):1283－1286.

[74] 梁复台,周焰,陈新,等. 基于 TOPSIS－BORDA 连续时间片的空中目标识别算法[J].兵器装备工程学报,2021,42(11):169－173.

[75] 黄剑锋,刘付显,朱法顺.基于多类分类支持向量机的空袭目标识别[J].微计算机信息,2008,24(4):258－260.

[76] 陈绍顺,王颖龙.基于模糊神经网络的空袭兵器识别模型[J].电光与控制,2004,11(1):28－30.

[77] 白咸帅,王宏飞.基于 BP 神经网络的空袭目标识别[J].舰船电子工程,2007,27(4):133－135.

[78] 蔡继亮,叶微.基于概率神经网络的空袭目标识别[J].火力与指挥控制,2010,35(10):25－27.

[79] 方匡南,吴见彬,朱建平,等.随机森林方法研究综述[J].统计与信息论坛,2011,36(3):32－37.

[80] 吕红燕,冯倩.随机森林算法研究综述[J].河北省科学院学报,2019(3):37－41.

[81] 李航.统计学习方法[M].北京:清华大学出版社,2019.

[82] 黄剑锋,刘付显,朱法顺.基于多类分类支持向量机的空袭目标识别[J].微计算机信息,2008,24(4):258－260.

[83] 张媛媛,冯琦,周德云,等,基于直觉模糊集的空战动态多属性威胁评

估[J].电光与控制,2015,22(2):17-21.

[84] 刘勇,FORREST J,刘思峰,等.基于区间直觉模糊的动态多属性灰色关联决策方法[J].控制与决策,2013,28(9):1303-1308.

[85] 张堃,刘培培,张建东,等.基于 DVIKOR 的空战多目标威胁评估[J].航空兵器,2018(2):3-8.

[86] 张浩为,谢军伟,葛佳昂,等.改进 TOPSIS 的多时刻融合直觉模糊威胁评估[J].控制与决策,2019,34(4):811-815.

[87] YAGER R R. On ordered weighted averaging aggregation operators in multi-criteria decision making[J]. IEEE Trans on Systems Man and Cybernetics,1988,18(1):183-190.

[88] 李威,卢盈齐,范成礼,等.基于组合赋权和改进 VIKOR 的动态威胁评估[J].航空兵器,2022,29(5):66-75.

[89] 陈田,刘正彬.信息不完全条件下基于改进 TOPSIS 法的目标威胁评估方法[J].电子信息对抗技术,2019,34(6):65-69.

[90] 贾滨,孙杰,冯正超.一种改进的空袭目标威胁等级评估模型[J].指挥控制与仿真,2011,33(4):25-28.

[91] 田凤调.秩和比法及其应用[J].中国医师杂志,2002,4(2):115-119.

[92] 田凤调.RSR 法中的分档问题[J].中国卫生统计,1993,10(2):26-28.

[93] 兰春延,刘益辰,杨格.基于 TOPSIS 的辐射源威胁等级排序方法[J].舰船电子对抗,2020,43(6):87-91.

[94] 冯晓楠,李加朋,张建东,等.公路模板支架工程施工安全指标体系构建及权重等级划分[J].公路交通技术,2022,38(2):71-79.

[95] 李姜,郭立红.基于改进支持向量机的目标威胁估计[J].光学精密工程,2014,22(5):1354-1362.

[96] 黄璇.多源引导信息融合及关键技术研究[D].长春:中国科学院研究生院,2016.

[97] VAPNIK V, LEVIN E, CUN Y L,et al. Measuring the VC-dimension of a learning machine[J]. Neural Computation,1994,6(5):851-876.

[98] HU W, YAN L, LIU K, et al. A short-term traffic flow forecasting method based on the hybrid PSO-SVR[J]. Neural Processing Letters,2016,43(1):155-172.

[99] LUO Z, HASANIPANAH M, BAKHSHANDEH A H, et al. GA-

SVR：a novel hybrid data-driven model to simulate vertical load capacity of driven piles［J］. Engineering with Computers，2021，37（2）：823－831.

[100] 庞维庆，何宁，罗燕华，等. 基于数据融合的 ABC－SVM 社区疾病预测方法[J]. 浙江大学学报(工学版)，2021，55(7)：1253－1260.

[101] MIRJALILI S. SCA：A sine cosine algorithm for solving optimization problems[J]. Knowledge-Based Systems，2016(96)：120－133.

[102] CHEN W，HASANIPANAH M，NIKAFSHAN R H，et al. A new design of evolutionary hybrid optimization of SVR model in predicting the blast-induced ground vibration[J]. Engineering with Computers，2021，37(2)：1455－1471.

[103] 华罗庚，王元. 数论在近似分析中的应用［M］. 北京：科学出版社,1978.

[104] 李威，卢盈齐，范成礼. 基于套索算法和改进正余弦优化支持向量回归的目标威胁估计[J]. 控制与决策,2023,38(9):2470－2478.

[105] 刘丽娟，刘定，刘婷婷. 改进的正余弦优化算法在 WSN 覆盖中的应用[J]. 数学的实践与认识，2021，51(11)：129－137.

[106] 刘勇，马良. 转换参数非线性递减的正弦余弦算法[J]. 计算机工程与应用，2017，53(2)：1－5.

[107] MOHAMED A E M，DIEGO O，XIONG S W. An improved opposition－based sine cosine algorithmg for global optimization［J］. Expert Systems With Applications，2017(90)：484－500.

[108] BHATTACHARYA A，CHATTOPADHYAY P K. Hybrid differential evolution with biogeography-based optimization for solution of economic load dispatch［J］. IEEE Transactions on Power Systems，2010，25（4）：1955－1964.

[109] MIRJALILI S，MIRJALILI S M，LEWIS A. Grey wolf optimizer[J]. Advances in Engineering Software，2014，69(3)：46－61.

[110] 周志华. 机器学习[M]. 北京：清华大学出版社，2016.

[111] BRANS J P，VINCKE P. A preference ranking organization method：the PROMETHEE method for MCDM［J］. Management Science，1985，31(6)：647－656.

[112] BOGDANOVIC D, NIKOLIC D, ILIC I. Mining method selection by integrated AHP and PROMETHEE method[J]. Anais da Academia Brasileira de Ciências, 2012(84): 219 - 233.

[113] 王曼曼. 基于 PROMETHEE Ⅱ方法的个人信用评价模型及其应用研究[D]. 大连：东北财经大学, 2019.

[114] KIM G H, SUN S P, YEO K D, et al. Determination of investment priority for river improvement project at downstream of dams using PROMETHEE [J]. KSCE Journal of Civil and Environmental Engineering Research, 2012, 32(1): 41 - 51.